स्वामी विवेकानंद

स्वामी विवेकानंद

रानी शालिनी प्रताप साही

First published in India in 2020 by
Krishna Publisher

ISBN: 978-93-874850-9-9

Krishna Publisher
RTB 157, Royal Tower Shipra Sun City,
Indirapuram, Ghaziabad 201014

E-mail: Krishnapublisher@gmail.com

Printed and Bound in
Delhi

₹ 590/-

प्रस्तावना

स्वामी विवेकानन्द स्वाधीनता के प्रबल समर्थक होने के साथ-साथ लोकतन्त्र तथा समाजवाद के भी समर्थक थे। वे प्रत्येक मानव के विकास के लिए स्वतंत्र मौका प्रदान करना चाहते थे। उनका मानना था कि स्वाधीनता ही विकास की पहली शर्त है। यदि कोई यह कहने का दुःसाहस करे कि मैं इस नारी का, इस बालक का उद्धार करूँगा तो वह गलत हैं। स्वामी विवेकानन्द एक ऐसे देशभक्त थे जो एक समाज सुधारक के रूप में मिलते थे। उनको भारतीय समाज की गिरती हुई दशा को देखकर तथा समाज में व्याप्त हुई कुरीतियों को देखकर कष्ट होता था। उन्होंने अपने जीवन भर भारत में फैली बुराइयों को दूर करने का प्रयत्न किया।

स्वामी विवेकानन्द ने अपनी पश्चिम की यात्रा मुंबई से 31 मई 1893 में शुरू की। यहाँ से वे श्रीलंका, पेनांग, सिंगापुर, हांगकांग और कैंटन होते हुए नागासाकी पहुँचे, जहाँ से वह थल मार्ग से योकोहामा, ओसाका और क्योटो का भ्रमण करते हुए टोकियो पहुँचे। सभी जगह उनका ध्यान इन बातों पर गया, जो उनकी इस अवधारणा को पुष्ट करता था कि सुदूर पूर्व के सभी धर्मों पर भारतीय प्रभाव है तथा वह एशिया की धार्मिक एकता का द्योतक है। साथ ही जापान की उन्नति को देखकर उनका ध्यान पुनः उन बुराइयों की तरफ गया जिससे हमारा देश त्रस्त था अर्थात् जो हमारे देश को खोखला कर रही थी।

एक बेहतर कम्युनिकेटर, प्रबंधन गुरु, आध्यात्मिक गुरु, वेदांतों का भाष्य करने वाला संन्यासी, धार्मिकता और आधुनिकता को साधने वाला साधक, अंतिम व्यक्ति की पीड़ा और उसके संघर्षों में उसके साथ खड़ा सेवक, देशप्रेमी, कुशल संगठनकर्ता, लेखक-संपादक, आदर्श शिष्य जैसी न जाने कितनी छवियां स्वामी विवेकानंद से जुड़ी हैं। हर छवि में वे अव्वल नजर आते हैं। देश का नौजवान आज भी उन्हें अपना हीरो मानता है। कोई डेढ़ सौ साल से भी पहले कोलकाता में जन्मे विवेकानंद और उनके विचार अगर आज भी प्रासंगिक बने हुए हैं तो समय के पार देखने की उनकी क्षमता को महसूस कीजिए, उनके भावों में बहकर देखिए।

—लेखक

अनुक्रम

1

स्वामी विवेकानन्द : जीवनवृत्त

स्वामी विवेकानन्द (अंग्रेजी: Swami Vivekananda, जन्म: 12 जनवरी, 1863 कलकत्ता–मृत्यु: 4 जुलाई, 1902 बेलूर) एक युवा संन्यासी के रूप में भारतीय संस्कृति की सुगन्ध विदेशों में बिखरने वाले साहित्य, दर्शन और इतिहास के प्रकाण्ड विद्वान थे। विवेकानन्द जी का मूल नाम नरेंद्रनाथ दत्त था, जो कि आगे चलकर स्वामी विवेकानन्द के नाम से विख्यात हुए। युगांतरकारी आध्यात्मिक गुरु, जिन्होंने हिन्दू धर्म को गतिशील तथा व्यवहारिक बनाया और सुदृढ़ सभ्यता के निर्माण के लिए आधुनिक मानव से पश्चिमी विज्ञान व भौतिकवाद को भारत की आध्यात्मिक संस्कृति से जोड़ने का आग्रह किया। कलकत्ता के एक कुलीन परिवार में जन्मे नरेंद्रनाथ चिंतन, भक्ति व तार्किकता, भौतिक एवं बौद्धिक श्रेष्ठता के साथ-साथ संगीत की प्रतिभा का एक विलक्षण संयोग थे। भारत में स्वामी विवेकानन्द के जन्म दिवस को राष्ट्रीय युवा द्विवस के रूप में मनाया जाता है।

बचपन

स्वामी विवेकानन्द का जन्म 12 जनवरी सन् 1863 (विद्वानों के अनुसार मकर संक्रान्ति संवत् 1920) को कलकत्ता में एक कायस्थ परिवार में हुआ था। उनके बचपन का नाम नरेन्द्रनाथ दत्त था। पिता विश्वनाथ दत्त कलकत्ता हाईकोर्ट के एक प्रसिद्ध वकील थे। विश्वनाथ दत्त पाश्चात्य सभ्यता में विश्वास रखते थे। वे अपने पुत्र नरेन्द्र को भी अँग्रेजी पढ़ाकर पाश्चात्य सभ्यता के ढर्रे पर चलाना चाहते थे। परन्तु उनकी माता

भुवनेश्वरी देवी धार्मिक विचारों की महिला थीं। उनका अधिकांश समय भगवान शिव की पूजा-अर्चना में व्यतीत होता था। नरेन्द्र की माता भुवनेश्वरी देवी का पूर्ण विश्वास था कि अराध्य शिव की अनुकंपा से ही, उनकी वर्षों से सूनी गोद भरी है। उन्होंने पुत्र का नाम रखा 'वीरेश्वर', रखा परंतु बाद में उन्हें नरेन्द्रनाथ कहा जाना जाने लगा। नरेन्द्र बाल्यकाल से ही नटखट थे। उनकी शरारतों का कहीं कोई अंत न था। कई बार तो माता खीझ भी उठती। नरेन्द्र साधुओं के प्रति बहुत सहृदय थे। द्वार पर किसी साधु को देखते ही अपना सर्वस्व दान करने को उत्सुक हो उठते। घर वाले उनकी इस दानशीलता से परेशान थे। एक दिन इसी बात पर डाँटकर उन्हें कमरे में बंद कर दिया गया, पर उसी समय द्वार पर एक साधु आ पहुँचे। नरेन्द्र को जब कोई उपाय न सूझा, तो वे घर का सामान ही खिड़की के रास्ते उन्हें देने लगे। बाद में जब माता-पिता को पता चला तो बहुत डाँट पड़ी। उनकी माँ धर्म परायण महिला थी। जब वह रामायण का पाठ करती थी तो उसे सुनकर नरेन्द्र पुलकित हो उठते। छोटी सी ही आयु में ध्यान-पूजन व मनन में उनकी विशेष रुचि हो गई थी। प्रायः वह खेल-खेल में मित्रों के साथ राम-सीता की मूर्ति के समक्ष ध्यानमग्न हो जाते। यहीं से उनके आध्यात्म की भावभूमि तैयार हो रही थी। बाद में वे भगवान शिव की उपासना करने लगे। साथ ही स्वास्थ्य रक्षा पर भी उनका पूरा ध्यान था। प्रायः खेल के समय कमजोर दल का नेता, उन्हें ही चुना जाता क्योंकि दुर्बलों की रक्षा तो मानो उनका स्वभाव ही था। आयु के साथ-साथ उनकी तर्कशीलता भी बढ़ने लगी।

नरेन्द्र की बुद्धि बचपन से ही बड़ी तीव्र थी और परमात्मा को पाने की लालसा भी प्रबल थी। इस हेतु वे पहले ब्रह्म समाज में गये परन्तु वहाँ उनके चित्त को सन्तोष नहीं हुआ। वे वेदान्त और योग को पश्चिम संस्कृति में प्रचलित करने के लिये महत्वपूर्ण योगदान देना चाहते थे।

दैवयोग से विश्वनाथ दत्त की मृत्यु हो गई। घर का भार नरेन्द्र पर आ पड़ा। घर की दशा बहुत खराब थी। अत्यन्त दरिद्रता में भी नरेन्द्र बड़े अतिथि-सेवी थे। वे स्वयं भूखे रहकर अतिथि को भोजन कराते स्वयं बाहर वर्षा में रात भर भीगते-ठिठुरते पड़े रहते और अतिथि को अपने बिस्तर पर सुला देते।

स्वामी विवेकानन्द अपना जीवन अपने गुरुदेव रामकृष्ण परमहंस को समर्पित कर चुके थे। उनके गुरुदेव का शरीर अत्यन्त रुग्ण हो गया था। गुरुदेव के शरीर-त्याग के दिनों में अपने घर और कुटुम्ब की नाजुक हालत व स्वयं के भोजन की चिन्ता किये बिना वे गुरु की सेवा में सतत संलग्न रहे।

विवेकानन्द बड़े स्वप्नदृष्टा थे। उन्होंने एक ऐसे समाज की कल्पना की थी जिसमें धर्म या जाति के आधार पर मनुष्य-मनुष्य में कोई भेद न रहे। उन्होंने वेदान्त के सिद्धान्तों को इसी रूप में रखा। अध्यात्मवाद बनाम भौतिकवाद के विवाद में पड़े बिना भी यह कहा जा सकता है कि समता के सिद्धान्त का जो आधार विवेकानन्द ने दिया उससे सबल बौद्धिक आधार शायद ही ढूँढा जा सके। विवेकानन्द को युवकों से बड़ी आशाएँ थीं। आज के युवकों के लिये इस ओजस्वी सन्यासी का जीवन एक आदर्श है। उनके नाना जी का नाम श्री नंदलाल बसु था।

बचपन से ही नरेन्द्र अत्यन्त कुशाग्र बुद्धि के तो थे ही नटखट भी थे। अपने साथी बच्चों के साथ वे खूब शरारत करते और मौका मिलने पर अपने अध्यापकों के साथ भी शरारत करने से नहीं चूकते थे। उनके घर में नियमपूर्वक रोज पूजा-पाठ होता था धार्मिक प्रवृत्ति की होने के कारण माता भुवनेश्वरी देवी को पुराण, रामायण, महाभारत आदि की कथा सुनने का बहुत शौक था। कथावाचक बराबर इनके घर आते रहते थे। नियमित रूप से भजन-कीर्तन भी होता रहता था। परिवार के धार्मिक एवं आध्यात्मिक वातावरण के प्रभाव से बालक नरेन्द्र के मन में बचपन से ही धर्म एवं अध्यात्म के संस्कार गहरे होते गये। माता-पिता के संस्कारों और धार्मिक वातावरण के कारण बालक के मन में बचपन से ही ईश्वर को जानने और उसे प्राप्त करने की लालसा दिखायी देने लगी थी। ईश्वर के बारे में जानने की उत्सुकता में कभी-कभी वे ऐसे प्रश्न पूछ बैठते थे कि इनके माता-पिता और कथावाचक पण्डितजी तक चक्कर में पड़ जाते थे।

शिक्षा ग्रहण करने के लिए उन्हें ईश्वरचंन्द्र विद्यासागर के विद्यालय में भेजा गया। वहां एक छात्र की पिटाई पर उन्होंने जो बवाल मचाया उससे तो अधिकारी वर्ग भी स्तब्ध हो उठा। इस तरह उस विद्यालय से शारीरिक दण्ड देने का प्रावधान सदा के लिए समाप्त हो गया। नरेन्द्र जीवन की एकरसता से बहुत चिढ़ते थे। उनके कल्पनाशील मस्तिष्क

में अक्सर नई-नई योजनाएँ जन्म लेती रहती। कभी नाटक मण्डली की स्थापना, तो कभी व्ययामशाला का आयोजन, लाठी चलाना, नाव खेना आदि खेलों में भी उनकी विशेष रुचि रही। इससे उनके शारीरिक सौष्ठव में भी निखार आया।

धीरे-धीरे नरेन्द्र के विचारों में परिवर्तन होना लगा। ग्यारह-बारह वर्ष की आयु के पश्चात् उन्होंने बाल-क्रीड़ओं से मुँह मोड़ लिया। अब वे दैनिक समाचार पत्र, पुस्तक व पत्रिकाएँ आदि विशेष ध्यान से पढ़ने लगे थे, जिससे उनका मस्तिष्क प्रखर होता जा रहा था। कोमल भावों की अभिव्यक्ति के लिए, वे संगीत का आश्रय लेते। चौदह वर्ष की आयु में नरेन्द्र को पिता के साथ रायपुर (मध्यप्रदेश) जाना पड़ा। वहाँ स्कूली शिक्षा के अभाव में पिता का भरपूर साहचर्य प्राप्त हुआ। उनके पिता विश्वनाथ दत्त ने पुत्र की सुप्त प्रतिभा को पहचान लिया। वह प्रायः वाद-विवाद द्वारा पुत्र की बौद्धिकता को क्रियाशील रखने की चेष्टा करते। करीब दो साल पश्चात जब वे कलकत्ता लौटे, तो नरेन्द्र को पुनः स्कूल भेजा गया। नरेन्द्र ने अपनी असाधारण व विलक्षण क्षमता का परिचय देते हुए तीन वर्ष की पढ़ाई को एक ही वर्ष में पूर्ण कर लिया। अध्ययन के दौरान पाठ्क्रम से बाहर की पुस्तकें पढ़ने के कारण वे ज्यामिति की ओर पूरा ध्यान नहीं दे पाए। प्रवेश परीक्षा के ठीक दो दिन पूर्व उन्हें इस विषय में ज्ञान हुआ, तो वे उक्त विषय का अध्ययन रात में ही किए और प्रथम श्रेणी में परीक्षा उत्तीर्ण की।

इस समय तक उनके स्वभाव में काफी सहजता आ गई थी। इसी विशेषता के बल पर, समाज के विद्वजन के बीच उनकी पैठ बनने लगी थी। कॉलेज की पाठ्य-पुस्तकें उनकी जिज्ञासा को पूरी तरह संतुष्ट नहीं कर पाती थीं। अतः उन्होंने लगभग प्रत्येक विषय की अनेक प्रमाणिक पुस्तकों का अध्ययन किया। किसी समृद्ध परिवार के पढ़े-लिखे युवक के लिए रिश्तों का कभी अभाव नहीं रहता। यहाँ तो स्वयं नरेन्द्र का चुंबकीय व्यक्तित्व ही वैसे भी कुछ कम न था। अतः द्वार पर कन्या के पिताओं की जमात जुड़ने लगी। एक वधू के पिता तो विदेश यात्र के प्रस्ताव का चुग्गा भी लाए थे। नरेन्द्र के पिता भी इस प्रस्ताव से उत्साहित हो उठे परंतु इच्छा रहने पर भी पुत्र को विदेश भेजना थोड़ा कठिन था। जब नरेन्द्र को यह पता चला तो वे दुःखी हो कर बोले–

"तुम लोग मुझे किधर खींच रहे हो? विवाह करके तो मेरा सब कुछ समाप्त हो जाएगा।"

संयोगवश, विवाह की चर्चा, अनेक कारणों से स्वयं ही स्थगित होती गई, जिससे नरेन्द्र को बहुत राहत मिली। उन दिनों उनका झुकाव आध्यात्म की ओर हो

चला था। ईश्वर के प्रति सत्य का अन्वेषण उन्हें आंदोलित कर रहा था। वे अनेक संप्रदायों के आध्यात्मिक महापुरूषों के पास गए। प्रथम साक्षत्कार में वे एक ही प्रश्न पूछते–

"क्या आपने ईश्वर को देखा है?"

नकारात्मक उत्तर पा कर उनका मुख मलीन हो जाता। वे यही सोचते कि जब इतने बड़े महापुरूष ईश्वर के प्रत्यक्ष दर्शन के अधिकारी नहीं हैं, तो वे एक क्षुद्र मानव हो कर ऐसा स्वप्न कैसे देख सकते हैं।

एक दिन कक्षा में एक प्राचार्य व्याख्यान दे रहे थे। वे छात्रों को समझाना चाहते थे, किसी वस्तु विशेष पर ध्यान केंद्रित करने से मनुष्य अपनी सुध-बुध भी खो बैठता है। उन्होंने कहा–

"पवित्र मन से किसी वस्तु विशेष का चिंतन करने से, इस प्रकार की अनुभूति होती है, यद्यपि इस प्रकार के व्यक्तित्व दुर्लभ ही हैं, परंतु मैंने एक ऐसा व्यक्ति देखा है, जिसने मानस का यह परम आनंद पाया है, वे हैं दक्षिणेश्वर के श्री रामकृष्ण परमहंस'"

प्राचार्य की यह बात विवेकानन्द जी के अंतस्तल को छू गई। उन्होंने रामकृष्ण जी से मिलने का निश्चय कर लिया। बस यहीं से नरेन्द्र के जीवन का एक नया अध्याय आरंभ होता है।

युवावस्था

समय के साथ-साथ परिवर्तन अवश्म्भावी है। यही नरेन्द्र के साथ भी हुआ। जब उनकी उम्र चौदह वर्ष की थी तो उस समय उनके पिता विश्वनाथ जी मध्य प्रदेश के रामपुर में रहते थे। एक बार नरेन्द्र को पेट की बीमारी के कारण इतना कष्ट हुआ कि इसे देखकर उनकी माँ को अपार दुःख हुआ। चिकित्सकों ने परामर्श दिया कि नरेन्द्र को वायु-परिवर्तन के लिए कलकत्ते से दूर भेज देना चाहिए। नरेन्द्र अपनी माँ के साथ रामपुर जा पहुंचे। वहां कोई पाठशाला नहीं थी। बाबू विश्वनाथ जी ने कहा– "भवानी! पढ़ाई-लिखाई की तुम चिंता न करो। नरेन्द्र ने जिस तरह का दिमाग पाया है, उसके लिए पढ़ाई-लिखाई ऐसी है, जैसे हथेली पर रखा आंवला। जिसे जब चाहे बिना प्रयास के पा सकता है परंतु इसके कंचन जैसे शरीर का यह क्या हाल हो गया है? कल से ही इसे व्यायामशाला भेजो।" उस दिन से शरीर पर तेल मालिश करना, जंगलों मे घूमना तथा व्यायाम करना ही नरेन्द्र का प्रमुख कार्य हो गया।

उसकी इस नई दिनचर्या से उसके शरीर में स्फूर्ति आ गयी। उसका स्वास्थ्य धीरे-धीरे ठीक होने लगा। उसको लगा कि उसका सौभाग्य ही उसे रामपुर में ले आया है। यहां का मुक्त वातावरण एवं शुद्ध वायु उसके शरीर को मज़बूत ढांचे में ढालने लगी।

संयोगवश इन दिनों रामपुर में कुछ अच्छे विद्वानों की गोष्ठी चल रही थी। वे सांझ होते ही प्रसिद्ध वकील विश्वनाथ के यहां इकट्ठे होते और दर्शन, राजनीति एवं समाजशास्त्र पर विचार करते जिसे नरेन्द्र चुपचाप बैठा-बैठा सुना करते और अपने अंतर्मन में उसका विश्लेषण करते। कभी-कभी यह गोष्ठी देर रात गए तक चलती। माँ भुवनेश्वरी ऊब जातीं, पर करती क्या? परंतु ज्ञान पिपासु नरेन्द्र विद्वान मंडली के प्रत्येक शब्द को ग्रहण करने के लिए स्वयं को समर्पित कर चुके थे।

एक दिन नरेन्द्र गवाक्ष के पास खड़ा था। वह आकाश की ओर देखता न जाने क्या सोच रहा था। कमरे में गोष्ठी के लोग आ चुके थे। सभी आपस में बातें कर रहे थे, पर उनमें से हर एक बीच-बीच में खिड़की के सामने खड़े नरेन्द्र को देख लेता था।

घण्टे भर से ज्यादा जब इसी तरह बीत गया तो बाबू विश्वनाथ के मन में जाने क्यों चिंता बढ़ी। वे उसके पास गए और उसके कन्धे पर धीरे से हाथ रखा। नरेन्द्र कांप गया। वे उसे अपने साथ वहां ले आए, जहां उनके विद्वान साथी बैठे थे। एक ने पूछा– "नरेन्द्र! इतनी देर से तुम एकाग्रचित्त होकर आकाश की ओर क्या देख रहे थे?"

पहले तो नरेन्द्र कुछ नहीं बोला, फिर अपने पिता की ओर देखा। पिता ने अपने पुत्र के उस प्रश्न का, जो उसकी पुतलियों में प्रश्नचिह्न बना झलक रहा था, पहचाना। वे बोले– "संकोच की क्या बात है, जो पूछा गया है, उसका जवाब दो।"

पिता की बात सुनकर विद्वानों की ओर देखता हुआ नरेन्द्र बोला–"कितने ही दिनों से आप लोग आपस में इस बात पर विचार किया करते हैं कि ईश्वर है या नहीं? वह साकार है या निराकार? ऐसी बातों का जवाब तो अंदर से मिलता है और बाहर वहां मिलता है, जहां वह खुद अपने हाथ से लिख देता है–उसे कोई पढ़ता ही नहीं–देखता ही नहीं।" ऐसी बातों पर चर्चा करने का तो कोई औचित्य नहीं है।

उस किशोर की बात सुनकर वे सारे लोग भौंचक्के रह गए। बाबू विश्वनाथ बोले–"क्यों रे नरेन्द्र! क्या तूने उसे बाहर कहीं पढ़ा है? कहां लिखता है वह? खुद अपने हाथ से?"

जब बाबू विश्वनाथ यह प्रश्न पूछ रहे थे तो उस समय भुवनेश्वरी भी द्वार के पीछे खड़ी नरेन्द्र की बातें सुन रही थीं। उनकी पुतलियों में आनन्दाश्रु उमड़ आए। उसकी अंतरात्मा अपने पुत्र की प्रतिभा पर स्वयं को न्यौछावर कर रही थी।

पिताजी के इस प्रश्न के उत्तर में नरेन्द्र ने कहा–"मैंने पहले कभी नहीं पढ़ा था, कभी नहीं जाना था। आज उस खिड़की के सामने खड़ा था तब सांझ की लालिमा ने आकाश में तैरती सफेद बदलियों पर कुछ ऐसा अंकित किया कि देखकर बार-बार मन में यही बात जागने लगी। लोग क्यों ईश्वर का प्रमाण मांगते हैं?" कहकर वह चुप हो गया। सबने देखा कि उसकी पलकें मुंद गई हैं।

पुत्र की यह हृदयस्पर्शी बात दरवाजे के पीछे खड़ी भुवनेश्वरी के रोम-रोम को पुलकित कर रही थी। भावोद्रेक से उसका अंतर्मन चिर आंनदमयी सत्ता का दर्शन कर रहा था। उन्हें लग रहा था कि जैसे अब इस धरती पर पाने के लिए कुछ भी नहीं रहा है। सब कुछ भगवान ने उसकी झोली में भर दिया है उन क्षणों में वह सम्पूर्ण माँ थीं।

आंखें मूंदे-मूंदे ही नरेन्द्र ने कहा–"और जब पूर्णिमा के चन्द्रमा ने उस लालिमा को पोतकर अपनी रजत किरणों से आकाश पट्टी पर सौंदर्य बिखेरा तो लगा जैसे प्रकृति प्रतिक्षण, प्रतिपल उसके रूपों के चित्र बनाती है, पर हम अभागों को उसकी प्रतीति ही नहीं हो पाती। धरती के इन्सान का सबसे बड़ा दुर्भाग्य यही है।"

उस दिन के बाद बाबू विश्वनाथ और उनके साथियों को नरेन्द्र की प्रतिभा पर विश्वास दृढ़ हो गया। वे उसे इस तरह देखा करते थे जैसे उन्हीं में से एक है। वह विद्वत्-मण्डली नरेन्द्र की सूक्ष्म अनुभूतियों को सुन-सुनकर भाव-विभोर हो उठती थी।

रामपुर में अंग्रेजी, बंगाली की बहुत-सी किताबों का संग्रह था। नरेन्द्र अपने व्यायाम से जो भी समय निकाल पाता उसे अपने अध्ययन में बिता देता था। उसकी स्मरण-शक्ति इतनी प्रखर थी कि सबको अचरज होता था। अपने पिता के निकट दो वर्ष रामपुर में रहकर नरेन्द्र के तन-मन ने जो कुछ सीखा, जो कुछ जाना वह एक प्रकार से उनके जीवन-भवन की सुदृढ़ नींव बन गई।

नरेन्द्र का शारीरिक सौष्ठव व स्फूर्ति तो अतुलनीय थी। उनका अनुमान उस समय के उस्ताद भी नहीं लगा पाते थे। एक दिन कुश्ती के दांव सिखाते-सिखाते पहलवान ने जाना कि उसकी शारीरिक शक्ति के सामने उनका हर दांव असफल रहता है। यह जानकर वे बाबू विश्वनाथ से मिलने आए और बोले–"बाबूजी! मेरी राय है कि आप अपने नरेन्द्र को किसी अच्छे पहलवान से मल्लविद्या सिखवाएं। एक

दिन यह संसार का प्रसिद्ध पहलवान बन जाएगा। रामपुर के आस-पास मेरी शारीरिक शक्ति अचरज से देखी जाती है पर आज डेढ़ साल के बाद मैंने पहली बार जाना है कि नरेन्द्र पर मेरा कोई दांव चलता ही नहीं!''

पहलवान की यह बात सुनकर बाबू विश्वनाथ जी मन-ही-मन आनन्दित हुए और उस पहलवान गुरु को दान-दक्षिणा देकर विदा किया। धीरे-धीरे नरेन्द्र के स्वास्थ्य में निखार आ गया। दो वर्ष बाद जब रामपुर से नरेन्द्र कलकत्ता वापस आया तो उसका शरीर-सौष्ठव तथा उसका तेज-दीप्त मुखमण्डल देखकर उसके साथी, बन्धु-बान्धव एवं अध्यापक बहुत प्रसन्न हुए।

दो वर्ष पढ़ाई-लिखाई से दूर रहने के कारण स्कूल के विषयों में वह पिछड़ गया था, पर विशेष प्रयत्न करने पर उसे प्रवेशिका में प्रवेश मिल गया। अपनी लगन और परिश्रम के बल पर एक वर्ष में ही उसने दो वर्ष का कोर्स पूरा कर लिया। जब परीक्षा का परिणाम निकला तो यह जानकर सब चकित रह गए कि सारे स्कूल में प्रथम श्रेणी में उत्तीर्ण होने वाला छात्र केवल नरेन्द्र ही था।

मैट्रोपोलिटन संस्था के एक अध्यापक अवकाश ग्रहण कर रहे थे। नरेन्द्र ने अपने साथियों से सलाह की। उन सबने निश्चय किया कि उन सुयोग्य शिक्षक को सम्मानपूर्वक विदा किया जाए। इस अभिनन्दन को संस्था के वार्षिक पुरस्कार-वितरण समारोह के साथ ही साथ सम्पन्न करने का निश्चय किया।

श्री सुरेन्द्रनाथ बन्द्योपाध्याय उस समय देश के प्रसिद्ध वक्ता थे। जब छात्रों ने सुना कि उस समारोह की अध्यक्षता मि. नाथ कर रहे हैं तो सबके छक्के छूट गए। नरेन्द्र के सामने समस्या थी कि अपने अध्यापक की विदाई समारोह में कौन भाषण दे। अंत में कोई तैयार नहीं हुआ तो नरेन्द्र ने निश्चय किया कि वह ही बोलेगा।

जब बोलने के वे क्षण आए तो नरेन्द्र अपनी जगह से उठे और सुरेन्द्रनाथ बन्द्योपाध्याय के समीप मेज के समाने खड़े हो गए। नरेन्द्र ने आंखें मूंदी और माँ सरस्वती का ध्यान किया। वैसे ध्यान करते ही उसे लगा जैसे बोलने के भय से उसे एकाएक मुक्ति मिल गई है।

उसने अप्रत्याशित शैली में आधा घण्टा तक प्रभावशाली भाषण दिया, अपने गुरु के सम्बन्ध में जैसी भाव-भीनी श्रद्धांजलि अर्पित की, वह भाषण के बाद भी कुछ समय तक ज्यों की त्यों श्रोताओं के कानों में गूंजती रही। जब भाषण समाप्त करके वह जाने लगा तो श्री सुरेन्द्रनाथ ने उसे अपने पास बुलाया और उसकी पीठ थपथपाकर कहा–''तुम एक दिन निश्चय ही इस देश के प्रसिद्ध वक्ता बनोगे।''

अपने शैक्षिक गुरू का यह शुभ आशीष समय पर फलीभूत हुआ। कालांतर में इस कुशाग्र बुद्धि बालक ने विश्व के मंच पर भारत की धर्म-ध्वजा फहराया।

साधना की राह पर

जब नरेन्द्रनाथ की उम्र अठ्ठारह वर्ष की थी तो उस समय उन्हें मलेरिया हो गया। बुखार इतना तेज था कि किसी भी दशा में वह परीक्षा नहीं दे सका। दूसरे वर्ष असेम्बली इंस्टीट्यूट में प्रविष्ट हुआ। इस समय उसके स्वास्थ्य व शारीरिक सौष्ठव में बड़ा आकर्षण था। इससे भी बड़ी बात यह थी कि उसकी आवाज़ में कुछ इस तरह मिठास और गहराई थी जैसी वीणा के मन्द स्वर में होती है। उनकी आवाज की मधुरिमा आलोचना को भी पराभूत करती थी। अपने सहपाठियों में बनाव-शृंगार की भी वह कठोर आलोचना करता था परंतु सब जानते थे कि नरेन्द्र की उस निर्ममता में उनके प्रति कितनी स्नेहपूर्ण सहृदयता है।

युवास्था आते-आते उसका मुखमण्डल तेजोद्दीप्त होता गया। पढ़ाई-लिखाई, खेल-कूद, संगीत, चित्रकला सभी विद्याओं का वह समान रूप से साधक बन गया। संगीत से भी नरेन्द्रनाथ का कम लगाव नहीं था। संगीत गोष्ठी में जब वह पखावज लेकर बैठता तो संगीत की ऐसी लय बाँधता कि श्रोतागण मुग्धभाव से उसे निहारते ही रह जाते। जब अपने मधुर कंठ से गाता तो लगता जैसे माँ सरस्वती का वरदहस्त उसके माथे पर है। मुक्केबाजी के अखाड़े में उसकी मुक्केबाजी देखकर लगता जैसे वह जन्मजात मुक्केबाज है और इसी हुनर में पारंगत होने के लिए उसने जन्म लिया है। उसने मुक्केबाजी में विशेष पुरस्कार प्राप्त किया और थोड़े ही दिनों में क्रिकेट खिलाड़ियों में उसका नाम आदरपूर्वक लिया जाने लगा।

विभिन्न प्रकार के खेल, व्यायाम व मनोरंजन के प्रति आकर्षित रहने के बाद भी अध्ययन करते समय वे वह संबंधित विषयों का गहरा परिशीलन करता था। एक दिन कक्षा में कोई नहीं था। वह अकेला बैठा डेकार्ट का अहंवाद पढ़ रहा था। तभी दर्शन विभाग के अध्यक्ष विलियम हेस्टी आए। वह नरेन्द्र को इस तरह डूबकर पढ़ते देख चुपचाप खड़े रहे। उन्होंने एक-दो बार उसे धीरे से पुकारा भी, पर नरेन्द्र इतने ध्यानमग्न थे कि कुछ भी न सुन पाए। विलियम हेस्टी वहीं चुपचाप बैठ गए, जब नरेन्द्र ने पढ़ना बन्द किया तो उसने देखा कि मि. हेस्टी उसी के पास बैठे हैं। विलियम हेस्टी ने उस किताब को उठाया और अहंवाद को लेकर कुछ प्रश्न किए। नरेन्द्र ने अपने उत्तर में कुछ देर पहले पढ़ी पुस्तक में से जिस तरह कोटेशंस देना शुरू किया उसे सुनकर वे स्तब्ध रह गए।

मि. विलियम हेस्टी ने अचरज में भरकर ह्यूम और बेन की नास्तिकता, स्पेन्सर का अक्षयवाद, डार्विन के विकासवाद को लेकर कुछ गम्भीर प्रश्न किए। दर्शन के उस युवा विद्यार्थी नरेन्द्र ने जिस प्रांजल भाषा में जिस तरह युक्ति-युक्त उत्तर दिए, उसे सुनकर हेस्टी आश्चर्य में पड़ गए।

उसके कुछ ही दिन बाद उन्होंने कॉलेज़ की असेम्बली में एक दिन बड़े गर्व से कहा—"मैं समझता हूं कि हमारे कॉलेज़ में नरेन्द्र जैसा मेधावी छात्र है, वैसा योरोप के किसी भी विश्वविद्यालय में नहीं होगा।"

पश्चिमी दर्शन का नरेन्द्र के मानस पटल पर गहरा प्रभाव पड़ रहा था। ईश्वर विषयक आध्यात्मवाद व चिंतन के विषय में उनके मन में भ्रांतियाँ पैदा हो रही थीं।

इन प्रश्नों ने उनके मन-प्राणों को झकझोर कर रख दिया था। उन दिनों नरेन्द्र को कोई भी भक्त, साधु-संन्यासी मिलता तो वह सीधा एक ही प्रश्न कर बैठता—"बताइए, आपने कभी उससे साक्षात्कार किया है, जिसके लिए यह कपड़े रंगा लिये हैं?" परंतु सन्यासियों व योगियों द्वारा मिला उत्तर किसी भी दशा में उसे संतुष्ट नहीं कर पाता था।

वह उस समय के प्रकाण्ड पण्डित बाबू केशवचन्द्र सेन, महर्षि देवेन्द्र से मिलता-जुलता। दर्शन को लेकर तरह-तरह के प्रश्न करता पर उसे संतोष नहीं होता। राजा राममोहनराय की एक-एक रचना का परिशीलन किया परंतु संतोष न मिला। वह जितना ही इस मार्ग पर बढ़ता, उतना ही बेचैन होता जाता। एक दिन महर्षि देवेन्द्र ने कहा—नरेन्द्र! "तुम्हारे सारे लक्षण योगियों जैसे हैं। तुम ध्यान क्यों नहीं धारण करते?" इसके लिए जब नरेन्द्र ने ध्यान धारण करने का उपाय पूछा तो देवेन्द्र ने कहा कि, "ध्यान के साथ तुम्हें शाकाहार, पराययोगम् और भूमि शय्या जैसी बहुत-सी बातों पर ध्यान देना होगा। इसके लिए तुम मेरे पास आ जाया करो, मैं सब कुछ तुम्हें बता दूंगा।"

महर्षि देवेन्द्रनाथ से मार्ग-दर्शन लेकर वह ध्यान धारण की राह पर चल पड़ा। श्रद्धा, विश्वास व सच्ची लगन बुद्धि की प्रखरता भाव की प्रवणता एवं सुग्राह्य कौशल के कारण कुछ ही दिनों में वह ध्यान-योग में डूब गया। उसे अपने मकान के पास ही किराए पर मकान मिल गया। वहां एकांत और शांति थी। उसी मकान में ध्यान-धारण करने लगा। इस ध्यान-धारणा ने उसे और ज्यादा व्यथित कर डाला। वह दिन-रात ऐसे गुरु की खोज में रहने लगा जिसने स्वयं साक्षात्कार किया हो। उसे यह नहीं पता था कि ऐसा तत्त्वदर्शी योगी उसे कहां मिल सकता है?

उसके इस कार्य में सुरेन्द्रनाथ मिश्र ने सहयोग किया। वे उस युग के परमहंस श्री रामकृष्ण के भक्त थे। एक दिन वे परमहंस को अपने घर ले आए। और सत्संग गोष्ठी का आयोजन किया था, पर भजन गाने वाले नहीं मिल रहे थे।

वे जानते थे कि उनका पड़ोसी युवक नरेन्द्र भी गाता है, पर उसके उग्र स्वभाव को लेकर उसके पास जाने की हिम्मत नहीं हो रही थी। वे इतना जानते थे कि नरेन्द्र में तत्त्वदर्शन के प्रति रुचि है, इसी का सहारा ले वे नरेन्द्र के पास जा पहुंचे और बोले–"नरेन्द्र! आज हमारे यहां एक महात्मा आए हैं। सत्संग होगा तुम्हें बुलाने आया हूँ, चल सकोगे?"

आग्रहपूर्ण बातें सुनकर नरेन्द्र बोले–"चला चलूंगा, क्या मैं जान सकता हूं वे कैसे महात्मा हैं?"

सुरेन्द्रनाथ जी बोले, "वे परमहंस हैं, योगी हैं, तत्त्वदर्शी हैं।"

नरेन्द्र के जीवन की यह एक महान घटना थी। वह 1881 ई. का नवम्बर मास था। नरेन्द्र ने जीवन में पहली बार स्वामी रामकृष्ण परमहंस के दर्शन किए जो आगे चलकर उनका आराध्य बने। मिश्र जी ने परमहंस श्री रामकृष्ण से नरेन्द्र का परिचय कराया। नरेन्द्रनाथ ने उस गोष्ठी में अपने कण्ठ से जब खुलकर गाया तो परमहंस श्री रामकृष्ण गहरे भाव-जगत् में चले गये। उनकी आंखों में आंसू भर आए और जाते समय बोले–"नरेन्द्र दक्षिणेश्वर मंदिर में कभी जरूर आना।" नरेन्द्रनाथ ने भी इस योगी की बातों को स्वीकार किया और कहा, "जरूर आऊंगा।" नरेन्द्र अपनी एफ. ए. की परीक्षा में ऐसा डूबा कि उसे दक्षिणेश्वर जाने का ध्यान ही नहीं रहा और कुछ दिनों बाद तो वह यह भी भूल गया कि उसने किसी महात्मा को दक्षिणेश्वर मंदिर जाने का वचन भी दिया था।

एक दिन अपने पिता के बुलाने पर जब नरेन्द्रनाथ बरामदे में पहुँचे तो वहाँ बैठे कुछ संभ्रात लोगों ने नरेन्द्र को ऊपर से नीचे तक एक विशेष दृष्टि से देखा फिर उसको लेकर कुछ प्रश्न किये परंतु वह समझ नहीं पाया कि वे अपरिचित अतिथि उसके निजी जीवन के बारे में वैसे प्रश्न क्यों कर रहे हैं? जाते-जाते जब उन्होंने दहेज में दस हजार रुपये देने की बात चलाई तो नरेन्द्र सब कुछ समझ गया।

विश्वनाथ नरेन्द्र को भली भांति जानते थे। इसलिए उन्होंने अपने सम्बन्धी मित्र रामचन्द्र दत्त को बुलाया और कहा–"मि. दत्त! "मेरे एक परिचित हैं, वे कई दिनों से नरेन्द्र के रिश्ते के बारे में मुझसे कह-सुन रहे हैं। कल दस हज़ार दहेज देने की बात भी कह गए हैं। उससे मैंने अभी बात नहीं की है। मैं चाहता हूं आप उससे बात कर लें। लड़की मैंने देखी है, वह परम सुन्दरी और गुण-सम्पन्न है।"

रामचन्द्र बोले–''आप नरेन्द्र को इधर भेज दीजिए, मैं बात कर लूंगा।''

विश्वनाथ ने नरेन्द्र को रामचन्द्र के पास भेज दिया।

जब नरेन्द्र अपने पिता के मित्र रामचन्द्र के पास पहुँचे तो उन्होंने नरेन्द्र से कहा–तुम्हारे पिताजी ने मेरे कन्धों पर एक बोझ डाला है। मैं चाहता हूं कि उसे उतारने में तुम मेरी मदद करो। तुम्हारी बिना मदद के वह बोझ उतर नहीं सकता।'' नरेन्द्र बोला– ''बताइए मैं क्या कर सकता हूं?''

रामचन्द्र ने कहा–''बात तुम्हारे सम्बन्ध की है। एक लड़की...।'' सुनते ही नरेन्द्र ने उन्हें रुक जाने का संकेत किया और स्पष्ट शब्दों में कहा–''मैं जानता हूं कि मुझको लेकर मेरी माँ और पिता ने जाने कैसे-कैसे सपने देखे हैं, पर मैं उन सपनों को पूरा करने में असमर्थ हूँ।

''क्यों? क्यों नहीं कर सकोगे?''

''मेरा मार्ग उन सबसे अलग है।''

''कौन-सा है तुम्हारा मार्ग?''

''मेरा मार्ग परम सत्य तक पहुंचने का है। यही मेरे जीवन का लक्ष्य है। यही उसका अर्थ है। इससे दूर ले जाने वाली हर बात मेरे लिए त्याज्य है। विवाह मेरे मार्ग की बाधा है।'' कहकर वह बाहर जाने लगा तो रामचन्द्र दत्त बोले–''तुम्हारी बात सुनकर मुझे दुनिया के लोगों की तरह तनिक भी दुःख नहीं हुआ है। हां तुम्हारे माँ-बाप को सुनकर जैसा क्लेश मिलेगा सो याद करके मेरा दिल कांप उठता है। अगर तुमने इसी राह पर जाने का निश्चय कर लिया है तो दक्षिणेश्वर क्यों नहीं जाते?''

इस पर नरेन्द्र बोले, ''वहां क्या वह मिल सकेगा जिसकी मुझे खोज है?''

नरेन्द्र की यह बात सुनकर रामचंद्र दत्त बोले, ''सो तो मैं नहीं कह सकता, क्योंकि हर एक की खोज के अपने-अपने मार्ग हैं, पर इतना विश्वासपूर्वक कह सकता हूं कि वे इस खोज की दिशा तुम्हें अवश्य ही बता देंगे।''

जब बाबू विश्वनाथ ने नरेन्द्र के निश्चय की बात माँ भुवनेश्वरी को बताई तो पहले तो वह हतप्रभ रह गईं परंतु फिर संतोष की साँस लेती हुई बोली, ''जिसका यह प्रसाद है वही शंकर ही उसकी राह भी बनाएंगे। मैं चिंता क्यों करूं?''

नरेन्द्रनाथ दूसरे दिन ही अपने कुछ मित्रों के साथ परमहंस के पास दक्षिणेश्वर जा पहुंचा। उसे देखते ही परमहंस इस तरह बातें करने लगे जैसे न जाने कितने समय का उनका घनिष्ठ परिचय हो।

श्री रामकृष्ण उसे अलग ले गए और बोले–

''इतने दिनों तक क्यों नहीं आया?''

"पढ़ाई-लिखाई में उलझा रहा।"

"पर मैंने तुझे कितना बुलाया है सो जानता है? कितने दिनों से तेरी प्रतीक्षा में बैठा हूं।"

नरेन्द्र को लगा कि यह महात्मा पागल है। उसने कोई जवाब नहीं दिया। एक-दो भजन सुनाकर परमहंस का कंठ कांपने लगा। वे भाव-विभोर होकर बोले—"जानते हो तुम ऋषि हो?" नरेन्द्र आश्चर्य में डूब गये और बोले,"ऋषि?"

नरेन्द्र को आश्चर्य में देखकर परमहंस जी बोले, "हां नरेन्द्र, तुम सप्तर्षि मण्डल के ऋषि हो। तुम अपने इस नर-रूप में नारायण हो। तुमने इस धरती पर बसने वाले जीवों के लिए अपनी इस देह को धारण किया है।"

"यह आप क्या कह रहे हैं?"

"नरेन्द्र! तुम अवतारी पुरुष हो। तुम महापुरुष हो।"

नरेन्द्र अवाक् उन परमहंस को देखता का देखता रह गया। उनकी बहकी-बहकी बातों का कुछ भी अर्थ वह न समझ सका।

नरेन्द्र नाथ के मन पर महात्मा के शब्दों का ऐसा प्रभाव पड़ा कि सारी रात एक पल के लिए भी सो न सका और यही सोचता रहा कि—"महात्मा पागल है? पागल तो हो नहीं सकता। इतने बड़े-बड़े विद्वान—विचारक उसकी बातों को कितने ध्यान से सुना करते हैं? सो मेरे मन में जो इतने दिनों से यह अंतर-मंथन चल रहा है, सो क्या इन्हीं महात्मा की कृपा है?"

इस घटना के बाद नरेन्द्र को जब भी समय मिलता वह रामकृष्ण के पास जा पहुंचते। उन्हें भजन सुनाते और चले आते। उनकी बातें सुनते और चले आते। उनकी बातों का नरेन्द्र के मन पर बहुत प्रभाव पड़ता था, पर उनके तार्किक और अहंवादी मन कभी भी उस महात्मा को गुरू मानने की स्वीकृति नहीं देता था।

नरेन्द्र के तत्त्वदर्शी मन ने साकार उपासना को स्वीकार नहीं किया। दक्षिणेश्वर के मंदिर में जाकर कभी दुर्गा माँ के समीप अपना सिर नहीं झुकाया जिसमें उसका दृढ़ विश्वास था। एक दिन वह दक्षिणेश्वर के मंदिर में अपने ब्रह्म समाजी मित्र राखालचन्द्र घोष के साथ गया। वहां राखाल ने श्री माँ के चरणों में सिर झुकाया तो नरेन्द्रनाथ बिगड़ उठा। उसने उसे फटकारते हुए कहा, "तुम ब्रह्म समाजी हो। तुमने निराकार ब्रह्म उपासना का व्रत लिया है। तुम इस पाषाण प्रतिमा को प्रणाम कैसे कर रहे हो?" नरेन्द्र की इस बात पर प्रतिक्रिया व्यक्त करते हुए परमहंस श्री रामकृष्ण जी बोले—"तुम्हें श्रद्धा नहीं है तो मत करो, पर दूसरे की श्रद्धा का दीप बुझाने का तुम्हें अधिकार कैसे हो गया?"

नरेन्द्र उन महात्मा की यह झिड़की सुनकर चुप रह गया।

एक दिन दक्षिणेश्वर में कोई उत्सव था। नरेन्द्र भी अपने मित्रों के साथ वहां गया था। बहुत से भक्त वहां बैठे थे। श्री रामकृष्ण एकाएक कहने लगे– क्या तुम सब जानते हो कि जो यह नरेन्द्र यहां बैठा है, वह कौन है? एक ने कहा– ''हां-हां, महाराज! अपने बाबू विश्वनाथ का लड़का है।''

परमहँस जी बोले ''नहीं रे नहीं! कोई नहीं जानता यह कौन है? संसार में केशवचन्द्र सेन ने जिस शक्ति के सहारे इतनी प्रतिष्ठा प्राप्त की है, वह नरेन्द्र के सामने कुछ नहीं है। इस नरेन्द्र के पास अब भी उनसे आठ गुनी शक्ति है। अगर वे ज्ञान का दीप हैं तो हमारा यह नरेन्द्र ज्ञान का सूरज है।''

अब नरेन्द्र से और नहीं सुना जा रहा था वे बिफर पड़े–

"आप यह कैसी बातें कर रहे हैं?"

"मैं क्या अपनी ओर से कह रहा हूं?"

"फिर किसकी ओर से कह रहे हैं?"

"अरे मैं कह रहा हूं माँ की ओर से। उन्होंने जो मुझे बताया, वही तो मैं कह रहा हूं।"

महात्मा की इस प्रकार की वाणी ने नरेन्द्र के अंतर्मन में उसके प्रति नफरत पैदा कर दी और वह अच्छी तरह समझ लिया कि दिन-रात के व्रत-नियम, कठोर योगासनों ने इस महात्मा को पागल कर दिया है। यह सब उसके मन की तरंगें हैं, विकार हैं, उसके अतिरिक्त कुछ नहीं। उसने दक्षिणेश्वर के मंदिर में जाना छोड़ दिया। उसकी समझ में नहीं आ रहा था कि वह कहां जाए? मन के उमड़ते इन प्रश्नों का उत्तर वह कहां पाए? एक दिन विक्षिप्तों की तरह वह घर से निकल पड़ा। उन दिनों महर्षि देवेन्द्रनाथ गंगा में नौकावास करते थे। वह सीधा वहीं पर जा पहुंचा। नौकागृह के द्वार बन्द थे, अन्दर महर्षि ध्यान में बैठे थे। नरेन्द्र ने उसके किवाड़ खोल दिए और अंदर जा खड़ा हुआ। किवाड़ खुलने के कारण महर्षि कांप गए। उन्होंने देखा सामने ही नरेन्द्र विक्षिप्तों की तरह खड़ा है। मुस्कराते हुए वे बोले–''क्या हुआ?'' देवेन्द्रनाथ जी बात सुनकर वह बोला ''मैं दौड़ा-दौड़ा आपसे यह पूछने चला आया हूं कि आपको साक्षात्कार अभी तक हुआ या नहीं?'' उन्होंने फिर वही बात दोहराते हुए कहा–''नरेन्द्र! तुम योगी हो। तुम्हारी आकृति में योगी के समस्त लक्षण हैं। तुम ध्यान क्यों नहीं करते?''इस पर नरेन्द्र क्रोधित होकर बोला –''कहां जाऊं? किससे पूछूं? क्या करूं? कहीं ईश्वर और यह तत्त्वदर्शन मिथ्या ही तो नहीं है?''

रामकृष्ण से भेंट

युवावस्था में उन्हें पाश्चात्य दार्शनिकों के निरीश्वर भौतिकवाद तथा ईश्वर के अस्तित्व में दृढ़ भारतीय विश्वास के कारण गहरे द्वंद्व से गुजरना पड़ा। परमहंस जी जैसे जौहरी ने रत्न को परखा। उन दिव्य महापुरुष के स्पर्श ने नरेन्द्र को बदल दिया। इसी समय उनकी भेंट अपने गुरु रामकृष्ण से हुई, जिन्होंने पहले उन्हें विश्वास दिलाया कि ईश्वर वास्तव में है और मनुष्य ईश्वर को पा सकता है। रामकृष्ण ने सर्वव्यापी परमसत्य के रूप में ईश्वर की सर्वोच्च अनुभूति पाने में नरेंद्र का मार्गदर्शन किया और उन्हें शिक्षा दी कि सेवा कभी दान नहीं, बल्कि सारी मानवता में निहित ईश्वर की सचेतन आराधना होनी चाहिए। यह उपदेश विवेकानंद के जीवन का प्रमुख दर्शन बन गया। कहा जाता है कि उस शक्तिपात के कारण कुछ दिनों तक नरेन्द्र उन्मत्त-से रहे। उन्हें गुरु ने आत्मदर्शन करा दिया था। पचीस वर्ष की अवस्था में नरेन्द्रदत्त ने काषायवस्त्र धारण किये। अपने गुरु से प्रेरित होकर नरेंद्रनाथ ने संन्यासी जीवन बिताने की दीक्षा ली और स्वामी विवेकानंद के रूप में जाने गए। जीवन के आलोक को जगत के अन्धकार में भटकते प्राणियों के समक्ष उन्हें उपस्थित करना था। स्वामी विवेकानंद ने पैदल ही पूरे भारत की यात्रा की।

एक बार किसी शिष्य ने गुरुदेव की सेवा में घृणा और निष्क्रियता दिखाते हुए नाक-भौं सिकोड़ीं। यह देखकर विवेकानन्द को क्रोध आ गया। वे अपने उस गुरु भाई को सेवा का पाठ पढ़ाते और गुरुदेव की प्रत्येक वस्तु के प्रति प्रेम दर्शाते हुए उनके बिस्तर के पास रक्त, कफ आदि से भरी थूकदानी उठाकर फेंकते थे। गुरु के प्रति ऐसी अनन्य भक्ति और निष्ठा के प्रताप से ही वे अपने गुरु के शरीर और उनके दिव्यतम आदर्शों की उत्तम सेवा कर सके गुरुदेव को समझ सके और स्वयं के अस्तित्व को गुरुदेव के स्वरूप में विलीन कर सके। और आगे चलकर समग्र विश्व में भारत के अमूल्य आध्यात्मिक भण्डार की महक फैला सके। ऐसी थी उनके इस महान व्यक्तित्व की नींव में गुरुभक्ति, गुरुसेवा और गुरु के प्रति अनन्य निष्ठा जिसका परिणाम सारे संसार ने देखा।

प्रथम भेंट में ही रामकृष्ण परमहंस ने अपनी सूक्ष्म दृष्टि से निकटतम शिष्य को पहचान लिया। जब नरेन्द्र रामकृष्ण से मिले, तो वे अपने को एक ऐसे गुरू के सम्मुख पाए जो उसे सगों से भी अधिक सगा माने बैठे थे। नरेन्द्र उनके इस रूप पर अचंभित हो उठे। भला एक योगी किसी मोह में पड़ भी कैसे सकता है परंतु रामकृष्ण तो नरेन्द्र को देखते ही उनके साथ किसी भावुक सखा जैसा व्यवहार करते और अपने साथ भोजन कराते।

नरेन्द्र ने उनसे भी यह प्रश्न पूछने में संकोच नहीं किया—"क्या आपने ईश्वर को देखा है?"

सदा की भांति नकारात्मक उत्तर पाने वाले नरेन्द्र ने आज कुछ दूसरा ही उत्तर पाया। रामकृष्ण बोले—

"हाँ, मैने उसे देखा है। ठीक उसी तरह मैं तुम्हें देखता हूँ बल्कि इससे तीव्र अनुभूति में, तुम ईश्वर को अनुभव कर सकते हो। कोई उसे देख सकता है, उससे बातें भी कर सकता हूँ, जैसे मैं अभी तुमसे कर रहा हूँ। मगर इसकी गरज किसे है? लोग अपनी धन-दौलत व बच्चों के लिए तो खूब आँसू बहाते हैं, परंतु प्रभु के लिए ऐसा कौन करता है? यदि प्रभु के लिए भी कोई सच्चे हृदय हो रोए तो वे अवश्य प्रकट होते हैं।"

स्वामी रामकृष्ण परमहंस की बातों का नरेन्द्र के मस्तिष्क पर गहरा प्रभाव पड़ा। परंतु रामकृष्ण उनके लिए एक अबूझ पहेली बनते जा रहे थे। वे स्वयं को उनके वशीभूत पाते थे। उनका तार्किक मस्तिष्क, तर्कों के माध्यम से, प्रत्येक तथ्य की पुष्टि चाहता था।

नरेन्द्र और रामकृष्ण परमहंस का गुरु-शिष्य संबंध मातृ-पुत्र के संबंध जैसा हो गया। नरेन्द्र के बिना रामकृष्ण परमहंस एक पल भी नहीं रह पाते थे। नरेन्द्र के लिए प्रायः कलकत्ता से दक्षिणेश्वर आना सहज न था। वे सप्ताह में एक बार ही वहाँ जा पाते थे। रामकृष्ण स्वयं को इस अवधि में व्याकुल अनुभव करते। नरेन्द्र अक्सर गुरू की शिक्षा पद्धति व दर्शन को नकार देते, किंतु रामकृष्ण शांत भाव से उनकी सभी शंकाओं का समाधान कर देते।

स्वामी विवेकानन्द अपना जीवन अपने गुरुदेव स्वामी रामकृष्ण परमहंस को समर्पित कर चुके थे। गुरुदेव के शरीर-त्याग के दिनों में अपने घर और कुटुम्ब की नाजुक हालत की चिंता किये बिना, स्वयं के भोजन की चिंता किये बिना वे गुरु-सेवा में सतत संलग्न रहे। गुरुदेव का शरीर अत्यन्त रुग्ण हो गया था।

एक बार किसी ने गुरुदेव की सेवा में घृणा और निष्क्रियता दिखायी तथा घृणा से नाक-भौं सिकोड़ीं। यह देखकर विवेकानन्द को क्रोध आ गया। उस गुरु भाई को पाठ पढ़ाते और गुरुदेव की प्रत्येक वस्तु के प्रति प्रेम दर्शाते हुए उनके बिस्तर के पास रक्त, कफ आदि से भरी थूकदानी उठाकर फेंकते थे। गुरु के प्रति ऐसी अनन्य भक्ति और निष्ठा के प्रताप से ही वे अपने गुरु के शरीर और उनके दिव्यतम आदर्शों की उत्तम सेवा कर सके। गुरुदेव को वे समझ सके, स्वयं के अस्तित्व को गुरुदेव के स्वरूप में विलीन कर सके। समग्र विश्व में भारत के अमूल्य आध्यात्मिक भंडार की

महक फैला सके। उनके इस महान व्यक्तित्व की नींव में थी ऐसी गुरुभक्ति, गुरुसेवा और गुरु के प्रति अनन्य निष्ठा!

दैवयोग से विश्वनाथ दत्त की मृत्यु हो गई। पिता की असमय मृत्यु ने नरेंद्र के जीवन को उलट-पुलट कर दिया। घर का भार नरेन्द्र पर आ पड़ा। घर की दशा बहुत खराब थी। पिता अपने पीछे ऐसी कोई व्यवस्था नहीं कर गए थे जिससे परिवार के सात-आठ लोगों का पेट भर सके। अत्यन्त दरिद्रता में भी नरेन्द्र बड़े अतिथि-सेवी थे। स्वयं भूखे रहकर अतिथि को भोजन कराते, स्वयं बाहर वर्षा में रात भर भीगते-ठिठुरते पड़े रहते और अतिथि को अपने बिस्तर पर सुला देते।

परिवार की विपन्नावस्था का भेद अधिक दिन तक छिप न सका। अपनी विवशता का उल्लेख करते हुए नरेन्द्र ने कहा कि,–"मातम की अवधि समाप्त होने के पहले ही मुझे नौकरी का दरवाजा खटखटाना पड़ा। चिलचिलाती धूप में भूखे पेट और नंगे पाँव, और हाथ में आवेदन पत्र लिए मैं एक दफ्तर से दूसरे दफ्तर में घूमता रहा। मेरे एक-दो घनिष्ठ मित्र, जिन्हें मेरे दुर्भाग्य के साथ संवेदना थी, कभी-कभी मेरे साथ हो लेते। मगर प्रत्येक स्थान पर मेरे लिए द्वार बंद था। जीवन की इस वास्तविकता के प्रथम सम्बन्ध ने मुझे अच्छी तरह समझा दिया है, कि संसार में निःस्वार्थ सहानुभूति एक दुर्लभ वस्तु है। यहाँ दीन, दुखी और निर्बलों के लिए कोई स्थान नहीं है। मैने देखा कि जो लोग पहले मुझे बड़े अभिमान से किसी भी प्रकार की सहायता देते, उन लोगों ने भी मुँह मोड़ लिया। यद्यपि उनके पास देने को बहुत कुछ था, इन सबको देख कर कभी-कभी मुझे दुनियाँ एक शैतान का घर मालूम पड़ती। एक दिन थका-माँदा मैं मैदान के आक्टरलोनी मोनूमेन्ट की छाया में बैठ गया। वहाँ मेरे कुछ मित्र भी थे। उनमें से एक ने शायद मुझे सुख पहुंचाने के ख्याल से ईश्वर के उमड़ते हुए सौदर्य पर आधारित एक गीत सुनाया। इसने मेरे मस्तिष्क को भयानक धक्का दिया। मुझे अपनी माँ और भाइयों की असहाय अवस्था याद हो आई, और मैं मर्मभेदी निराशा और तीव्र वेदना से चिल्ला उठा-बंद करो यह गाना। ये भावनाएँ उन्हें खुश करेंगी जो फूलों की सेज पर हैं और जिनके घर पर कोई भूख से तड़पता सम्बन्धी न हो। हाँ, एक समथ था जब मैं भी इसी तरह सोचा करता था, पर आज जीवन के कटु सत्य के सामने यह एक गंभीर मजाक मालूम होता है। मेरे मित्र को इससे चोट अवश्य पहुँची होगी। मेरे संपूर्ण क्लेश को, जिसने मुझे मुँह से वैसे शब्द निकालने के लिए बाध्य बना दिया, मेरा मित्र कैसे समझ सकता था। कभी-कभी जब मैं देखता कि परिवार के लिए पूरा भोजन नहीं है और मेरी जेब भी

खाली है, तब मैं अपनी माँ से बहाना बनाता कि मुझे बाहर खाने का निमंत्रण है और उस दिन पूर्णरूपेण बिना भोजन के रह जाता। आत्मसम्मान के कारण, यह बात दूसरों के सामने प्रकट नहीं करता। मेरे सम्पन्न मित्र कभी-कभी मुझे अपने घर या बगीचे में ले जाने और गीत गाने का आग्रह करते। जब मैं इससे नहीं बच पाता तो मुझे उनका अनुरोध स्वीकार करना पड़ता। उनमें से कुछ कभी-कभी मुझसे पूछा करते "आज तुम इतने क्षीण और दुर्बल क्यों लग रहे हो? उन लोगों में से एक को, बिना मेरे जाने मेरी गरीबी का पता चल गया और जब-तब वह मेरी माँ को गुमनाम रूप से मदद पहुँचाता रहा। इस दयापूर्ण कार्य के द्वारा, उसने मुझे कृतज्ञता के महाऋण से दबा दिया।"

विपत्ति के बादल छँटने का नाम न लेते थे। रोजमर्रा की परेशानियों से तंग होने के कारण ईश्वर की सत्ता उनका विश्वास उठता जा रहा था। दक्षिणेश्वर तक भी यह समाचार पहुँचते देर न लगी, परंतु रामकृष्ण अपने मत पर अटल रहे। उनका मानना था कि नरेंद्र एक अलौकिक आत्मा हैं वे कभी गलत हो ही नहीं सकते। कुछ छोटे-मोटे कामों से गृहस्थी तो चल जाती थी, परंतु नियमित आय का कोई साधन न था। एक दिन नरेन्द्र ने सोचा की क्यों न रामकृष्ण जी से कहा जाए। शायद वे काली माँ से प्रार्थना कर दें, जिससे परिवार की गरीबी मिट जाए। रामकृष्ण जी ने उत्तर दिया–

"पुत्र! मैं इस तरह की मांग नहीं कर सकता। तुम्हारे हृदय में उनके प्रति अश्रद्धा है तभी तो इतने कष्ट सहे जा रहे हैं। तुम स्वयं क्यों नहीं जाते। जाओ, माँ से अपने कष्टों के निवारण की प्रार्थना करो। सच्चे मन से की गई प्रार्थना वे अवश्य स्वीकार करती हैं।"

रामकृष्ण की आज्ञा पाकर जब नरेंद्र, काली माँ के मंदिर में पहुँचे। तो वहाँ नई अनुभूति हुई। निजी दुख व कष्ट की बात तो वे भूल ही गए। इस अनुभव को व्यक्त करते हुए वे लिखते हैं–

"प्रेम और भक्ति की लहरों ने मुझे दबा दिया। खुशी के नशे में, मैं माँ के समक्ष बार-बार दंडवत करता रहा और प्रार्थना की कि मुझे विवेक दीजिए, मुझे वैराग्य दीजिए, मुझे ज्ञान और भक्ति दीजिए, मुझे वर दीजिए कि मैं आपका निर्विघ्न दर्शन कर सकूँ। मेरी आत्मा में एक सौम्य शक्ति का साम्राज्य छा गया। मैं दुनिया को भूल गया। मेरे हृदय में केवल देवी माँ ही दिखाई देती रहीं।"

एक याचक के भाव से नरेन्द्र देवी के सम्मुख खड़े हुए परंतु हर बार वे अपना अपेक्षित उद्देश्य भूल जाते थे। वास्तव में उनके अवचेतन मस्तिष्क में तो ज्ञान व

भक्ति की चाह बसी थी। सांसारिक कष्ट तो आवरण मात्र थे, जिन्होंने उनके वास्तविक स्वरूप को उन्हीं से छिपा रखा था। जब बार-बार आग्रह पर रामकृष्ण ने आश्वासन दिया कि परिवार की भरण-पोषण की चिंता समाप्त होगी। तब नरेंद्र ने स्वयं को एक दूसरे ही भावालोक में पाया। वे काली माँ की प्रतिमा में मातृत्व के साक्षात् दर्शन का अनुभव करने लगे थे। रामकृष्ण अपनी संपूर्ण संचित शक्तियाँ अपने शिष्य को सौंप देना चाहते थे। वे धीरे-धीरे उन्हें अपनी आध्यात्मिक शक्तियों से परिचित करवाने लगे, जिन्हें नरेंद्र ने विनम्रतापूर्वक ग्रहण किया। गुरू के माध्यम से ही नरेंद्र ने निर्विकल्प समाधि का अनुभव किया और ईश्वर की वास्तविक सत्ता से साक्षात्कार किया।

रामकृष्ण जी नरेन्द्र को ऐसा योगी बनाना चाहते थे जो करोड़ों लोगों के आँसुओं को पोंछे इसके लिए उन्होंने अपनी मृत्यु से पूर्व, अपनी सभी सिद्धियां नरेंद्र को सौंप दी और महाप्रयाण को चले गए। गुरु की मृत्यु के पश्चात नरेंद्र, दक्षिणेश्वर त्याग कर बड़ानगर आ गए। वहाँ वे, भजन, पूजन, उपासना, शास्त्रार्थ व योग में लीन रहते। कुछ दिन दिन-रात गुरु भाइयों के साथ बिताने के पश्चात्, नरेंद्र देश भ्रमण के लिए चल दिए। संन्यासी नरेंद्र की साधना बहुत कठोर थी। न तो भोजन का प्रबंध रहता और न ही आवास का ठिकाना। मीलो-मील पैदल लंबी यात्रा में गिरि-प्रांतर, नदी-नाले आते, वे उन सबको पार कर अपनी मंजिल की ओर बढ़ते। भ्रमणशील जीवन में उनकी भेंट अनेक सिद्ध साधुओं से हुई। उन्होंने उनके नाम से अपने भण्डार को और भी समृद्ध व परिपक्व बना लिया। अब लोग उन्हें स्वामी जी कहकर पुकारने लगे थे। अकेले चलने की लालसा व स्वयं को परिचितों से गुप्त रखने की इच्छा से स्वामी जी ने अपना नाम 'विविदिशानन्द' रख लिया। वे जहाँ भी जाते श्रोताओं को अपने धाराप्रवाह उच्चारण, प्रवचन, धर्मग्रन्थों के उद्धरण व विभिन्न उदाहरणों से मोह लेते।

अस्पृश्य समझी जाने वाली जातियों के घर अन्न ग्रहण कर, स्वामी जी ने यह सिद्ध कर दिया कि संन्यासी के लिए कोई भी जीव छोटा या बड़ा नहीं होता। सभी एक ही ईश्वर की संतान हैं। अनेक युवक स्वामी जी से संस्कृत पढ़ने के इच्छुक थे। स्वामी जी ने उन्हें कहा कि संस्कृत के साथ-साथ पाश्चात्य विज्ञान की ओर भी ध्यान देना चाहिए, ताकि देश दूसरे प्रगतिशील राष्ट्रों के साथ कंधे से कंधा मिलाकर चल सके। माउंट आबू की यात्रा के दौरान, स्वामी जी की भेंट खेतरी नरेश से हुई। यहाँ के महाराजा गुणी व विद्वजन थे। उन्होंने स्वामी जी का समुचित आदर-सत्कार किया और उन्हें राजमहल में ले गए। खेतरी की तपती धूल से परेशान, स्वामी जी से महाराज ने पगड़ी

बांधने को कहा तथा स्वयं ही पगड़ी बांधनी भी सिखा दी। बस उसी दिन से स्वामी जी पगड़ी पहनने लगे और यह उनके व्यक्तित्व की एक पहचान बन गई।

नरेन्द्र से विवेक

अभी तक विविदानन्द कहलाने वाले स्वामी जी का नाम विवेकानन्द कैसे पड़ा। इसके पीछे भी एक कारण है। एक दिन ऐसा हुआ कि बातों-बातों में खेतरी नरेश ने कहा–

"स्वामी जी! आपके नाम का उच्चारण इतना कठिन है कि सरल व साधारण व्यक्ति के मुँह पर नहीं आ सकता। क्या आप अपना नाम बदल नहीं सकते।"

स्वामी जी यात्राकाल में ही तीन-चार बार नाम बदल चुके थे। अतः वे हँस कर बोले- "आप ही कोई अच्छा सा नाम सुझा दें।"

महाराज ने कहा- "यदि आपका नाम विवेकानंद हो तो कितना अच्छा हो। चलिए, आज से मैं विवेकानंद हुआ।"

...और नरेंद्र नामक युवा संन्यासी उस दिन से स्वामी विवेकानांद कहलाने लगा। आज भी उन्हें इसी नाम से जाना जाता है।

देश का पुनर्निर्माण

रामकृष्ण की मृत्यु के बाद उन्होंने स्वयं को हिमालय में चिंतनरूपी आनंद सागर में डुबाने की चेष्टा की, लेकिन जल्दी ही वह इसे त्यागकर भारत की कारुणिक निर्धनता से साक्षात्कार करने और देश के पुनर्निर्माण के लिए समूचे भारत में भ्रमण पर निकल पड़े। इस दौरान उन्हें कई दिनों तक भूखे भी रहना पड़ा। इन छह वर्षों के भ्रमण काल में वह राजाओं और दलितों, दोनों के अतिथि रहे। उनकी यह महान यात्रा कन्याकुमारी में समाप्त हुई, जहाँ ध्यानमग्न विवेकानंद को यह ज्ञान प्राप्त हुआ कि राष्ट्रीय पुनर्निर्माण की ओर रूझान वाले नए भारतीय वैरागियों और सभी आत्माओं, विशेषकर जनसाधारण की सुप्त दिव्यता के जागरण से ही इस मृतप्राय देश में प्राणों का संचार किया जा सकता है। भारत के पुनर्निर्माण के प्रति उनके लगाव ने ही उन्हें अंततः 1893 में शिकागो धर्म संसद में जाने के लिए प्रेरित किया, जहाँ वह बिना आमंत्रण के गए थे, परिषद में उनके प्रवेश की अनुमति मिलनी ही कठिन हो गयी। उनको समय न मिले, इसका भरपूर प्रयत्न किया गया। भला, पराधीन भारत क्या सन्देश देगा- योरोपीय वर्ग को तो भारत के नाम से ही घृणा थी। एक अमेरिकन प्रोफेसर के उद्योग से किसी प्रकार समय मिला और 11 सितंबर सन् 1893 के उस

दिन उनके अलौकिक तत्वज्ञान ने पाश्चात्य जगत को चौंका दिया। अमेरिका ने स्वीकार कर लिया कि वस्तुतः भारत ही जगद्गुरु था और रहेगा। स्वामी विवेकानन्द ने वहाँ भारत और हिन्दू धर्म की भव्यता स्थापित करके जबरदस्त प्रभाव छोड़ा। सिस्टर्स ऐंड ब्रदर्स ऑफ अमेरिका (अमेरिकी बहनों और भाइयों) के संबोधन के साथ अपने भाषण की शुरुआत करते ही 7000 प्रतिनिधियों ने तालियों के साथ उनका स्वागत किया। विवेकानंद ने वहाँ एकत्र लोगों को सभी मानवों की अनिवार्य दिव्यता के प्राचीन वेदांतिक संदेश और सभी धर्मों में निहित एकता से परिचित कराया। सन् 1896 तक वे अमेरिका रहे। उन्हीं का व्यक्तित्व था, जिसने भारत एवं हिन्दू-धर्म के गौरव को प्रथम बार विदेशों में जाग्रत किया।

धर्म एवं तत्वज्ञान के समान भारतीय स्वतन्त्रता की प्रेरणा का भी उन्होंने नेतृत्व किया। स्वामी विवेकानन्द कहा करते थे–मैं कोई तत्ववेत्ता नहीं हूँ। न तो संत या दार्शनिक ही हूँ। मैं तो गरीब हूँ और गरीबों का अनन्य भक्त हूँ। मैं तो सच्चा महात्मा उसे ही कहूँगा, जिसका हृदय गरीबों के लिये तड़पता हो।

विवेकानन्द की योग साधना किसी भी दशा में सरल नहीं थी। उनका योग साधना भारोह-अवरोह के क्रम से गुजरती रही। कभी महल में आश्रय, तो कभी कुटिया में निवास, कभी गहन कंदरा में साधना, तो कभी विद्वानों के साथ शास्त्रार्थ, कभी निर्धन का भोजन, तो कभी राजसी व्यंजनों का स्वाद उन्हें मिलता रहा। स्वामी विवेकानंद ने निश्चय किया कि वे किसी भी जाति विशेष की धार्मिक व नैतिक मान्यताओं को समझने के लिए अपनी नैतिक मान्यताओं को कमजोर नहीं होने देंगे। उन्हें देश में फैली अशिक्षा, अंधविश्वास और कुरीतियों से बहुत दुःख हुआ और उस महामानव ने भारत को नींद से जगाने का व्रत धारण कर लिया। देश की विपन्नता से दुखी, स्वामी जी जब कन्याकुमारी पहुँचे तो यही सब सोचते-सोचते ध्यान में खो गए। कहीं कोई मार्ग दिखाई नहीं देता था। अंत में उन्हें लगा कि जिनके पास अर्थ व अधिकार है, वे ही भारत माँ की झोली भर सकते हैं। भारत का वेदांत दर्शन, भोग से ऊब चुके पश्चिम वासियों को नई दिशा देगा और वे अपने भारतवासियों के लिए धनोपार्जन कर पाएँगे, तब अनेक युवक स्वयं ही उनके साथ हो लेंगे। इस दृढ़ निश्चय ने स्वामी जी में नवीन प्रेरणा का संचार किया।

आध्यात्म में उनकी गहरी रुचि थी। उनके मन में विचार आया कि यदि कोई उनकी विदेश यात्रा का खर्च वहन कर ले, तो वे अगले वर्ष शिकागो में होने वाली धर्मसभा में अवश्य जाएंगे, ताकि विदेशों में अपने भारत की गरिमा, संस्कृति व महानता

का प्रचार कर सकें। इसके पश्चात्, वे जिस भी नगर में गए, वहाँ अपने भाषणों में अपनी पश्चिम यात्रा का उद्देश्य भी प्रकट किया, जिसे लोगों ने बहुत सराहा। स्वामी विवेकानंद परिव्राजक थे। संन्यासी कभी अर्थसंग्रह की कामना नहीं रखता। इसी द्विविधा में उनका समय गुजरने लगा। वे समझ नहीं पा रहे थे कि जनसाधारण से विदेश यात्रा का खर्च लेना युक्तिसंगत है अथवा नहीं। अनेक बार विदेश जाने के लिए चंदा भी जमा हुआ परंतु स्वामी जी की आत्मा उसे स्वीकार न सकी और उन्होंने वे रूपए गरीबों में बँटवा दिए। इसी तरह धर्मसभा के दिन करीब आ पहुँचे। स्वामी जी के प्रिय भक्त, खेतरी नरेश स्वयं आए और उनकी विदेश यात्रा का खर्च वहन किया। इससे प्रसन्न होकर स्वामी जी ने उन्हें आशीष दिया और उन्हें एक पुत्र रत्न की प्राप्ति हुई।

खेतरी नरेश ने स्वामी जी के लिए, रेशमी गेरूए वस्त्र बनवाए। आवश्यक साजोसामान दिया तथा प्रथम श्रेणी का टिकट भी कटवा दिया। जहाज पर शीघ्र ही स्वामी जी लोंगो से घुल-मिल गए। यूँ भी चौड़ी छाती, उन्नत मस्तक व राजसी गेरूए वस्त्रों से सजे युवक की ओर सभी का ध्यान, अनायास ही आकर्षित हो जाता था। मार्ग की यात्रा आनंददायी रही। उन्होंने कोलंबो, सिंगापुर, चीन, जापान आदि स्थानों का भ्रमण किया व वहाँ के धार्मिक स्थलों को देखा। शिकागो पहुँचते-पहुँचते शीतलहर बढ़ने लगी थी। भारत से आने वाले इस महान संन्यासी के पास एक भी ऊनी वस्त्र नहीं था। वहाँ पहुँचकर उन्हें उस समय बहुत धक्का लगा, जब उन्हें पता लगा कि विश्व धर्म महासभा में भाग लेने वाले सदस्यों का पंजीकरण बहुत पहले हो चुका है। ऐसी स्थिति में वे काफी निराश हुए।

परिस्थितियाँ स्वामी जी के विलकुल विपरीत हो गई। इस समय उनके जेब के पैसे चुक गए। रहने को स्थान न था। उन सब बातों का वर्णन यहाँ करने से कोई लाभ भी नहीं है। बस इतना बता देना पर्याप्त है कि अंत में स्वामी विवेकानंद के भक्तों की शुभकामनाओं व उनके भाग्य ने साथ दिया और वे विश्व धर्म महासभा के मंच पर भारत के प्रतिनिधि के रूप में जा पहुँचे। मंच पर उनकी उपस्थिति ने ही श्रोताओं पर यथेष्ठ प्रभाव डाला। जब उन्होंने भाषण के आरंभ में कहा–"मेरे प्यारे अमरीकावासी भाई-बहनों" तो सारा भवन करतल-ध्वनि से गूँज उठा। इसके पश्चात तो भाषणों का दौर थमा ही नहीं। प्रतिदिन उनके व्याख्यान को कार्यक्रम के अंत में रखा जाता, ताकि उसे सुनने की इच्छा से श्रोता अपने स्थान पर बने रहें।

वहाँ पहुँचे विद्वजन अपने साथ लिखित वक्तव्य लाए थे, परंतु विवेकानंद जी का प्रथम भाषण ही उन सब पर भारी पड़ गया। इस धर्मसभा में इस अद्भुत भारतीय संन्यासी की ही चर्चा थी। न्यूयार्क हेरल्ड नामक समाचार पत्र ने उनके

विषय में लिखा– "धर्मसभा में वे निःसंदेह सर्वश्रेष्ठ व्यक्ति हैं। उन्हें सुनने के बाद लगता है कि उनके राष्ट्र में, हम धर्म-प्रचारकों को भेजकर कैसा मूर्खतापूर्ण कार्य करते हैं"

अमेरिका का शिकागो शहर विवेकानन्द जी के आदर्शों तथा आध्यात्मिक मूल्यों से अभिभूत हो उठा। शहर में स्थान-स्थान पर उनके पोस्टर लगाए गए ताकि लोग उन्हें पहचानने लगें। प्रायः कई संस्थाएँ उन्हें निबंध पढ़ने के लिए आमंत्रित करतीं। स्वामी जी अपने निबंधों में हिंदू धर्म, मूर्ति पूजा, भारतीय संस्कृति व भारतीय विपन्नता का उल्लेख करते। पश्चिमवासियों को भारत की सच्ची तस्वीर दिखाते। इसके बदले में उन्हें बहुत से रूपए भी मिलते। इस प्रशंसा व आदर के बीच, आलोचना का विष भी मिला था। कट्टर धर्म प्रचारक उनके विरुद्ध आग उगलते। उनके रहन-सहन व खान-पान में त्रुटियाँ निकालते, परंतु स्वामी जी निःसंकोच अपने पथ पर आगे बढ़ते रहे। शिकागो के अनेक समृद्ध परिवारों में, वे अतिथि रूप में रहे। संचित धन तो उनकी भारतमाता के लिए था किंतु वहां कामिनी का भी अभाव न था। स्वामी जी इन प्रलोभनों को ठुकराने के अभ्यस्त थे। वे अपने तय किए गए पथ पर चलते ही गए। दूसरे शहरों के लोगों ने भी उन्हें अपने यहां आमंत्रित किया।

स्वामी जी के विचारों का समर्थन करने वालों की संख्या भी अब कम नहीं थी। विवेकानंद जी ने निश्चय किया कि वे किसी भी स्थान को छोड़ने से पूर्व, वहाँ अपने शिष्यमंडल छोड़ जाएंगे, ताकि उनके भारत लौटने के पश्चात भी, वेदांत का प्रचार-प्रसार होता रहे। उन्हें अपने इस कार्य में सफलता भी मिली। लगभग चार वर्षों तक विदेश में अपनी विजय पताका फहराने के पश्चात उन्होंने वापस आने का निर्णय लिया। तब तक भारत में भी उनकी यशोगाथा चारों ओर फैल चुकी थी। देश-विदेश के अनेक समृद्ध व गणमान्य व्यक्ति उनकी योजनाओं की पूर्ति हेतु आर्थिक सहायता देने हेतु तत्पर थे।

अमेरिका में ही उन्हें मार्गरेट नोबेल मिलीं, जिन्हें बाद में भगिनी निवेदिता के नाम से जाना गया। उत्साही शिष्य स्वामी जी के भाषणों को लिपिबद्ध कर लेते। वही भाषण बाद में पुस्तकाकार में प्रकाशित हुए, जिससे पाठकों ने स्वामी जी के विचारों को पढ़ा व जाना।

भारत वापस आने का समाचार मिलते ही उनके स्वागत की तैयारियाँ होने लगी। अनेक नगरों में उनके स्वागत हेतु सभाए आयोजित की गई। स्वामी जी की घोड़ागाड़ी से घोड़े हटाकर भक्तों ने मिलकर उसे खींचा। स्वामी विवेकानंद के शब्द

लोगों पर जादू सा प्रभाव डालते थे। उन्होंने भारतीय नवयुवकों को संबोधित करते हुए कहा कि देश को उनकी आवश्यकता है, उन्हें समय रहते अपनी आँखे खोलनी होंगी तथा अपने आत्मबल को पहचानना होगा। उन्होंने अपने भाषणों में कहा–

"मेरे विचार से यदि आप लोग मानसिक शांति चाहते हैं, तो आपको दूसरों की सेवा करनी होगी। उन्हें भोजन देना होगा व उनके जीवन में शिक्षा का प्रचार करना होगा।"

एक बार गोरक्षा समिति के कुछ लोग उनसे चन्दा माँगने आए। उन्होंने बताया कि वे वृद्ध गौओं की देखभाल करते हैं स्वामी जी ने उनसे पूछा–

"अनेक व्यक्ति अकाल की चपेट में आ कर अपनी जान गवाँ रहे हैं उनके लिए समिति ने क्या किया है? उत्तर मिला "हम केवल गौओं की रक्षा करते हैं।"

स्वामी जी का मुखमण्डल क्रोधित हो गया और व बोले–

मुझे ऐसी संस्था से कोई सहानुभूति नहीं है। आप भूख से तड़पते व्यक्तियों को रोटी न देकर पशु पक्षियों की चिंता में लगे हैं। मैं भूखों को अन्न, वस्त्रहीन को वस्त्र व रोगियों को औषधि देने के पश्चात ही आपकी गौओं के लिए कुछ कर पाऊँगा।" समिति के व्यक्ति अपना सा मुँह ले कर लौट गए।

कठिन साधना व परिश्रम ने उनके शरीर को कमजोर बना दिया। वे रामकृष्ण मिशन नाम से एक मठ की स्थापना करना चाहते थे। चिकित्सक के परामर्श पर उन्होंने जलवायु परिवर्तन के लिए दूसरे स्थानों का भ्रमण भी किया परंतु गुरुभाइयों का मोह व अपने मठ का आकर्षण उन्हें कलकत्ता वापस खींच लाता था। अमरीका में उनके भक्तों ने वेदान्त प्रचार कार्य में कोई कमी नहीं रखी, परंतु वहाँ के मिशनरियों ने उनके विरुद्ध अनर्गल बातें फैला दीं। स्वामी जी ने स्पष्ट शब्दों में कहा कि वह किसी मिथ्या प्रचार से नहीं घबराते।

उनके प्रयासों से रामकृष्ण मिशन की स्थापना के लिए शीघ्र ही इस संघ का प्रारूप भी बन गया। इस संघ का राजनीति से कोई संबंध नहीं था। संघ का मुख्य उद्देश्य था 'समाजसेवा'। एक विदेशी शिष्या, हेनरीएटा मुलर, के आर्थिक सहयोग से मठ निर्माण के लिए करीब सात एकड़ भूमि भी मिल गई। धनी शिष्यों ने धन की कोई कमी अनुभव नहीं होने दी। कुमारी नोबेल सदा के लिए भारत आकर बस गईं और बहन निवेदिता कहलाईं।

स्वामी विवेकानंद के सानिध्य में पश्चिमी तथा पूर्वी देशों के कई शिष्य थे परन्तु उन्होंने सभी के साथ सौहार्द्रपूर्ण व्यवहार किया। उन्होंने पश्चिमी शिष्य-शिष्याओं को सबके बीच बैठने का अवसर दिया ताकि भारतीय शिष्य स्वयं उन्हें स्वीकारें। यही

हुआ भी, माँ शारदा ने भरी सभा में विदेशी शिष्यों को 'मेरे बच्चे' कहकर संबोधित किया, जिससे जनसमुदाय द्रवित हो उठा और भारतीय समाज ने भी विदेशी शिष्यों को स्वीकार कर लिया। उस युग की धार्मिक कट्टरता के बीच यह घटना अपने-आप में महत्वपूर्ण थी। स्वामी विवेकानंद प्रायः ऐसा अनुभव करते कि कोई अलौकिक शक्ति उनसे इतने बड़े कार्य करवा लेती है। वह शक्ति नहीं चाहती कि वे निजी मुक्ति के लोभ में पड़कर एकांत साधना में लीन हो जाएँ। वह शक्ति उनसे भारतीयों का भला व कल्याण करवाना चाहती थी। निःसंदेह वह शक्ति कोई और नहीं, रामकृष्ण परमहंस जी ही थे।

देश के विभिन्न भागों में वे भ्रमण कर रहे थे परन्तु उनके शिष्यों व सहयोगियों ने मठ निर्माण का कार्य जारी रखा। शरीर से अस्वस्थ रहने पर भी, किसी के स्नेह-सिक्त निमंत्रण को स्वामी जी टालते नहीं थे। विवेकानंद जी ने सदैव अपने शिष्यों व गुरूभाइयों को सन्यास व ब्रह्मचर्य की शिक्षा दी। रामकृष्ण मिशन की स्थापना से उनके हृदय को बहुत संतोष मिला। अब वह भाषण देने की अपेक्षा समाज सेवा में अधिक रुचि लेने लगे थे। किसी ने यही प्रश्न पूछा तो उन्होंने उत्तर दिया–

"वास्तव में पश्चिमवासियों को मेरे भाषणों की आवश्यकता थी, 'क्योंकि वहाँ के निवासी भोग से अघा कर योग की ओर लौट रहे हैं जबकि भारत में इस विषय के लिए भूमि तैयार करनी होगी। अन्न के अभाव में भूखे, रोग से निर्बल मनुष्य को योग की बात कहाँ से समझ आएगी?

स्वामी जी की तेजस्वी काया अब जर्जर हो रही थी। उन्हें दमें व बहुमूत्र रोग ने घेर रखा था। रोगी शरीर की निद्रा व आहार भी कम हो जाते हैं। स्वामी जी के कुछ शिष्यों ने उनकी मृत्यु के पश्चात बताया कि उन्होंने इतने कष्ट के बावजूद उन दिनों 'इनसाइक्लोपीडिया ब्रिटैनिका' के दस खण्ड पढ़ डाले थे। अपनी मृत्यु से कुछ दिन पूर्व ही स्वामी जी ने सांसारिक कामों से मुख मोड़ लिया। वह प्रायः यही प्रयत्न करते कि शिष्यगण निर्णय स्वयं ले लें। वे अब समाधि मे रुचि लेने लगे थे। समय पाते ही समाधि में लीन हो जाते। मृत्यु से तीन दिन पहले, वे मठ के मैदान में स्वामी प्रेमानन्द के साथ टहल रहे थे। अचानक एक स्थान विशेष की ओर इंगित कर बोले–

"जब मेरे शरीर का अंत हो, तो मेरा अंतिम सस्कार उक्त स्थान पर करना।"

भारतीय अध्यात्म-दर्शन का यह महान प्रचारक जीवन के अंतिम दिनों में भी ध्यानस्थ हो जाता था। आश्चर्य की बात तो यह है कि पहले से बीमार चल रहे स्वामी जी मृत्यु वाले दिन वह अपनी स्वाभाविक दिनचर्या में लौट आए थे। उन्होंने नियत समय पर भोजन किया व गुरू भाइयों के साथ वार्तालाप किया। तत्पश्चात वे एक

आसन पर ध्यानमग्न हो गए। जब तप समाप्त हुआ तो बिस्तर पर लेट गए और थोड़ी ही देर में इस भौतिकतावादी संसृति से स्वयं को मुक्त कर लिए। अपनी चालीस वर्ष की आयु पूरी करने के पूर्व ही उन्होंने विश्व में भारत की जो धर्म ध्वजा फहराई वह युगों-युगों तक भारतीय आध्यात्म के प्रति लोगों को प्रेरित करती रहेगी।

शिष्यों का समूह

पाँच वर्षों से अधिक समय तक उन्होंने अमेरिका के विभिन्न नगरों, लंदन और पेरिस में व्यापक व्याख्यान दिए। उन्होंने जर्मनी, रूस और पूर्वी यूरोप की भी यात्राएं कीं। हर जगह उन्होंने वेदांत के संदेश का प्रचार किया। कुछ अवसरों पर वह चरम अवस्था में पहुँच जाते थे, यहाँ तक कि पश्चिम के भीड़ भरे सभागारों में भी। यहाँ उन्होंने समर्पित शिष्यों का समूह बनाया और उनमें से कुछ को अमेरिका के थाउजेंड आइलैंड पार्क में आध्यात्मिक जीवन में प्रशिक्षित किया। उनके कुछ शिष्यों ने उनका भारत तक अनुसरण किया। स्वामी विवेकानन्द ने विश्व भ्रमण के साथ उत्तराखण्ड के अनेक क्षेत्रों में भी भ्रमण किया जिनमें अल्मोड़ा तथा चम्पावत में उनकी विश्राम स्थली को धरोहर के रूप में सुरक्षित किया गया है।

वेदांत धर्म

1897 में जब विवेकानंद भारत लौटे, तो राष्ट्र ने अभूतपूर्व उत्साह के साथ उनका स्वागत किया और उनके द्वारा दिए गए वेदांत के मानवतावादी, गतिशील तथा प्रायोगिक संदेश ने हजारों लोगों को प्रभावित किया। स्वामी विवेकानन्द ने सदियों के आलस्य को त्यागने के लिए भारतीयों को प्रेरित किया और उन्हें विश्व नेता के रूप में नए आत्मविश्वास के साथ उठ खड़े होने तथा दलितों व महिलाओं को शिक्षित करने तथा उनके उत्थान के माध्यम से देश को ऊपर उठाने का संदेश दिया। स्वामी विवेकानन्द ने घोषणा की कि सभी कार्यों और सेवाओं को मानव में पूर्णतः व्याप्त ईश्वर की परम आराधना बनाकर वेदांत धर्म को व्यवहारिक बनाया जाना जरूरी है। वह चाहते है कि भारत पश्चिमी देशों में भी आध्यात्मिकता का प्रसार करे। स्वामी विवेकानन्द ने घोषणा की कि सिर्फ अद्वैत वेदांत के आधार पर ही विज्ञान और धर्म साथ-साथ चल सकते हैं, क्योंकि इसके मूल में अवैयक्तिक ईश्वर की आधारभूत धारणा, सीमा के अंदर निहित अनंत और ब्रह्मांड में उपस्थित सभी वस्तुओं के पारस्परिक मौलिक संबंध की दृष्टि है। उन्होंने सभ्यता को मनुष्य में दिव्यता के प्रतिरूप के तौर पर परिभाषित किया और यह भविष्यवाणी भी की कि एक दिन

पश्चिम जीवन की अनिवार्य दिव्यता के वेदांतिक सिद्धान्त की ओर आकर्षित होगा। विवेकानंद के संदेश ने पश्चिम के विशिष्ट बौद्धिकों, जैसे विलियम जेम्स, निकोलस टेसला, अभिनेत्री सारा बर्नहार्ड और मादाम एम्मा काल्व, एंग्लिकन चर्च, लंदन के धार्मिक चिंतन रेवरेंड कैनन विल्वरफोर्स, और रेवरेंड होवीस तथा सर पैट्रिक गेडेस, हाइसिंथ लॉयसन, सर हाइरैम नैक्सिम, नेल्सन रॉकफेलर, लिओ टॉल्स्टॉय व रोम्यां रोलां को भी प्रभावित किया। अंग्रेज भारतविद ए. एल बाशम ने विवेकानंद को इतिहास का पहला व्यक्ति बताया, जिन्होंने पूर्व की आध्यात्मिक संस्कृति के मित्रतापूर्ण प्रत्युत्तर का आरंभ किया और उन्हें आधुनिक विश्व को आकार देने वाला घोषित किया।

मसीहा के रूप में

अरबिंदो घोष, सुभाषचंद्र बोस, सर जमशेदजी टाटा, रबींद्रनाथ टैगोर तथा महात्मा गांधी जैसे महान व्यक्तियों ने स्वामी विवेकानन्द को भारत की आत्मा को जागृत करने वाला और भारतीय राष्ट्रवाद के मसीहा के रूप में देखा। विवेकानंद सार्वभौमिकता के मसीहा के रूप में उभरे। स्वामी विवेकानन्द पहले अंतर्राष्ट्रवादी थे, जिन्होंने लीग ऑफ नेशन्स के जन्म से भी पहले वर्ष 1897 में अंतर्राष्ट्रीय संगठनों, की स्थापना की।

अतीत के झरोखे से

पश्चिम को योग और ध्यान से परिचित कराने वाले स्वामी विवेकानंद के बारे में वहां कम ही लोग जानते हैं लेकिन भारत में इस बंगाली बुद्धिजीवी का अब भी बहुत सम्मान किया जाता है। न्यूयॉर्क में जहां कभी स्वामी विवेकानंद रहते थे, वो बीबीसी संवाददाता ऐमिली ब्युकानन का ही घर था। बजरी पर कार के टायरों की चरमराहट, आने वाले तूफान की आशंका और हवाओं के साथ झूमते पेड़। 1970 के दशक में ऐमिली ब्युकानन के लिए इन बातों के कोई मायने नहीं थे। उनका नजरिया हाल में उस वक्त बदला जब इन्हें पता चला कि वह स्वामी भारत के सबसे प्रभावशाली आध्यात्मिक शिक्षकों में से एक थे। स्वामी विवेकानंद ने पश्चिम को पूरब के दर्शन से परिचित कराया था। ऐमिली ब्युकानन के परिवार ने उस जमाने में उन्हें अपने घर में रहने के लिए आमंत्रित किया था और स्वामी जी के काम के प्रकाशन में उनकी सहायता की थी। शिकागो में हुए धर्मों के विश्व संसद से उन्हें दुनिया भर में ख्याति मिली। इस धर्म संसद में विवेकानंद ने सहिष्णुता के पक्ष में और धार्मिक

हठधर्मिता को खत्म करने का आह्वान किया। अजीब इत्तफाक था कि वह तारीख 11 सितंबर की थी। 'अमेरिका के भाईयों और बहनों' कहकर उन्होंने अपनी बात शुरू की थी। प्रवाहपूर्ण अंग्रेजी में असरदार आवाज के साथ भाषण दे रहे उस संन्यासी ने गेरूए रंग का चोगा पहन रखा था। पगड़ी पहने हुए स्वामी की एक झलक देखने के लिए वहां मौजूद लोग बहुत उत्साह से खड़े हो गए थे। इस भाषण से स्वामी विवेकानंद की लोकप्रियता बढ़ गई और उनके व्याख्यानों में भीड़ उमड़ने लगी। ईश्वर के बारे में यहूदीवाद और ईसाईयत के विचारों के आदी हो चुके लोगों के लिए योग और ध्यान का विचार नया और रोमांचक था। रामकृष्ण परमहंस की अनुयायी कैलिफोर्नियाई नन को वहां प्रव्राजिका गीताप्रणा के नाम से जाना जाता है। वहां रिट्रीट सेंटर चला रहीं प्रवराजिका गीताप्रणा ने ऐमिली ब्युकानन को पूरी जगह दिखाई। घर में साथ टहलते हुए प्रवराजिका ने बताया कि उनका बिस्तर भारत भेज दिया गया है लेकिन यह वही कमरा है जहां वो सोया करते थे, इस भोजन कक्ष में वह खाना खाया करते थे। स्वामी विवेकानंद बीबीसी संवाददाता ऐमिली ब्युकानन की परदादी को जोई-जोई कहा करते थे। वह उम्र भर उनकी दोस्त और अनुयायी रहीं। उन दिनों कम ही देखा जाता था कि श्वेत महिलाएं और भारतीय एक साथ यात्राएं करते हों।

स्वामी विवेकानंद द्वारा स्थापित

विवेकानंद ने 1 मई 1897 में कलकत्ता में रामकृष्ण मिशन और 9 दिसंबर 1898 को कलकत्ता के निकट गंगा नदी के किनारे बेलूर में रामकृष्ण मठ की स्थापना की। उनके अंग्रेज अनुयायी कैप्टन सर्वियर और उनकी पत्नी ने हिमालय में 1899 में मायावती अद्वैत आश्रम खोला। इसे सार्वभौमिक चेतना के अद्वैत दृष्टिकोण के एक अद्वितीय संस्थान के रूप में शुरू किया गया और विवेकानंद की इच्छानुसार, इसे उनके पूर्वी और पश्चिमी अनुयायियों का सम्मिलन केंद्र बनाया गया। विवेकानंद ने बेलूर में एक दृश्य प्रतीक के रूप में सभी प्रमुख धर्मों के वास्तुशास्त्र के समन्वय पर आधारित रामकृष्ण मंदिर के भावी आकार की रूपरेखा भी बनाई, जिसे 1937 में उनके साथी शिष्यों ने पूरा किया।

ग्रन्थों की रचना

योग, राजयोग तथा ज्ञानयोग जैसे ग्रंथों की रचना करके विवेकानन्द ने युवा जगत को एक नई राह दिखाई है, जिसका प्रभाव जनमानस पर युगों-युगों तक छाया

रहेगा। कन्याकुमारी में निर्मित उनका स्मारक आज भी उनकी महानता की कहानी कह रहा है।

मृत्यु

उनके ओजस्वी और सारगर्भित व्याख्यानों की प्रसिद्धि विश्वभर में है। जीवन के अंतिम दिन उन्होंने शुक्ल यजुर्वेद की व्याख्या की और कहा "एक और विवेकानंद चाहिए, यह समझने के लिए कि इस विवेकानंद ने अब तक क्या किया है।" प्रत्यदर्शियों के अनुसार जीवन के अंतिम दिन भी उन्होंने अपने ध्यान करने की दिनचर्या को नहीं बदला और प्रातः दो तीन घंटे ध्यान किया। उन्हें दमा और शर्करा के अतिरिक्त अन्य शारीरिक व्याधियों ने घेर रखा था। उन्होंने कहा भी था, यह बीमारियाँ मुझे चालीस वर्ष के आयु भी पार नहीं करने देंगी। 4 जुलाई, 1902 को बेलूर में रामकृष्ण मठ में उन्होंने ध्यानमग्न अवस्था में महासमाधि धारण कर प्राण त्याग दिए। उनके शिष्यों और अनुयायियों ने उनकी स्मृति में वहाँ एक मंदिर बनवाया और समूचे विश्व में विवेकानंद तथा उनके गुरु रामकृष्ण के संदेशों के प्रचार के लिए 130 से अधिक केंद्रों की स्थापना की।

विवेकानन्द का योगदान तथा महत्व

उन्तालीस वर्ष के संक्षिप्त जीवनकाल में स्वामी विवेकानन्द जो काम कर गये वे आने वाली अनेक शताब्दियों तक पीढ़ियों का मार्गदर्शन करते रहेंगे। तीस वर्ष की आयु में स्वामी विवेकानन्द ने शिकागो, अमेरिका के विश्व धर्म सम्मेलन में हिंदू धर्म का प्रतिनिधित्व किया और उसे सार्वभौमिक पहचान दिलवायी। गुरुदेव रवीन्द्रनाथ ठाकुर ने एक बार कहा था-"यदि आप भारत को जानना चाहते हैं तो विवेकानन्द को पढ़िये। उनमें आप सब कुछ सकारात्मक ही पायेंगे, नकारात्मक कुछ भी नहीं।"

रोमां रोलां ने उनके बारे में कहा था-"उनके द्वितीय होने की कल्पना करना भी असम्भव है वे जहाँ भी गये, सर्वप्रथम ही रहे। हर कोई उनमें अपने नेता का दिग्दर्शन करता था। वे ईश्वर के प्रतिनिधि थे और सब पर प्रभुत्व प्राप्त कर लेना ही उनकी विशिष्टता थी। हिमालय प्रदेश में एक बार एक अनजान यात्री उन्हें देख ठिठक कर रुक गया और आश्चर्यपूर्वक चिल्ला उठा-'शिव!' यह ऐसा हुआ मानो उस व्यक्ति के आराध्य देव ने अपना नाम उनके माथे पर लिख दिया हो।"

वे केवल सन्त ही नहीं, एक महान देशभक्त, वक्ता, विचारक, लेखक और मानव-प्रेमी भी थे। अमेरिका से लौटकर उन्होंने देशवासियों का आह्वान करते हुए कहा था-"नया भारत निकल पड़े मोची की दुकान से, भड़भूँजे के भाड़ से, कारखाने से, हाट से, बाजार से निकल पड़े झाड़ियों, जंगलों, पहाड़ों, पर्वतों से।" और जनता ने स्वामीजी की पुकार का उत्तर दिया। वह गर्व के साथ निकल पड़ी। गान्धीजी को आजादी की लड़ाई में जो जन-समर्थन मिला, वह विवेकानन्द के आह्वान का ही फल था। इस प्रकार वे भारतीय स्वतन्त्रता संग्राम के भी एक प्रमुख प्रेरणा-स्रोत बने। उनका विश्वास था कि पवित्र भारतवर्ष धर्म एवं दर्शन की पुण्यभूमि है। यहीं बड़े-बड़े महात्माओं व ऋषियों का जन्म हुआ, यही संन्यास एवं त्याग की भूमि है तथा यहीं-केवल यहीं-आदिकाल से लेकर आज तक मनुष्य के लिये जीवन के सर्वोच्च आदर्श एवं मुक्ति का द्वार खुला हुआ है। उनके कथन-"'उठो, जागो, स्वयं जागकर औरों को जगाओ। अपने नर-जन्म को सफल करो और तब तक नहीं रुको जब तक लक्ष्य प्राप्त न हो जाये।"

उन्नीसवीं सदी के आखिरी वर्षों में विवेकानन्द लगभग सशस्त्र या हिंसक क्रान्ति के जरिये भी देश को आजाद करना चाहते थे। परन्तु उन्हें जल्द ही यह विश्वास हो गया था कि परिस्थितियाँ उन इरादों के लिये अभी परिपक्व नहीं हैं। इसके बाद ही विवेकानन्द ने 'एकला चलो' की नीति का पालन करते हुए एक परिव्राजक के रूप में भारत और दुनिया को खंगाल डाला।

उन्होंने कहा था कि मुझे बहुत से युवा संन्यासी चाहिये जो भारत के ग्रामों में फैलकर देशवासियों की सेवा में खप जायें। उनका यह सपना पूरा नहीं हुआ। विवेकानन्द पुरोहितवाद, धार्मिक आडम्बरों, कठमुल्लापन और रूढ़ियों के सख्त खिलाफ थे। उन्होंने धर्म को मनुष्य की सेवा के केन्द्र में रखकर ही आध्यात्मिक चिंतन किया था। उनका हिन्दू धर्म अटपटा, लिजलिजा और वायवीय नहीं था। उन्होंने यह विद्रोही बयान दिया था कि इस देश के तैंतीस करोड़ भूखे, दरिद्र और कुपोषण के शिकार लोगों को देवी देवताओं की तरह मन्दिरों में स्थापित कर दिया जाये और मन्दिरों से देवी देवताओं की मूर्तियों को हटा दिया जाये।

उनका यह कालजयी आह्वान इक्कीसवीं सदी के पहले दशक के अन्त में एक बड़ा प्रश्नवाचक चिन्ह खड़ा करता है। उनके इस आह्वान को सुनकर पूरे पुरोहित वर्ग की घिग्घी बँध गई थी। आज कोई दूसरा साधु तो क्या सरकारी मशीनरी भी किसी अवैध मन्दिर की मूर्ति को हटाने का जोखिम नहीं उठा सकती। विवेकानन्द के जीवन

की अन्तर्लय यही थी कि वे इस बात से आश्वस्त थे कि धरती की गोद में यदि ऐसा कोई देश है जिसने मनुष्य की हर तरह की बेहतरी के लिए ईमानदार कोशिशें की हैं, तो वह भारत ही है।

उन्होंने पुरोहितवाद, ब्राह्मणवाद, धार्मिक कर्मकाण्ड और रूढ़ियों की खिल्ली भी उड़ायी और लगभग आक्रमणकारी भाषा में ऐसी विसंगतियों के खिलाफ युद्ध भी किया। उनकी दृष्टि में हिन्दू धर्म के सर्वश्रेष्ठ चिन्तकों के विचारों का निचोड़ पूरी दुनिया के लिए अब भी ईर्ष्या का विषय है। स्वामीजी ने संकेत दिया था कि विदेशों में भौतिक समृद्धि तो है और उसकी भारत को जरूरत भी है लेकिन हमें याचक नहीं बनना चाहिये। हमारे पास उससे ज्यादा बहुत कुछ है जो हम पश्चिम को दे सकते हैं और पश्चिम को उसकी बेसाख्ता जरूरत है।

यह स्वामी विवेकानन्द का अपने देश की धरोहर के लिये दम्भ या बड़बोलापन नहीं था। यह एक वेदान्ती साधु की भारतीय सभ्यता और संस्कृति की तटस्थ, वस्तुपरक और मूल्यगत आलोचना थी। बीसवीं सदी के इतिहास ने बाद में उसी पर मुहर लगायी।

2

विश्व धर्म सम्मेलन में हिन्दू धर्म की व्याख्या

25 वर्ष की अवस्था में नरेन्द्र ने गेरुआ वस्त्र धारण कर लिए थे। तत्पश्चात उन्होंने पैदल ही पूरे भारतवर्ष की यात्रा की। सन 1893 में शिकागो (अमरीका) में विश्व धर्म परिषद् हो रही थी। स्वामी विवेकानन्द उसमें भारत के प्रतिनिधि के रूप में पहुँचे। योरोप-अमरीका के लोग उस समय पराधीन भारतवासियों को बहुत हीन दृष्टि से देखते थे। वहाँ लोगों ने बहुत प्रयत्न किया कि स्वामी विवेकानन्द को सर्वधर्म परिषद् में बोलने का समय ही न मिले। परन्तु एक अमेरिकन प्रोफेसर के प्रयास से उन्हें थोड़ा समय मिला। उस परिषद् में उनके विचार सुनकर सभी विद्वान चकित हो गये। फिर तो अमरीका में उनका अत्यधिक स्वागत हुआ। वहाँ उनके भक्तों का एक बड़ा समुदाय बन गया। तीन वर्ष वे अमरीका में रहे और वहाँ के लोगों को भारतीय तत्वज्ञान की अद्भुत ज्योति प्रदान की। उनकी वक्तृत्व-शैली तथा ज्ञान को देखते हुए वहाँ के मीडिया ने उन्हें साइक्लॉनिक हिन्दू का नाम दिया। "अध्यात्म-विद्या और भारतीय दर्शन के बिना विश्व अनाथ हो जायेगा" यह स्वामी विवेकानन्द का दृढ़ विश्वास था। अमरीका में उन्होंने रामकृष्ण मिशन की अनेक शाखाएँ स्थापित कीं। अनेक अमरीकी विद्वानों ने उनका शिष्यत्व ग्रहण किया। वे सदा अपने को गरीबों का सेवक कहते थे। भारत के गौरव को देश-देशान्तरों में उज्ज्वल करने का उन्होंने सदा प्रयत्न किया।

स्वामी विवेकानन्द ने अपनी पश्चिम की यात्रा मुंबई से 31 मई 1893 में शुरू की। यहाँ से वे श्रीलंका, पेनांग, सिंगापुर, हांगकांग और कैंटन होते हुए नागासाकी पहुँचे, जहाँ से वह थल मार्ग से योकोहामा, ओसाका और क्योटो का भ्रमण करते हुए टोकियो पहुँचे। सभी जगह उनका ध्यान इन बातों पर गया, जो उनकी इस अवधारणा को पुष्ट करता था कि सुदूर पूर्व के सभी धर्मों पर भारतीय प्रभाव है तथा वह एशिया की धार्मिक एकता का द्योतक है। साथ ही जापान की उन्नति को देखकर उनका ध्यान पुनः उन बुराइयों की तरफ गया जिससे हमारा देश त्रस्त था अर्थात् जो हमारे देश को खोखला कर रही थी।

याकोहामा जापान का प्रसिद्ध नगर है। विवेकानन्द जी यकोहामा से वेंकूवर गए तथा वहाँ से ट्रेन द्वारा जुलाई माह के बीच में हाल बेहाल स्थिति में शिकागो पहुँचे।

पहले तो वह स्तम्भित होकर इधर उधर देखते हुए शिकागो की विश्व औद्योगिक प्रदर्शनी में भ्रमण करते रहे। उस प्रदर्शनी में विवेकानन्द ने जो भी देखा वह अद्भुत था। उन्होंने पश्चिमी संसार की शक्ति, समृद्धि एवं आविष्कार करने की क्षमता की इस प्रकार की कल्पना कभी नहीं की थी। रवीन्द्रनाथ ठाकुर एवं महात्मा गांधी की तुलना में विवेकानन्द शक्ति के प्रति अपेक्षाकृत अधिक आकर्षित थे। अतएव, कम से कम प्रारंभ में तो उन्हें यह नैसर्गिक लगा। वह एक किशोर के समान उसके उत्तेजनामय नशे के प्रभाव से ग्रस्त हो गए तथा उनके प्रशंसात्मक भाव की कोई सीमा न रही। स्वामी जी लगभग 12 दिनों तक इस संसार को देखते रहे। शिकागो पहुँचने के कुछ दिनों बाद उन्हें पता चला कि सर्वधर्म संसद का आयोजन सितम्बर 1893 के पहले सप्ताह से पूर्व नहीं होगा और साथ ही उन्हें जब यह भी मालूम हुआ कि इसमें हिस्सा लेने वाले प्रतिनिधियों के पंजीकरण की दिनांक निकल चुकी है एवं बिना औपचारिक परिचय के यह पंजीकरण नहीं हो सकेगा। तो स्वामी जी स्तब्ध रह गये, ऐसा लग रहा था कि उनका कुछ खो गया है। उनका कोई परिचय नहीं था क्योंकि वह अजनबी थे। किसी भी मान्यता प्राप्त दल ने उन्हें परिचय पत्र नहीं दिया था तथा उनके पास धनाभाव हो गया था। सम्मेलन के उद्घाटन तक उनकी रोजमर्रा की जिन्दगी कष्टप्रद होती जा रही थी। उन्होंने भारत में मद्रास स्थित अपने मित्रों को तार दिया तथा एक मान्यता प्राप्त धार्मिक संस्था को आवेदन पत्र भेजा कि वह अनुदान दे। इस स्वाधीनता को ये संस्थाएं स्वीकार नहीं कर रही थीं। संस्था प्रमुख ने उत्तर दिया, ''शैतान को ठंड खाकर मरने दो।'' शैतान न तो मरा और न ही उसने हिम्मत हारी।" उन्होंने स्वयं को भाग्य के हवाले कर दिया। बचे खुचे डालरों को बेकार रखने के बजाय उन्होंने उन्हें भी बोस्टन जाने में व्यय कर दिया। भाग्य भी उन्हीं की सहायता करता है जो स्वयं की सहायता खुद करना जानते हैं। विवेकानन्द किसी भी जगह अलक्षित नहीं रहे। स्वामी जी अपने तेज व साहस के कारण कहीं भी अपरिचित नहीं दिखे। अपने वक्तव्यों द्वारा लोगों को आकर्षित करते थे। बोस्टन की ट्रेन में एक धनवान महिला जो मैसाचुसेट की रहने वाली थी, ने उनसे कुछ प्रश्न पूछे जिनके उत्तर सुनकर वह उनसे अत्यधिक प्रभावित हुई। उसने उन्हें अपने निवास पर आमंत्रित किया तथा ग्रीक भाषा के विद्वान, हार्वर्ड विश्वविद्यालय के प्रोफेसर जे.एच.राइट से उनका परिचय कराया। राइट इस हिन्दू युवा की प्रतिभा से अभिभूत होकर उसकी सेवा हेतु तैयार हुए। उनका निवेदन था कि विवेकानन्द सर्वधर्म सम्मेलन में हिन्दू धर्म का प्रतिनिधित्व करें और उन्होंने इस मन्तव्य का एक पत्र विश्व धर्मसंसद के अध्यक्ष को भेजा। उन्होंने विवेकानन्द के लिए शिकागो जाने

का प्रबंध किया और आयोजकों की समिति को उनके रहने की व्यवस्था करने हेतु लिखा। संक्षेपतः उनकी सम्पूर्ण कठिनाइयाँ दूर हो गईं। विवेकानन्द शिकागो लौटकर आ गए किन्तु उनके हाथ धर्मसंसद के आयोजकों की समिति का पता खो गया, जिसे वह हैरान हो गए कि अब कहाँ जाएँ।

समिति का पता बताने वाला उन्हें कोई नहीं था। उन्होंने स्टेशन के एक कोने में एक रिक्त बक्सा पड़े देखा और उसी में सो गए। अगले दिवस यह मार्ग खोजने हेतु निकले। उन्होंने संन्यासी के समान दर दर भिक्षा माँगी, अनेक घरों से उन्हें अपमान सहकर लौटना पड़ा और कई स्थानों पर नौकरों ने भी स्वामी जी को अपमानित किया। अनेक ने दरवाजे ही बन्द कर लिए। बहुत देर तक भटकने के पश्चात् थककर चूर वह तरुण संन्यासी एक गली में बैठ गया। ऊपर स्थित किसी खिड़की से किसी व्यक्ति ने इन्हें देखकर स्वामी जी को अंदर आने के लिए कहा और भाग्य ने उन्हें एक ऐसा अनुयासी प्रदान किया। जो उनके अमरीकी शिष्यों में सर्वाधिक निष्ठावान सिद्ध हुआ। विश्रामोपरान्त उन्हें उस स्थान पले जाया गया जहाँ विश्व धर्मसंसद का आयोजन हो रहा था। वहाँ पर उन्हें हर्ष के साथ प्रतिनिधि के रूप में स्वीकार किया गया तथा उन्हें अन्य पूर्वात्य प्रतिनिधियों के साथ ठहराया गया। वहाँ पर स्वामी जी का काफी सम्मान किया गया।

उनकी अत्यंत साहसिक एवं रोमांचक यात्रा का निष्फल एवं दुःखद अन्त होते-होते बचा। उन्हें कुछ राहत मिली, किन्तु आराम नहीं। दुर्भाग्य अपना खेल प्रदर्शित कर चुका था, अब कर्म और दृढ़ संकल्प का समय आ चुका था। कल का अजनबी भिखारी, जिनसे रंग भेद के कारण विश्व की अनेक नस्लें उनसे नफरत कर रही थीं, आज वह प्रथम दृष्टया अपनी उच्चतम् प्रतिभा को लोगों के सामने प्रदर्शित करना चाहते थे। सोमवार 11 सितम्बर, 1893 को धर्मसंसद का प्रथम सत्र शुरू हुआ। मध्य में कार्डिनल गिंबस में बैठे थे। उनके इर्द गिर्द पूर्वात्य प्रतिनिधि, ब्रहा समाज के प्रमुख एवं विवेकानन्द के पुराने मित्र प्रतापचंद मजूमदार, ईश्वरवादियों के साथ बम्बई के नागरकर, श्रीलंका के बौद्ध प्रतिनिधि धर्मपाल, जैन धर्म के गाँधी और ऐनीबेसेंट की थियोसोफिकल सोयायटी के चक्रवर्ती थे। इन महान विभूतियों के बीच में स्वामी जी मंचासीन थे। यह किसी एक धार्मिक सम्प्रदाय के नहीं थे। वे समस्त भारत के थे जिन्होंने हजारों दर्शकों को आकर्षित किया। उनके मनोहारी चेहरे, कुलीन चाल-ढाल और भव्य वेश ने रहस्यय जगत् से पृथ्वी पर आए इस दिव्यस्वरूप अलौकिक पुरुष के प्रभाव में अधिकाधिक वृद्धि कर दी तथा उनके स्वयं के भावों को छिपा दिया किन्तु उन्होंने स्वयं को नहीं छिपाया। उन्हें पहली बार इस धर्मसंसद का

संबोधन करना था। इसमें एक के बाद एक प्रतिनिधि का परिचय कराया गया, स्वामी जी का नंबर सबसे बाद में आया। लेकिन जब उन्होंने बोलना प्रारंभ किया तो उनकी वाणी एक ज्वलंत मशाल के समान प्रस्फुटि हुई। अब तक जो भाषण हुए थे वे शुष्क निबंध पाठों के समान थे किन्तु स्वामी जी के वक्तव्य ने श्रोताओं को झकझोर कर रख दिया। लोगों के अंदर ऐसी स्फूर्ति ला दी जैसे शरीर में बिजली प्रवाहित हो रही हो।

स्वामी जी ने शिकागो में भाषण जैसे ही वहाँ के लोगों को 'भाइयों' एवं बहनों कहा वहां की जनता पागल होकर स्वामी जी के चरणों में लेट गयी। स्वामीजी के पहले कई लोगों ने भाषण दिया था लेकिन किसी ने वहाँ की जनता को इतना अधिक प्रभावित नहीं किया। परन्तु स्वामीजी ने हिंदू धर्म को सब धर्मों की माता के रूप में प्रस्तुत किया जिसकी शिक्षा थीः एक दूसरों को समझो तथा स्वीकार करो।

विवेकानन्द ने पवित्र धर्मग्रंथों से दो उद्धरण दिए, प्रथम–किसी भी रूप में जो मेरे पास आएगा, उसको मिलूँगा तथा द्वितीय–सब मनुष्य विभिन्न मार्गों से मुझ तक पहुँचने के लिए संघर्ष कर रहें , सब अंत में ही मेरे ही पास पहुँचेंगे।

मंच पर जितने भी वक्ता थे सभी ने स्वामी जी का सम्मान किया। धर्मसंसद में भाग लेने वाले अन्य सभी वक्ताओं ने स्वयं के ही भगवान और सम्प्रदाय की बात की। केवल विवेकानंद ही अकेले थे, जिन्होंने उन सभी के ईश्वर की चर्चा की तथा उन सभी को एक सार्वभौम सत्ता में आबद्ध कर दिया। यह रामकृष्ण की वाणी थी, जो उनके महान शिष्य के मुख से निकलकर संपूर्ण बाधाओं को तोड़ रही थी। सर्वधर्म संसद ने इस युवा वक्ता की जय जयकार की। स्वामी जी ने जैसा भाषण दिया, वैसा भाषण किसी वक्ता ने नहीं दिया था।

इसके पश्चात स्वामी जी ने प्रतिदिन के सम्मेलन में भाषण दिए। हर बार उन्होंने नवीन विधियों एवं दृढ़ निश्चय के साथ सार्वभौम धर्म के जाति, देश कालातीत सिद्धान्त का निर्देशन किया, जो अंधविश्वासी आदिवासियों की जड़ वस्तुओं की उपासना से लेकर अद्यतन विज्ञान की सृजनात्मक उपलब्धियों तक को सार्वभौम मानवीय आत्मा के साथ जोड़ता है। स्वामी जी ने सभी में समन्वय स्थापित किया और बिना किसी एक भी आशादीप को बुझाए, सभी आशाओं को अपने नैसर्गिक स्वभाव के अनुरूप अग्रसर होने का अवसर प्रदान किया।

स्वामी जी का कहना था कि मानव के अंदर निहित दिव्यस्वरूपता एवं उसके विकास की अपार क्षमता के अलावा अन्य कोई सिद्धान्त नहीं था। इस तरह का धर्म हो तो सभी राष्ट्र तुम्हारा अनुसरण करेंगे। अशोक की परिषद् बौद्ध धर्मावलंबी थी।

अकबर की दीन-ए-इलाही उद्देश्यपूर्ण होते हुए भी कुलीन गोष्ठी थी। अमरीका का यह सौभाग्य था कि वहाँ सभी वैश्विक धर्मों के विषय में ईश्वर की एकता का संदेश दिया गया। ऐसा अवसर बहुत कम मिलता है जब किसी महान विभूति द्वारा भाषण सुनने को मिले।

स्वामी जी ने कहा हिन्दुओं के ब्रहा, जरथ्रुस्तों के अहुमजदा, बौद्धों के बुद्ध, ईसाइयों के स्वर्ग में रहने वाले पिता आपकी शक्ति प्रदान करें। ईसाइयों को हिंदू अथवा बौद्ध एवं हिन्दू या बौद्ध को ईसाई बनने की आवश्यकता नहीं है। हरेक को दूसरों की भावना आत्मसात करनी है तथा अपनी विशेषता को सर्वत्र कायम रखते हुए स्वनियमों के अनुसार विकास करना है। सर्वधर्म संसद ने यह सिद्ध कर दिया है कि धार्मिकता, पवित्रता एवं उदारता किसी एक संघ पंथ का विशेषाधिकार न होकर प्रत्येक धर्म का है तथा हर व्यवस्था ने श्रेष्ठ चरित्र के महान स्त्री पुरुषों को जन्म दिया है। प्रतिरोध के बावजूद अब प्रत्येक धर्म की ध्वजा पर अंकित होगा सहायता दो, लड़ो मत, सम्मिलन करो, विनाश नहीं, विग्रह नहीं मैत्री और शांति स्थापित करो।

स्वामी जी के इन शब्दों का लोगों के ऊपर गहरा असर पड़ा। धर्म संसद के अधिकृत प्रतिनिधियों से अलग इन शब्दों का संबोधन सर्वसाधारण के लिए किया गया था तथा उनके इन शब्दों से विश्व के देश भारत के धर्म की ओर आकर्षित हुए। विवेकानन्द की प्रसिद्धि दूर-दूर के देशों में फैली जिसके फलस्वरूप भारत का हित हुआ। जर्मनी के समाचारपत्रों ने उन्हें विश्व धर्मसंसद का महानतम् व्यक्ति स्वीकार किया और लिखा कि, “उन्हें सुनने के बाद पश्चात् हम यह अनुभव कर पाते हैं कि भारत जैसे ज्ञानी राष्ट्र को मिशनरी भेजना किस हद तक मूर्खता है।” यह स्वीकरण ईसाई मिशनरियों को नागवार महसूस हुआ तथा विवेकानन्द के प्रति उनमें कटु विद्धेष उत्पन्न हुआ। स्वामी जी के ऊपर लोगों ने ऐसे शब्दों का प्रयोग किया जो किसी भी दृष्टिकोण से उचित नहीं थे। उन हिंदू प्रतिनिधियों की ईर्ष्या भी अत्यधिक थी जिन्होंने देखा कि किस तरह वे उपाधिहीन स्वतंत्र यायावर संन्यासी के सम्मुख निस्तेज हो गए हैं। खासतौर से थियोसोफी, एक धर्म जिसे विवेकानन्द ने माफ नहीं किया, ने भी उन्हें क्षमा नहीं किया।

ऊषाकाल की प्रसिद्धि की पहली आभा में उदित होते दिनकर के आलोक ने धुंधली परछाइयों को विलुप्त कर दिया और विवेकानन्द युग पुरुषों की श्रेणी में आ गए। भारत ही नहीं विश्व में इनका नाम हो गया। वह कोई साधारण मानव नहीं बल्कि महापुरुष थे।

इस धर्म संसद में विजित होने पर भी वे रो पड़े। उन्होंने देखा कि ईश्वर के सान्निध्य में उनका एकांत जीवन समाप्त होने जा रहा है। क्या कोई ऐसी वास्तविकता धार्मिक आत्मा है जिसे उनकी इस विचलना से हमदर्दी हो? उन्होंने स्वयं यही चाहा था अथवा उस अज्ञात शक्ति ने जो उनके लक्ष्य को निर्धारित कर रही थी, उन्हें ऐसा कहने एवं चाहने के लिए बाध्य कर रही थी। लेकिन अंदर से उठने वाली एक और आवाज भी थी, जो उनसे कहती थी त्यागो! ईश्वर में रमो। वह एक को असंतुष्ट किए बगैर दूसरे को संतुष्ट नहीं कर सकते थे। इसका तात्पर्य यह था कि वे सभी को प्रसन्न नहीं कर सकते थे। कोई न कोई तो असंतुष्ट होगा ही।

स्वामी जी को कितना कष्ट सहना पड़ा उन्होंने कितने दुःखों को झेला और इस महापुरुष की लोगों ने कितनी आलोचनाएं कीं यह बता पाना कठिन है। उन्हें लकीर का फकीर पर एक विचार को लेकर चलने वाले लोग नहीं समझ सकते। वे लोग अपनी विचारहीनता को भी अपरिहार्य गुण मान बैठते हैं और ऐसे अति समृद्ध बलशाली आत्माओं को जो आत्मिक शांति के लिए संघर्षरत हैं। उन्हें भ्रान्ति एवं प्रवंचनाओं का दोषी ठहराते हैं। इस तरह की दुर्भावनापूर्ण प्रवंचनाओं ने विवेकानन्द को नहीं छोड़ा तथा उनके स्वाभिमान ने इसके लिए उन्हें किसी प्रकार की तवज्जों नहीं देने दी। तत्कालीन उलझनें मात्र मानसिक न होकर समकालीन परिस्थितियों की उपज थीं। इस सफलता के उपरान्त उनका कार्य पहले से कहीं और अधिक कठिन हो गया। निर्धनता के कारण भी स्वामी जी को पराजित होना पड़ा। अब उन पर धनैश्वर्य के प्रभावी होने का जोखिम था। अमरीका की अहंकारमय शानो-शौकत ने उन्हें आक्रान्त किया एवं उसके प्रथम् चरण में ऐसा लगा कि विलासिता और आडम्बर उनके वजूद को नष्ट कर देंगे। भारत में गरीबों के दुःखों की चिंता ने उनके शरीर को प्रायः रुग्ण कर दिया। रात्रि में जब वह लेटते और उन्हें ध्यान आता कि उनके देशवासी भूखों मर रहे हैं, तो वह निराश होकर करुण क्रन्दन करते। वह कराहते हुए इन शब्दों का उच्चारण करते हे माँ, मैं इस प्रसिद्धि का क्या करूँ जबकि मेरे देशवासी निर्धनता और पीड़ा से ग्रस्त हैं। मैं इस सुख को कैसे स्वीकार कर सकता हूँ। स्वामी जी भारत का ही नहीं विश्व के विभिन्न देशों में भ्रमण किया था। भारतवासियों को स्वामी जी ने बताया कि देश की सेवा करो।

अपने अभागे देश भारत की सेवा करने तथा स्वयं को धनिकों के सरंक्षण से मुक्त करने हेतु उन्होंने एक व्याख्यान ब्यूरो का यह प्रस्ताव माना कि वह अमरीका का व्यापक रूप से भ्रमण करें, पूर्व और मध्य पश्चिम, शिकागो, इयोवा, दे मानिस, मिनेपोलिस, डेट्रायट, बोस्टन, कैमब्रिज, बाल्टीमोर, वाशिंगटन तथा

न्यूयार्क इत्यादि स्थानों पर भाषण दें। यह समझना नितान्त भूल थी कि विवेकानन्द अन्य वक्ताओं के समान प्रशंसा एवं डालर अर्जित करने अमरीकी श्रोताओं की नाक के नीचे लुहबान जलाकर उन्हें लुभाने गए थे। स्वामी जी को इसलिए युगनायक भी कहा जाता है।

नवोदित गणतंत्र की असीमित शक्ति के प्रति उनका पहला आकर्षण और प्रशंसा भाव विलुप्त हो गया। उस गणतंत्र की क्रूरता, आमुनिषकता, लघुता, संकीर्ण मदांधता, अपरिमित अज्ञान के प्रति उनके मन मस्तिष्क में अचानक नफरत इसलिए जाग उठी कि मनुष्य जाति में स्वयं को आदर्श मानने वाला यह राष्ट्र दूसरों के विचारों और विश्वासों का आदर करने में असमर्थ हैं और सदा अपने को ही सही समझता है। स्वामीजी ने जो यात्राएं की; जो भाषण दिये; वहां से उन्होंने जो देखा उसका भी उल्लेख किया। एक बार बोस्टन में उन्हें अपने सर्वाधिक प्रिय धार्मिक विषय रामकृष्ण पर सम्बोधन देना था लेकिन वहाँ के बनावटी, निर्दयी एवं संसार के भोग विलास में लिप्त श्रोतागणों को देख कर उन्हें इतनी अधिक वितृष्णा हुई कि उन्होंने उनकी अपनी आत्मा का रहस्य उद्‌घाटित करने से मना कर दिया और आकस्मिक रूप से उस सभ्यता की आलोचना करने लगे जिसने ऐसे गीदड़ों और भेड़ियों को जन्म दिया था। इससे भयंकर बदनामी हुई तथा सैकड़ों श्रोता सभाभवन छोड़कर चले गए एवं समाचार पत्रों ने इसकी निन्दा की।

इस अपमानजनक व्याख्यान के विरोध में गुस्सा फूट पड़ा और उसी पल से ईसाई पादरियों का एक दल उनके पीछे पड़ गया। वह जहाँ भी चले जाते उनके पीछे पहुँचकर वे उनके खिलाफ बुरे शब्दों की वर्षा करते, आरोप लगाते; यहाँ तक कि अमरीका और भारत में उनके आचरण के प्रतिपक्ष में कलंकपूर्ण एवं मनगंढ़त किस्से कहानियाँ प्रचारित करते। इसी प्रकार कुछ प्रतिद्वन्द्वी हिन्दू संगठनों के प्रतिनिधियों के कारनामे भी कम शर्मसार नहीं थे। उन्होंने विवेकानन्द की प्रसिद्धि को देखकर उनके ऊपर विभिन्न प्रकार के आरोप लगाने लगे, पादरियों ने निकृष्ट आरोपों को बिना झिझक के साथ कहा। इन डाह रखने वाले हिन्दुओं के आक्षेपों का उपयोग ईसाई पादरियों ने भी किया। भारत में विवेकानन्द का विरोध करने वालों ने भी उनकी हास्यास्पद रीति से निंदा की और कहा कि वह अमरीका में सनातन हिन्दू धर्म द्वारा निर्धारित नियमों का पालन नहीं कर रहे हैं। विवेकानन्द ने जलोर्मि पर तैरते हुए कीचड़ को तिरस्कारपूर्ण ढंग से देखा, जिसका ज्ञान उन्हें भारत से उनके शिष्यों एवं भक्तों के पत्रों के माध्यम से पहुँच रहा था। स्वामी जी ने इस कीचड़ को उन्हीं लोगों पर फेंक दिया जो उसे उछाल रहे थे।

कृपानन्द नाम धारण करने वाले उनके एक अमरीकी शिष्य ल्योन लैंड्सबर्ग ने उस समय अमरीका में विवेकानन्द के मानसिक क्लेश का उल्लेख निम्न प्रकार से किया है–

छद्म धार्मिक जटिलताओं का केन्द्र, असामान्य, रहस्यमय एवं अपवाद हेतु विक्षिप्त देश, जिसके कारण मूर्खतामय नैसर्गिक आस्था वहाँ सैकड़ों सभा सोसायटियों को भूत-प्रेत, महात्माओं एवं कपटी पैगम्बरों की पालती है। सभी रंगों के अजनबी लोगों का यह आश्रय स्थल विवेकानन्द के असह्य था। कूड़ा-कचरा साफ करने की स्वामी जी ने पहले से ही मन में यह ठान लिया था। उन्होंने अपने आरंभिक सम्बोधनों में भीड़ लगाने वाले उल्लुओं, मसखरों एवं स्वार्थी बगुलों पर शैतान की फटकार लगाई। तुरंत ही उनके समीप फालतू व्यक्तियों, धूर्तों और धार्मिक प्रपंचियों के धमकी भरे अथवा प्रशंसापूर्ण पत्र आने लगे, जिसमें सहयोग का प्रस्ताव लिखा जाता था। यह सहज ही समझा जा सकता है कि उनका विवेकानन्द जैसे व्यक्ति पर क्या प्रभाव पड़ा। उन्होंने किसी भी पंथ का विरोध करने के लिए किसी अन्य सम्प्रदाय के साथ गठबंधन करना अस्वीकार कर दिया। स्वार्थी लोगों के विरुद्ध स्वामी जी खुलकर सामने आये।

स्वामी जी के इस नैतिक व उच्च कार्यों के लिए अमरीका को यह श्रेय और सम्मान देना पड़ा कि विवेकानन्द की नैतिक स्वाधीनता, निर्भय निष्ठा, और उनके तेजस्वी आदर्शवाद ने चतुर्दिक उनके समर्थकों एवं प्रशंसकों का एक समूह खड़ा कर दिया।

विश्व धर्म सम्मेलन में विवेकानन्द के भाषण

स्वागत का उत्तर

विश्वधर्म-महासभा, शिकागो, 11 सितंबर 1893

अमेरिकावासी बहनों तथा भाइयो,

आपने जिस सौहार्द और स्नेह के साथ हम लोगों का स्वागत किया हैं, उसके प्रति आभार प्रकट करने के निमित्त खड़े होते समय मेरा हृदय अवर्णनीय हर्ष से पूर्ण हो रहा हैं। संसार में संन्यासियों की सब से प्राचीन परंपरा की ओर से मैं आपको धन्यवाद देता हूँः धर्मों की माता की ओर से धन्यवाद देता हूँः और सभी संप्रदायों एवं मतों के कोटि-कोटि हिंदुओं की ओर से भी धन्यवाद देता हूँ।

मैं इस मंच पर से बोलनेवाले उन कतिपय वक्ताओं के प्रति भी धन्यवाद ज्ञापित करता हूँ, जिन्होंने प्राची के प्रतिनिधियों का उल्लेख करते समय आपको यह बतलाया हैं कि सुदूर देशों के ये लोग सहिष्णुता का भाव विविध देशों में प्रचारित

करने के गौरव का दावा कर सकते हैं। मैं एक ऐसे धर्म का अनुयायी होने में गर्व का अनुभव करता हूँ, जिसने संसार को सहिष्णुता तथा सार्वभौम स्वीकृति, दोनों की ही शिक्षा दी हैं। हम लोग सब धर्मों के प्रति केवल सहिष्णुता में ही विश्वास नहीं करते, वरन् समस्त धर्मों को सच्चा मान कर स्वीकार करते हैं। मुझे ऐसे देश का व्यक्ति होने का अभिमान हैं, जिसने इस पृथ्वी के समस्त धर्मों और देशों के उत्पीड़ितों और शरणार्थियों को आश्रय दिया हैं। मुझे आपको यह बतलाते हुए गर्व होता हैं कि हमने अपने वक्ष में यहूदियों के विशुद्धतम शेष अंश को स्थान दिया था, जिन्होंने दक्षिण भारत आकर उसी वर्ष शरण ली थी, जिस वर्ष उनका पवित्र मंदिर रोमन जाति के अत्याचार से धूल में मिला दिया गया था। ऐसे धर्म का अनुयायी होने में मैं गर्व का अनुभव करता हूँ, जिसने महान् जरथुष्ट्र जाति के शेषअंश को शरण दी और जिसका पालन वह अब तक कर रहा हैं। भाईयो, मैं आप लोगों को एक स्तोत्र की कुछ पंक्तियाँ सुनाता हूँ, जिसकी आवृति मैं बचपन से कर रहा हूँ और जिसकी आवृति प्रतिदिन लाखों मनुष्य किया करते हैंः

रुचिनां वैचित्र्याजुकुटिलनानापथजुषाम।
नृणामेको गम्यस्त्वमसि पयसामर्णव इव

'जैसे विभिन्न नदियाँ भिन्न-भिन्न स्रोतों से निकलकर समुद्र में मिल जाती हैं, उसी प्रकार हे प्रभो! भिन्न भिन्न रुचि के अनुसार विभिन्न टेढ़े-मेढ़े अथवा सीधे रास्ते से जानेवाले लोग अंत में तुझमें ही आकर मिल जाते हैं।'

यह सभा, जो अभी तक आयोजित सर्वश्रेष्ठ पवित्र सम्मेलनों में से एक हैं, स्वतः ही गीता के इस अद्भुत उपदेश का प्रतिपादन एवं जगत् के प्रति उसकी घोषणा है–

ये यथा मां प्रपद्यन्ते तांस्तथैव भजाम्यहम।
मम वर्त्मानुवर्तन्ते मनुष्याः पार्थ सर्वशः

'जो कोई मेरी ओर आता हैं चाहे किसी प्रकार से हो मैं उसको प्राप्त होता हूँ। लोग भिन्न मार्ग द्वारा प्रयत्न करते हुए अंत में मेरी ही ओर आते हैं।'

सांप्रदायिकता, हठधर्मिता और उनकी बीभत्स वंशधर धर्मांधता इस सुंदर पृथ्वी पर बहुत समय तक राज्य कर चुकी हैं। वे पृथ्वी को हिंसा से भरती रही हैं, उसको बारंबार मानवता के रक्त से नहलाती रही हैं, सभ्यताओं को विध्वस्त करती और पूरे पूरे देशों को निराशा के गर्त में डालती रही हैं। यदि ये बीभत्स दानवी न होती, तो मानव समाज आज की अवस्था से कहीं अधिक उन्नत हो गया होता। पर अब उनका समय आ गया हैं, और मैं आंतरिक रूप से आशा करता हूँ कि आज सुबह इस सभा

के सम्मान में जो घंटाध्वनि हुई हैं, वह समस्त धर्मांधता का, तलवार या लेखनी के द्वारा होनेवाले सभी उत्पीड़नों का, तथा एक ही लक्ष्य की ओर अग्रसर होनेवाले मानवों की पारस्पारिक कटुता का मृत्युनिनाद सिद्ध हो।

हमारे मतभेद का कारण

विश्वधर्म-महासभा, शिकागो, 15 सितंबर 1893

मैं आप लोगों को एक छोटी सी कहानी सुनाता हूँ। अभी जिन वाग्मी वक्तामहोदय ने व्याख्यान समाप्त किया हैं, उनके इस वचन को आप ने सुना हैं कि 'आओ, हम लोग एक दूसरे को बुरा कहना बंद कर दें', और उन्हे इस बात का बड़ा खेद हैं कि लोगों में सदा इतना मतभेद क्यों रहता हैं।

परंतु मैं समझता हूँ कि जो कहानी मैं सुनाने वाला हूँ, उससे आप लोगों को इस मतभेद का कारण स्पष्ट हो जाएगा। एक कुएँ में बहुत समय से एक मेढ़क रहता था। वह वहीं पैदा हुआ था और वहीं उसका पालन-पोषण हुआ, पर फिर भी वह मेढ़क छोटा ही था। हाँ, आज के क्रमविकासवादी उस समय वहाँ नहीं थे, जो हमें बतला सकते कि उस मेढ़क के आँखें थी अथवा नहीं, पर यहाँ कहानी के लिए यह मान लेना चाहिए कि उसके आँखें थी और वह प्रतिदिन ऐसे पुरुषार्थ के साथ जल को सारे कीड़ो और कीटाणुओं से रहित पूर्ण स्वच्छ कर देता था कि उतना पुरुषार्थ हमारे आधुनिक कीटाणुवादियों को यशस्वी बना दें।

इस प्रकार धीरे-धीरे यह मेढ़क उसी कुएँ में रहते रहते मोटा और चिकना हो गया। हाँ, अब एक दिन एक दूसरा मेढ़क, जो समुद्र में रहता था, वहाँ आया और कुएँ में गिर पड़ा।

"तुम कहाँ से आये हो?"

"मैं समुद्र से आया हूँ।"

"समुद्र! भला कितना बड़ा हैं वह? क्या वह भी इतना ही बड़ा हैं, जितना मेरा यह कुआँ?" और यह कहते हुए उसने कुएँ में एक किनारे से दूसरे किनारे तक छलाँग मारी।

समुद्र वाले मेढ़क ने कहा, "मेरे मित्र! भला, सुमद्र की तुलना इस छोटे से कुएँ से किस प्रकार कर सकते हो?"

तब उस कुएँ वाले मेढ़क ने दूसरी छलाँग मारी और पूछा, "तो क्या तुम्हारा समुद्र इतना बड़ा हैं?"

समुद्र वाले मेढ़क ने कहा, "तुम कैसी बेवकूफी की बात कर रहे हो! क्या समुद्र की तुलना तुम्हारे कुएँ से हो सकती हैं?"

अब तो कुएँवाले मेढ़क ने कहा, "जा, जा! मेरे कुएँ से बढ़कर और कुछ हो ही नहीं सकता। संसार में इससे बड़ा और कुछ नहीं हैं! झूठा कहीं का? अरे, इसे बाहर निकाल दो।"

यही कठिनाई सदैव रही हैं।

मैं हिंदू हूँ। मैं अपने क्षुद्र कुएँ में बैठा यही समझता हूँ कि मेरा कुआँ ही संपूर्ण संसार हैं। ईसाई भी अपने क्षुद्र कुएँ में बैठे हुए यही समझता हूँ कि सारा संसार उसी के कुएँ में हैं। और मुसलमान भी अपने क्षुद्र कुएँ में बैठा हुए उसी को सारा ब्रह्मांड मानता हैं। मैं आप अमेरिकावालों को धन्य कहता हूँ, क्योकि आप हम लोगों के इन छोटे-छोटे संसारों की क्षुद्र सीमाओं को तोड़ने का महान् प्रयत्न कर रहे हैं, और मैं आशा करता हूँ कि भविष्य में परमात्मा आपके इस उद्योग में सहायता देकर आपका मनोरथ पूर्ण करेंगे ।

हिंदू धर्म पर निबंध

विश्वधर्म-महासभा, शिकागो, 19 सितंबर 1893

प्रागैतिहासिक युग से चले आने वाले केवल तीन ही धर्म आज संसार में विद्यमान हैं- हिंदू धर्म, पारसी धर्म और यहूदी धर्म। उनको अनेकानेक प्रचंड आघात सहने पड़े हैं, किंतु फिर भी जीवित बने रहकर वे अपनी आंतरिक शक्ति का प्रमाण प्रस्तुत करते हैं। पर जहाँ हम यह देखते हैं कि यहूदी धर्म ईसाई धर्म को आत्मसात् नहीं कर सका, वरन् अपनी सर्वविजयिनी दुहिता ईसाई धर्म द्वारा अपने जन्म स्थान से निर्वासित कर दिया गया, और केवल मुट्ठी भर पारसी ही अपने महान् धर्म की गाथा गाने के लिए अब शेष बचे हैं, वहाँ भारत में एक के बाद एक न जाने कितने संप्रदायों का उदय हुआ और उन्होंने वैदिक धर्म को जड़ से हिला दिया किंतु भयंकर भूकंप के समय समुद्रतट के जल के समान वह कुछ समय पश्चात् हजार गुना बलशाली होकर सर्वग्रासी आप्लावन के रूप में पुनः लौटने के लिए पीछे हट गया। और जब यह सारा कोलाहल शांत हो गया, तब इन समस्त धर्म-संप्रदायों को उनकी धर्ममाता (हिंदू धर्म) की विराट् काया ने चूस लिया, आत्मसात् कर लिया और अपने में पचा डाला।

वेदांत दर्शन की अत्युच्च आध्यात्मिक उड़ानों से लेकर आधुनिक विज्ञान के नवीनतम आविष्कार जिसकी केवल प्रतिध्वनि मात्र प्रतीत होते हैं, मूर्तिपूजा के निम्नस्तरीय विचारों एवं तदानुषंगिक अनेकानेक पौराणिक दंतकथाओं तक, और बौद्धों के अज्ञेयवाद तथा जैनों के निरीश्वरवाद इनमें से प्रत्येक के लिए हिंदू धर्म में स्थान हैं।

तब यह प्रश्न उठता हैं कि वह कौन सा सामान्य बिंदु हैं, जहाँ पर इतनी विभिन्न दिशाओं में जानेवाली त्रिज्याएँ केंद्रस्थ होती हैं? वह कौन सा एक सामान्य आधार हैं जिस पर ये प्रचंड विरोधाभास आश्रित हैं? इसी प्रश्न का उत्तर देने का अब मैं प्रयत्न करूँगा।

हिंदू जाति ने अपना धर्म श्रुति वेदों से प्राप्त किया हैं। उसकी धारणा हैं कि वेद अनादि और अनंत हैं। श्रोताओ को संभव हैं, यब बात हास्यास्पद लगे कि कोई पुस्तक अनादि और अनंत कैसे हो सकती हैं। किंतु वेदों का अर्थ कोई पुस्तक हैं ही नहीं। वेदों का अर्थ हैं, भिन्न भिन्न कालों में भिन्न भिन्न व्यक्तियों द्वारा आविष्कृत आध्यात्मिक सत्यों का संचित कोष। जिस प्रकार गुरुत्वाकर्षण का सिद्धांत मनुष्यों के पता लगने से पूर्व भी अपना काम करता चला आया था और आज यदि मनुष्य जाति उसे भूल जाए, तो भी वह नियम अपना काम करता रहेगा, ठीक वही बात आध्यात्मिक जगत् का शासन करनेवाले नियमों के संबंध में भी हैं। एक आत्मा का दूसरी आत्मा के साथ और जीवात्मा का आत्माओं के परम पिता के साथ जो नैतिक तथा आध्यात्मिक संबंध हैं, वे उनके आविष्कार के पूर्व भी थे और हम यदि उन्हें भूल भी जाएँ, तो बने रहेंगे।

इव नियमों या सत्यों का आविष्कार करनेवाले ऋषि कहलाते हैं और हम उनको पूर्णत्व तक पहुँची हुई आत्मा मानकर सम्मान देते हैं। श्रोताओं को यह बतलाते हुए मुझे हर्ष होता हैं कि इन महानतम ऋषियों में कुछ स्त्रियाँ भी थीं।

यहाँ यह कहा जा सकता हैं कि ये नियम, नियम के रूप में अनंत भले ही हैं, पर इनका आदि तो अवश्य ही होना चाहिए। वेद हमें यह सिखाते हैं कि सृष्टि का न आदि हैं न अंत। विज्ञान ने हमें सिद्ध कर दिखाया हैं कि समग्र विश्व की सारी ऊर्जा-समष्टि का परिमाण सदा एक सा रहता हैं। तो फिर, यदि ऐसा कोई समय था, जब कि किसी वस्तु का आस्तित्व ही नहीं था, उस समय यह संपूर्ण ऊर्जा कहाँ थी? कोई कोई कहता हैं कि ईश्वर में ही वह सब अव्यक्त रूप में निहित थी। तब तो ईश्वर कभी अव्यक्त और कभी व्यक्त हैं, इससे तो वह विकारशील हो जाएगा। प्रत्येक विकारशील पदार्थ यौगिक होता हैं और हर यौगिक पदार्थ में वह परिवर्तन अवश्यंभावी हैं, जिसे हम विनाश कहते हैं। इस तरह तो ईश्वर की मृत्यु हो जाएगी, जो अनर्गल हैं। अतः ऐसा समय कभी नहीं था, जब यह सृष्टि नहीं थी।

मैं एक उपमा दूँ: स्रष्टा और सृष्टि मानो दो रेखाएँ हैं, जिनका न आदि हैं, न अंत, और जो समांतर चलती हैं। ईश्वर नित्य क्रियाशील विधाता हैं, जिसकी शक्ति

से प्रलयपयोधि में से नित्यशः एक के बाद एक ब्रह्मांड का सृजन होता हैं, वे कुछ काल तक गतिमान रहते हैं, और तत्पश्चात् वे पुनः विनष्ट कर दिये जाते हैं।

'सूर्याचंद्रमसौ धाता यथापूर्वकल्पयत्' अर्थात इस सूर्य और इस चंद्रमा को विधाता ने पूर्व कल्पों के सूर्य और चंद्रमा के समान निर्मित किया हैं इस वाक्य का पाठ हिंदू बालक प्रतिदिन करता हैं।

यहाँ पर मैं खड़ा हूँ और अपनी आँखें बंद करके यदि अपने अस्तित्व 'मैं', 'मैं', 'मैं' को समझने का प्रयत्न करूँ, तो मुझमें किस भाव का उदय होता हैं? इस भाव का कि मैं शरीर हूँ। तो क्या मैं भौतिक पदार्थों के संघात के सिवा और कुछ नहीं हूँ? वेदों की घोषणा हैं 'नहीं, मैं शरीर में रहने वाली आत्मा हूँ, मैं शरीर नहीं हूँ। शरीर मर जाएगा, पर मैं नहीं मरूँगा। मैं इस शरीर में विद्‌यमान हूँ और इस शरीर का पतन होगा, तब भी मैं विद्‌यमान रहूँगा ही। मेरा एक अतीत भी हैं।'

आत्मा की सृष्टि नहीं हुई हैं, क्योकि सृष्टि का अर्थ हैं, भिन्न भिन्न द्रव्यों का संघात, और इस संघात का भविष्य में विघटन अवश्यंभावी हैं। अतएव यदि आत्मा का सृजन हुआ, तो उसकी मृत्यु भी होनी चाहिए। कुछ लोग जन्म से ही सुखी होता हैं, पूर्ण स्वास्थ्य का आनंद भोगते हैं, उन्हें सुंदर शरीर, उत्साहपूर्ण मन और सभी आवश्यक सामग्रियाँ प्राप्त रहती हैं। दूसरे कुछ लोग जन्म से ही दुःखी होते हैं, किसी के हाथ या पाँव नहीं होते, तो कोई मूर्ख होते हैं, और येन केन प्रकारेण अपने दुःखमय जीवन के दिन काटते हैं। ऐसा क्यों? यदि सभी एक ही न्यायी और दयालु ईश्वर ने उत्पन्न किये हों, तो फिर उसने एक को सुखी और दूसरे को दुःखी क्यों बनाया? ईश्वर ऐसा पक्षपाती क्यों हैं? फिर ऐसा मानने से बात नहीं सुधर सकती कि जो वर्तमान जीवन में दुःखी हैं, भावी जीवन में पूर्ण सुखी रहेंगे। न्यायी और दयालु ईश्वर के राज्य में मनुष्य इस जीवन मे भी दुःखी क्यों रहे?

दूसरी बात यह हैं कि सृष्टि-उत्पादक ईश्वर को मान्यता देनेवाला सिद्धांत वैषम्य की कोई व्याख्या नहीं करता, बल्कि वह तो केवल एक सर्वशक्तिमान् पुरुष का निष्ठुर आदेश ही प्रकट करता हैं। अतएव इस जन्म के पूर्व ऐसे कारण होने ही चाहिए, जिनके फलस्वरुप मनुष्य इस जन्म में सुखी या दुःखी हुआ करते हैं। और ये कारण हैं, उसके ही पुर्वानुष्ठित कर्म।

क्या मनुष्य के शरीर और मन की सारी प्रवृत्तियों की व्याख्या उत्तराधिकार से प्राप्त क्षमता द्वारा नहीं हो सकती? यहाँ जड़ और चैतन्य (मन), सत्ता की दो समानांतर रेखाएँ हैं। यदि जड़ और जड़ के समस्त रूपांतर ही, जो कुछ यहाँ उसके कारण सिद्ध हो सकते, तो फिर आत्मा के अस्तित्व को मानने की कोई आवश्यकता ही न रह

जाती। पर यह सिद्ध नहीं किया जा सकता कि चैतन्य (विचार) का विकास जड़ से हुआ हैं, और यदि कोई दार्शनिक अद्‌वैतवाद अनिवार्य हैं, तो आध्यात्मिक अद्‌वैतवाद निश्चय ही तर्कसंगत हैं और भौतिक अद्‌बैतवाद से किसी भी प्रकार कम वाँछनीय नहीं, परंतु यहाँ इन दोनों की आवश्यकता नहीं हैं।

हम यह अस्वीकार नहीं कर सकते कि शरीर कुछ प्रवृत्तियों को आनुवंशिकता से प्राप्त करता हैंः किंतु ऐसी प्रवृत्तियों का अर्थ केवल शरीरिक रूपाकृति हैं, जिसके माध्यम से केवल एक विशेष मन एक विशेष प्रकार से काम कर सकता हैं। आत्मा की कुछ ऐसी विशेष प्रकृत्तियाँ होती हैं, जिसकी उत्पत्ति अतीत के कर्म से होती हैं। एक विशेष प्रवृत्तिवाली जीवात्मा 'योग्यं योग्येन युज्यते' इस नियमानुसार उसी शरीर में जन्म ग्रहण करती हैं, जो उस प्रवृत्ति के प्रकट करने के लिए सब से उपयुक्त आधार हो। यह विज्ञानसंगत हैं, क्योंकि विज्ञान हर प्रवृत्ति की व्याख्या आदत से करना चाहता हैं, और आदत प्रवृत्तियों से बनती हैं। अतएव नवजात जीवात्मा की नैसर्गिक आदतों की व्याख्या के लिए प्रवृत्तियाँ अनिवार्य हो जाती हैं। और चूँकि वे प्रस्तुत जीवन में प्राप्त नहीं होती, अतः वे पिछले जीवनों से ही आयी होंगी।

एक और दृष्टिकोण हैं। ये सभी बातें यदि स्वयंसिद्ध भी मान लें, तो में अपने पूर्व जन्म की कोई बात स्मरण क्यों नहीं रख पाता? इसका समाधान सरल हैं। मैं अभी अंग्रेजी बोल रहा हूँ। वह मेरी मातृ भाषा नहीं हैं। वस्तुतः इस समय मेरी मातृभाषा का कोई भी शब्द मेरे चित्त में उपस्थित नहीं हैं, पर उन शब्दों को सामने लोने का थोड़ा प्रयत्न करते ही वे मन में उमड़ आते हैं। इससे यही सिद्ध होता हैं कि चेतना मानस-सागर की सतह मात्र हैं और भीतर, उसकी गहराई में, हमारी समस्त अनुभव राशि संचित हैं। केवल प्रयत्न और उद्‌यम कीजिए, वे सब ऊपर उठ आएँगे। और आप अपने पूर्व जन्मों का भी ज्ञान प्राप्त कर सकेंगे।

यह प्रत्यक्ष एवं प्रतिपाद्‌य प्रमाण हैं। सत्यसाधन ही किसी परिकल्पना का पूर्ण प्रमाण होता हैं, और ऋषिगण यहाँ समस्त संसार को एक चुनौती दे रहे हैं। हमने उस रहस्य का पता लगा लिया हैं, जिससे स्मृतिसागर की गम्भीरतम गहराई तक मंथन किया जा सकता हैं उसका प्रयोग कीजिए और आप अपने पूर्व जन्मों का सम्पूर्ण संस्मृति प्राप्त कर लेंगे।

अतएव हिंदू का यह विश्वास हैं कि वह आत्मा हैं। 'उसको शस्त्र काट नहीं सकते, अग्नि दग्ध नहीं कर सकती, जल भिगो नहीं सकता और वायु सुखा नही सकती।'

हिंदुओं की यह धारणा हैं कि आत्मा एक ऐसा वृत्त हैं जिसकी कोई परिधि नहीं हैं, किंतु जिसका केंद्र शरीर में अवस्थित हैंः और मृत्यु का अर्थ हैं, इस केंद्र का एक शरीर से दूसरे शरीर में स्थानांतरित हो जाना। यह आत्मा जड़ की उपाधियों से बद्ध नहीं हैं। वह स्वरूपतः नित्य-शुद्ध-बुद्ध-मुक्तस्वभाव हैं। परंतु किसी कारण से वह अपने को जड़ से बँधी हुई पाती हैं, और अपने को जड़ ही समझती हैं।

अब दूसरा प्रश्न हैं कि यह विशुद्ध, पूर्ण और विमुक्त आत्मा इस प्रकार जड़ का दासत्व क्यों करती हैं? स्वमं पूर्ण होते हुए भी इस आत्मा को अपूर्ण होनें का भ्रम कैसे हो जाता हैं? हमें यह बताया जाता हैं कि हिंदू लोग इस प्रश्न से कतरा जाते हैं और कह देते के ऐसा प्रश्न हो ही नहीं सकता। कुछ विचारक पूर्णप्राय सत्ताओं की कल्पना कर लेते हैं और इस रिक्त को भरने के लिए बड़े-बड़े वैज्ञानिक नामों का प्रयोग करते हैं। परंतु नाम दे देना व्याख्या नहीं हैं। प्रश्न ज्यों का त्यों ही बना रहता हैं। पूर्ण ब्रह्म पूर्णप्राय अथवा अपूर्ण कैसे हो सकता हैंः शुद्ध, निरपेक्ष ब्रह्म अपने स्वभाव को सूक्ष्मातिसूक्ष्म कण भर भी परिवर्तित कैसे कर सकता हैं? पर हिंदू ईमानदार हैं। वह मिथ्या तर्क का सहारा नहीं लेना चाहता। पुरुषोचित रूप में इस प्रश्न का सामना करने का साहस वह रखता हैं, और इस प्रश्न का उत्तर देता हैं, "मैं नहीं जानता। कि पूर्ण आत्मा अपने को अपूर्ण कैसे समझने लगी, जड़पदार्थों के संयोग से अपने को जड़नियमाधीन कैसे मानने लगी।"

पर इस सब के बावजूद तथ्य जो हैं, वही रहेगा। यह सभी की चेतना का एक तथ्य हैं कि प्रत्येक व्यक्ति अपने को शरीर मानता हैं। हिंदू इस बात की व्याख्या करने का प्रयत्न नहीं करता कि मनुष्य अपने को शरीर क्यों समझता हैं। ' यह ईश्वर की इच्छा है', यह उत्तर कोई समाधान नहीं हैं। यह उत्तर हिंदू के 'मैं नहीं जानता' के सिवा और कुछ नहीं हैं।

अतएव मनुष्य की आत्मा अनादि और अमर हैं, पूर्ण और अनंत हैं, और मृत्यु का अर्थ हैं एक शरीर से दूसरे शरीर में केवल केंद्र-परिवर्तन। वर्तमान अवस्था हमारे पूर्वानुष्ठित कर्मों द्वारा निश्चित होती हैं और भविष्य, वर्तमान कर्मों द्वारा। आत्मा जन्म और मृत्यु के चक्र में लगातार घूमती हुई कभी ऊपर विकास करती हैं, कभी प्रत्यागमन करती हैं। पर यहाँ एक दूसरा प्रश्न उठता हैं क्या मनुष्य प्रचंड तूफान में ग्रस्त वह छोटी सी नौका हैं, जो एक क्षण किसी वेगवान तरंग के फेनिल शिखर पर चढ़ जाती हैं और दूसरे क्षण भयानक गर्त में नीचे ढकेल दी जाती हैं, अपने शुभ और अशुभ कर्मों की दया पर केवल इधर-उधर भटकती फिरती हैंः क्या वह कार्य-कारण की सततप्रवाही, निर्मम, भीषण तथा गर्जनशील धारा में पड़ा हुआ अशक्त, असहाय भग्न

पोत हैं, क्या वह उस कारणता के चक्र के नीचे पड़ा हुआ एक क्षुद्र शलभ हैं, जो विधवा के आँसुओं तथा अनाथ बालक की आहों की तनिक भी चिंता न करते हिए, अपने मार्ग में आनेवाली सभी वस्तुओं को कुचल डालता हैं ? इस प्रकार के विचार से अंतःकरण काँप उठता हैं, पर यही प्रकृति का नियम हैं। तो फिर क्या कोई आशा ही नहीं हैं? क्या इससे बचने का कोई मार्ग नहीं हैं? यही करुण पुकार निराशाविह्वल हृदय के अंतस्तल से उपर उठी और उस करुणामय के सिंहासन तक जा पहुँची। वहाँ से आशा तथा सांत्वना की वाणी निकली और उसने एक वैदिक ऋषि को अंतःस्फूर्ति प्रदान की, और उसने संसार के सामने खड़े होकर तूर्यस्वर में इस आनंदसंदेश की घोषणा कीः

'हे अमृत के पुत्रों ! सुनो! हे दिव्यधामवासी देवगण!! तुम भी सुनो! मैंने उस अनादि, पुरातन पुरुष को प्राप्त कर लिया हैं, तो समस्त अज्ञान-अंधकार और माया से परे है। केवल उस पुरुष को जानकर ही तुम मृत्यु के चक्र से छूट सकते हो। दूसरा कोई पथ नहीं।'

'अमृत के पुत्रो ' कैसा मधुर और आशाजनक संबोधन हैं यह! बंधुओ! इसी मधुर नाम अमृत के अधिकारी से आपको संबोधित करूँ, आप इसकी आज्ञा मुझे दे। निश्चय ही हिंदू आपको पापी कहना अस्वीकार करता हैं। आप ईश्वर की संतान हैं, अमर आनंद के भागी हैं, पवित्र और पूर्ण आत्मा हैं, आप इस मात्भूमि पर देवता हैं। आप भला पापी? मनुष्य को पापी कहना ही पाप हैं, वह मानव स्वरूप पर घोर लांछन हैं। आप उठें ! हे सिंहो ! आएँ, और इस मिथ्या भ्रम को झटक कर दूर फेक दें की आप भेंड़ हैं। आप हैं आत्मा अमर, आत्मा मुक्त, आनंदमय और नित्य ! आप जड़ नहीं हैं, आप शरीर नहीं हैंः जड़ तो आपका दास हैं, न कि आप हैं जड़ के दास।

अतः वेद ऐसी घोषणा नहीं करते कि यह सृष्टि-व्यापार कतिपय निर्मम विधानों का संघात हैं, और न यह कि वह कार्य-कारण की अनंत कारा हैंः वरन् वे यह घोषित करते हैं कि इन सब प्राकृतिक नियमों के मूल नें, जड़तत्त्व और शक्ति के प्रत्येक अणु-परमाणु में ओतप्रोत वही एक विराजमान हैं, 'जिसके आदेश से वायु चलती हैं, अग्नि दहकती हैं, बादल बरसते हैं और मृत्यु पृथ्वी पर नाचती हैं।' और उस पुरुषत्व का स्वरूप क्या हैं ? वह सर्वत्र हैं, शुद्ध, निराकार, सर्वशक्तिमान् हैं, सब पर उसकी पूर्ण दया हैं। 'तू हमारा पिता हैं, तू हमारी माता हैं, तू हमारा परम प्रेमास्पद सखा हैं, तू ही सभी शक्तियों का मूल हैंः हमें शक्ति दे। तू ही इन अखिल भुवनों का भार वहन करने वाला हैंः तू मुझे इस जीवन के क्षुद्र भार को वहन करने में सहायता दे।' वैदिक ऋषियों ने यही गाया हैं। हम उसकी पूजा किस प्रकार करें? प्रेम के

द्वारा।' ऐहिक तथा पारत्रिक समस्त प्रिय वस्तुओं से भी अधिक प्रिय जानकर उस परम प्रेमास्पद की पूजा करनी चाहिए।'

वेद हमें प्रेम के संबंध में इसी प्रकार की शिक्षा देते हैं। अब देखें कि श्रीकृष्ण ने, जिन्हें हिंदू लोग पृथ्वी पर ईश्वर का पूर्णावतार मानते हैं, इस प्रेम के सिद्धांत का पूर्ण विकास किस प्रकार किया हैं और हमें क्या उपदेश दिया हैं।

उन्होंने कहा हैं कि मनुष्य को इस संसार में पद्मपत्र की तरह रहना चाहिए। पद्मपत्र जैसे पानी में रहकर भी उससे नहीं भीगता, उसी प्रकार मनुष्य को भी संसार में रहना चाहिए उसका हृदय ईश्वर में लगा रहे और हाथ कर्म में लगें रहें।

इहलोक या परलोक में पुरस्कार की प्रत्याशा से ईश्वर से प्रेम करना बुरी बात नहीं, पर केवल प्रेम के लिए ही ईश्वर से प्रेम करना सब से अच्छा हैं, और उसके निकट यही प्रार्थन करनी उचित हैं, 'हे भगवन, मुझे न तो संपत्ति चाहिए, न संतति, न विद्या। यदि तो सहस्रों बार जन्म-मृत्यु के तक्र में पड़ूँगा पर हे प्रभो, केवल इतना ही दे कि मैं फल की आशा छोड़कर तेरी भक्ति करूँ, केवल प्रेम के लिए ही तुझ पर मेरा निःस्वार्थ प्रेम हो।'

श्रीकृष्ण के एक शिष्य युधिष्टर इस समय सम्राट् थे। उनके शत्रुओं ने उन्हें राजसिंहासन से च्युत कर दिया था और उन्हें अपनी सम्राज्ञी के साथ हिमालय के जंगलों में आश्रय लेना पड़ा था। वहाँ एक दिन सम्राज्ञी ने उनसे प्रश्न किया, "मनुष्यों में सर्वोपरि पुण्यवान होते हुए भी आपको इतना दुःख क्यों सहना पड़ता हैं?"

युधिष्टर ने उत्तर दिया, "महारानी, देखो, यह हिमालय कैसा भव्य और सुंदर हैं। मैं इससे प्रेम करता हूँ। यह मुझे कुछ नहीं देता। पर मेरा स्वभाव ही ऐसा हैं कि मैं भव्य और सुंदर वस्तु से प्रेम करता हूँ और इसी कारण मैं उससे प्रेम करता हूँ। उसी प्रकार मैं ईश्वर से प्रेम करता हूँ। उस अखिल सौंदर्य, समस्त सुषमा का मूल हैं। वही एक ऐसा पात्र हैं, जिससे प्रेम करना चाहिए। उससे प्रेम करना मेरा स्वभाव हैं और इसीलिए मैं उससे प्रेम करता हूँ। मैं किसी बात के लिए उससे प्रार्थना नहीं करता, मैं उससे कोई वस्तु नहीं माँगता। उसकी जहाँ इच्छा हो, मुझे रखें। मैं तो सब अवस्थाओं में केवल प्रेम ही उस पर प्रेम करना चाहता हूँ, मैं प्रेम में सौदा नहीं कर सकता।"

वेद कहते हैं कि आत्मा दिव्यस्वरूप हैं, वह केवल पंचभूतों के बंधन में बँध गयी हैं और उन बंधनों के टूटने पर वह अपने पूर्णत्व को प्राप्त कर लेगीं। इस अवस्था का नाम मुक्ति हैं, जिसका अर्थ हैं स्वाधीनता अपूर्णता के बंधन से छुटकारा, जन्म-मृत्यु से छुटकारा।

और यह बंधन केवल ईश्वर की दया से ही टूट सकता हैं और वह दया पवित्र लोगों को ही प्राप्त होती हैं। अतएव पवित्रता ही उसके अनुग्रह की प्राप्ति का उपाय हैं। उसकी दया किस प्रकार काम करती हैं? वह पवित्र हृदय में अपने को प्रकाशित करता हैं। पवित्र और निर्मल मनुष्य इसी जीवन में ईश्वर दर्शन प्राप्त कर कृतार्थ हो जाता हैं। 'तब उसकी समस्त कुटिलता नष्ट हो जाती हैं, सारे संदेह दूर हो जाते हैं।'

तब वह कार्य-कारण के भयावह नियम के हाथ खिलौना नहीं रह जाता। यही हिंदू धर्म का मूलभूत सिद्धांत हैं यही उसका अत्संत मार्मिक भाव हैं। हिंदू शब्दों और सिद्धांतों के जाल में जीना नहीं चाहता। यदि इन साधारण इंद्रिय-संवेद्य विषयों के परे और भी कोई सत्ताएँ हैं, तो वह उनका प्रत्यक्ष अनुभव करना चाहता हैं। यदि उसमें कोई आत्मा हैं, जो जड़ वस्तु नहीं हैं, यदि कोई दयामय सर्वव्यापी विश्वात्मा हैं, तो वह उसका साक्षात्कार करेगा। वह उसे अवश्य देखेगा और मात्र उसी से समस्त शंकाएँ दूर होंगी। अतः हिंदू ऋषि आत्मा के विषय में, ईश्वर के विषय में यही सर्वोत्तम प्रमाण देता हैं : ' मैंने आत्मा का दर्शन किया हैं: मैंने ईश्वर का दर्शन किया हैं।' और यही पूर्णत्व की एकमात्र शर्त हैं। हिंदू धर्म भिन्न भिन्न मत-मतांतरों या सिद्धांतों पर विश्वास करने के लिए संघर्ष और प्रयत्न में निहित नहीं हैं, वरन् वह साक्षात्कार हैं, वह केवल विश्वास कर लेना नहीं है, वह होना और बनना हैं।

इस प्रकार हिंदूओं की सारी साधनाप्रणाली का लक्ष्य हैं सतत अध्यवसाय द्वारा पूर्ण बन जाना, दिव्य बन जाना, ईश्वर को प्राप्त करना और उसके दर्शन कर लेना, उस स्वर्गस्थ पिता के समान पूर्ण जाना हिंदूओं का धर्म हैं।

और जब मनुष्य पूर्णत्व को प्राप्त कर लेता हैं, तब क्या होता हैं? तब वह असीम परमानंद का जीवन व्यतीत करता हैं। जिस प्रकार एकमात्र वस्तु में मनुष्य को सुख पाना ताहिए, उसे अर्थात् ईश्वर को पाकर वह परम तथा असीम आनंद का उपभोग करता हैं और ईश्वर के साथ भी परमानंद का आस्वादन करता हैं।

यहाँ तक सभी हिंदू एकमत हैं। भारत के विविध संप्रदायों का यह सामान्य धर्म हैं। परंतु पूर्ण निररेक्ष होता हैं, और निरपेक्ष दो या तीन नहीं हो सकता। उसमें कोई गुण नहीं हो सकता, वह व्यक्ति नहीं हो सकता। अतः जब आत्मा पूर्ण और निरपेक्ष हो जाती हैं, और वह ईश्वर के केवल अपने स्वरूप की पूर्णता, सत्यता और सत्ता के रूप में परम् सत, परम् चित, परम् आनंद के रूप में प्रत्यक्ष करती हैं। इसी साक्षात्कार के विषय में हम बारंबार पढ़ा करते हैं कि उसमें मनुष्य अपने व्यक्तित्व को खोकर जड़ता प्राप्त करता हैं या पत्थर के समान बन जाता हैं।

'जिन्हें चोट कभी नहीं लगी हैं, वे ही चोट के दाग की ओर हँसी की दृष्टि से देखते हैं।' मैं आपको बताता हूँ कि ऐसी कोई बात नहीं होती। यदि इस एक क्षुद्र शरीर की चेतना से इतना आनंद होता हैं, तो दो शरीरों की चेतना का आनंद अधिक होना चाहिए, और उसी प्रकार क्रमशः अनेक शरीरों की चेतना के साथ आनंद की मात्रा भी अधिकाधिक बढ़नी चाहिए, और विश्वचेतना का बोध होने पर आनंद की परम अवस्था प्राप्त हो जाएगी।

अतः उस असीम विश्वव्यक्तित्व की प्राप्ति के लिए इस कारास्वरूप दुःखमय क्षुद्र व्यक्तित्व का अंत होना ही चाहिए। जब मैं प्राण स्वरूप से एक हो जाऊँगा, तभी मृत्यु के हाथ से मेरा छुटकारा हो सकता हैः जब मैं आनंदस्वरूप हो जाऊँगा, तभी दुःख का अंत हो सकता हैः जब मैं ज्ञानस्वरूप हो जाऊँगा, तभी सब अज्ञान का अंत हो सकता हैं, और यह अनिवार्य वैज्ञानिक निष्कर्ष भी हैं। विज्ञान ने मेरे निकट यह सिद्ध कर दिया हैं कि हमारा यह भौतिक व्यक्तित्व भ्रम मात्र हैं, वास्तव में मेरा यह शरीर एक अविच्छन्न जड़सागर में एक क्षुद्र सदा परिवर्तित होता रहने वाला पिंड हैं, और मेरे दूसरे पक्ष आत्मा के संबंध में अद्वैत ही अनिवार्य निष्कर्ष हैं।

विज्ञान एकत्व की खोज के सिवा और कुछ नहीं हैं। ज्यों ही कोई विज्ञान पूर्ण एकता तक पहुँच जाएगी, त्यों ही उसकी प्रगति रूक जाएगी, क्योंकि तब वह अपने लक्ष्य को प्राप्त कर लेगा। उदाहरणार्थ, रसायनशास्त्र यदि एक बार उस मूलतत्त्व का पता लगा ले, जिससे और सब द्रव्य बन सकते हैं, तो फिर वह आगे नहीं बढ़ सकेगा। भौतिक शास्त्र जब उस मूल शक्ति का पता लगा लेगा, अन्य शक्तियाँ जिसकी अभिव्यक्ति हैं, तब वह रुक जाएगा। वैसे ही, धर्मशास्त्र भी उस समय पूर्णता को प्राप्त कर लेगा, जब वह उसको खोज लेगा, जो इस मृत्यु के उस लोक में एकमात्र जीवन हैं, जो इस परिवर्तनशील जगत् का शाश्वत आधार हैं, जो एकमात्र परमात्मा हैं, अन्य सब आत्माएँ जिसकी प्रतीयमान अभिव्यक्तियाँ हैं। इस प्रकार अनेकता और द्वैत में से होते हुए इस परम अद्वैत की प्राप्ति होती हैं। धर्म इससे आगे नहीं जा सकता। यही समस्त विज्ञानों का चरम लक्ष्य हैं।

समग्र विज्ञान अंततः इसी निष्कर्ष पर अनिवार्यतः पहुँचेंगे। आज विज्ञान का शब्द अभिव्यक्ति हैं, सृष्टि नहीः और हिंदू को यह देखकर बड़ी प्रसन्नता हैं कि जिसको वह अपने अंतस्तल में इतने युगों से महत्त्व देता रहा हैं, अब उसी की शिक्षा अधिक सशक्त भाषा में विज्ञान के नूतनतम निष्कर्षों के अतिरिक्त प्रकाश में दी जा रही हैं।

अब हम दर्शन की अभीप्साओं से उतरकर ज्ञानरहित लोगों के धर्म की ओर आते हैं। यह मैं प्रारंभ में ही आप को बता देना चाहता हूँ कि भारतवर्ष में

अनेकेश्वरवाद नहीं हैं। प्रत्येक मंदिर में यदि कोई खड़ा होकर सुने, तो यही पाएगा कि भक्तगण सर्वव्यापित्व आदि ईश्वर के सभी गुणों का आरोप उन मूर्तियों में करते हैं। यह अनेकेश्वरवाद नहीं हैं, और न एकदेववाद से ही इस स्थिति की व्याख्या हो सकती हैं। 'गुलाब को चाहे दूसरा कोई भी नाम क्यों न दे दिया जाए, पर वह सुगंधि तो वैसी ही मधुर देता रहेगा।' नाम ही व्याख्या नहीं होती।

बचपन की एक बात मुझे यहाँ याद आती हैं। एक ईसाई पादरी कुछ मनुष्यों की भीड़ जमा करके धर्मोंपदेश कर रहा था। बहुतेरी मजेदार बातों के साथ वह पादरी यह भी कह गया, "अगर मैं तुम्हारी देवमूर्ति को एक डंडा लगाऊँ, तो वह मेरा क्या कर सकती हैं?"

एक श्रोता ने चट चुभता सा जवाब दे डाला, "अगर मैं तुम्हारे ईश्वर को गाली दे दूँ, तो वह मेरा क्या कर सकता हैं?"

पादरी बोला, "मरने के बाद वह तुम्हें सजा देगा।" हिंदू भी तनकर बोल उठा, " तुम मरोगे, तब ठीक उसी तरह हमारी देवमूर्ति भी तुम्हें दंड देगी।"

वृक्ष अपने फलों से जाना जाता हैं। जब मूर्तिपूजक कहे जानेवाले लोगों में ऐसे मनुष्यों को पाता हूँ, जिनकी नैतिकता, आध्यात्मिकता और प्रेम अपना सानी नहीं रखते, तब मैं रुक जाता हूँ और अपने से यही पूछता हूँ 'क्या पाप से भी पवित्रता की उत्पत्ति हो सकती हैं?'

अंधविश्वास मनुष्य का महान् शत्रु हैं, पर धर्मांधता तो उससे भी बढ़कर हैं। ईसाई गिरजाघर क्यों जाता हैं? क्रूस क्यों पवित्र हैं? प्रार्थना के समय आकाश की ओर मुँह क्यों किया जाता हैं? कैथोलिक ईसाइयों के गिरजाघरों में इतनी मूर्तियाँ क्यों रहा करती हैं? प्रोटेस्टेंट ईसाइयों के मन में प्रार्थना के समय इतनी मूर्तियाँ क्यों रहा करती हैं? मेरे भाइयो! मन में किसी मूर्ति के आए कुछ सोच सकना उतना ही असंभव हैं, जितना श्वास लिये बिना जीवित रहना। साहचर्य के नियमानुसार भौतिक मूर्ति से मानसिक भावविशेष का उद्‌दीपन हो जाता हैं, अथवा मन में भावविशेष का उद्‌दीपन होने से तदनुरूप मूर्तिविशेष का भी आविर्भाव होता हैं। इसीलिए तो हिंदू आराधना के समय बाह्य प्रतीक का उपयोग करता हैं। वह आपको बतलाएगा कि यह बाह्य प्रतीक उसके मन को ध्यान के विषय परमेश्वर में एकाग्रता से स्थिर रखने में सहायता देता हैं। वह भी यह बात उतनी ही अच्छी तरह से जानता हैं, जितना आप जानते हैं कि वह मूर्ति न तो ईश्वर ही हैं और न सर्वव्यापी ही। और सच पूछिए तो दुनिया के लोग 'सर्वव्यापीत्व' का क्या अर्थ समझते हैं? वह तो केवल एक शव्द या प्रतीक मात्र हैं। क्या परमेश्वर का भी कोई क्षेत्रफल हैं? यदि नहीं, तो जिस समय हम

सर्वव्यापी शब्द का उच्चारण करते हैं, उस समय विस्तृत आकाश या देश की ही कल्पना करने के सिवा हम और क्या करते हैं?

अपनी मानसिक सरंचना के नियमानुसार, हमें किसी प्रकार अपनी अनंतता की भावना को नील आकाश या अपार समुद्र की कल्पना से संबद्ध करना पड़ता हैंः उसी तरह हम पवित्रता के भाव को अपने स्वभावनुसार गिरजाघर या मस्जिद या क्रूस से जोड़ लेते हैं। हिंदू लोग पवित्रता, नित्यत्व, सर्वव्यापित्व आदि आदि भावों का संबंध विभिन्न मूर्तियों और रूपों से जोड़ते हैं? अंतर यह हैं कि जहाँ अन्य लोग अपना सारा जीवन किसी गिरजाघर की मूर्ति की भक्ति में ही बिता देते हैं और उससे आगे नहीं बढ़ते, क्योकि उनके लिए तो धर्म का अर्थ यही हैं कि कुछ विशिष्ट सिद्धांतों को वे अपनी बुद्धि द्वारा स्वीकृत कर लें और अपने मानवबंधुओं की भलाई करते रहें वहाँ एक हिंदू की सारी धर्मभावना प्रत्यक्ष अनुभूति या आत्मसाक्षात्कार में केंद्रीभूत होती हैं। मनुष्य को ईश्वर का साक्षात्कार करके दिव्य बनना हैं। मूर्तियाँ, मंदिर, गिरजाघर या ग्रंथ तो धर्मजीवन में केवल आधार या सहायकमात्र हैंः पर उसे उत्तरोतर उन्नति ही करनी चाहिए।

मनुष्य को कहीं पर रुकना नहीं चाहिए। शास्त्र का वाक्य हैं कि 'बाह्य पूजा या मूर्तिपूजा सबसे नीचे की अवस्था हैंः आगे बढने का प्रयास करते समय मानसिक प्रार्थना साधना की दूसरी अवस्था हैं, और सबसे उच्च अवस्था तो वह हैं, जब परमेश्वर का साक्षात्कार हो जाए।'

देखिए, वही अनुरागी साधक, जो पहले मूर्ति के सामने प्रणत रहता था, अब क्या कह रहा हैं 'सूर्य उस परमात्मा को प्रकाशित नहीं कर सकता, न चंद्रमा या तारागण ही; वह विद्युत प्रभा भी परमेश्वर को उद्‌भासित नहीं कर सकती, तब इस सामान्य अग्नि की बात ही क्या ! ये सभी इसी परमेश्वर के कारण प्रकाशित होते हैं।'

पर वह किसी की मूर्ति को गाली नहीं देता और न उसकी पूजा को पाप ही बताता हैं। वह तो उसे जीवन की एक आवश्यक अवस्था जानकर उसको स्वीकार करता हैं। 'बालक ही मनुष्य का जनक हैं।' तो क्या किसी वृद्ध पुरुष का बचपन या युवावस्था को पाप या बुरा कहना उचित होगा?

यदि कोई मनुष्य अपने दिव्य स्वरूप को मूर्ति की सहायता से अनुभव कर सकता हैं, तो क्या उसे पाप कहना ठीक होगा? और जब वह अवस्था से परे पहुँच गया हैं, तब भी उसके लिए मूर्ति पूजा को भ्रमात्मक कहना उचित नहीं हैं। हिंदू की दृष्टि में मनुष्य भ्रम से सत्य की ओर नहीं जा रहा हैं, वह तो सत्य से सत्य की ओर,

निम्न श्रेणी के सत्य से उच्च श्रेणी के सत्य की ओर अग्रसर हो रहा हैं। हिंदू के मतानुसार निम्न जड़-पूजावाद से लेकर सर्वोच्च अद्वैतवाद तक जितने धर्म हैं, वे सभी अपने जन्म तथा साहचर्य की अवस्था द्वारा निर्धारित होकर उस असीम के ज्ञान तथा उपलब्धि के निमित्त मानवत्मा के विविध प्रयत्न हैं,और यह प्रत्येक उन्नति की एक अवस्था को सूचित करता हैं। प्रत्येक जीव उस युवा गरुड़ पक्षी के समान हैं, जो धीरे धीरे उँचा उड़ता हुआ तथा अधिकाधिक शक्तिसंपादन करता हुआ अंत नें उस भास्वर सूर्य तक पहुँच जाता हैं।

अनेकता में एकता प्रकृति का विधान हैं और हिंदुओं ने इसे स्वीकार किया हैं। अन्य प्रत्येक धर्म में कुछ निर्दिष्ट मतवाद विधिबद्ध कर दिये गये हैं और सारे समाज को उन्हें मानना अनिवार्य कर दिया जाता हैं। वह समाज के समाने केवल एक कोट रख देता हैं, जो जैक, जाँन और हेनरी, सभी को ठीक होना चाहिए। यदि जाँन या हेनरी के शरीर में ठीक नहीं आता, तो उसे अपना तन ढँकने के लिए बिना कोट के ही रहना होगा। हिंदुओं मे यह जान लिया हैं कि निरपेक्ष ब्रह्मतत्त्व का साक्षात्कार, चिंतन या वर्णन सापेक्ष के सहारे ही हो सकता हैं, और मूर्तियाँ, क्रूस या नवोदित चंद्र केवल विभिन्न प्रतीक हैं, वे मानो बहुत सी खूँटियाँ हैं, जिनमें धार्मिक भावनाएँ लटकायी जाती हैं। ऐसा नहीं हैं कि इन प्रतीकों की आवश्यकता हर एक के लिए हो, किंतु जिनको अपने लिए इन प्रतीकों की सहायता की आवश्यकता नहीं हैं, उन्हें यह कहने का अधिकार नहीं हैं कि वे गलत हैं। हिंदू धर्म में वे अनिवार्य नहीं हैं।

एक बात आपको अवश्य बतला दूँ। भारतवर्ष में मूर्ति पूजा कोई जधन्य बात नहीं हैं। वह व्यभिचार की जननी नहीं हैं। वरन् वह अविकसित मन के लिए उच्च आध्यात्मिक भाव को ग्रहण करने का उपाय हैं। अवश्य, हिंदुओं के बहुतेरे दोष हैं, उनके कुछ अपने अपवाद हैं, पर यह ध्यान रखिए कि उनके दोष अपने शरीर को ही उत्पीड़ित करने तक सीमित हैं, वे कभी अपने पड़ोसियों का गला नहीं काटने जाते। एक हिंदू धर्मांध भले ही चिता पर अपने आप के जला डाले, पर वह विधर्मियों को जलाने के लिए 'इन्क्विजिशन' की अग्नि कभी भी प्रज्वलित नहीं करेगा और इस बात के लिए उससे अधिक दोषी नहीं ठहराया जा सकता, जितना डाइनों को जलाने का दोष ईसाई धर्म पर मढ़ा जा सकता हैं।

अतः हिंदुओं की दृष्टि में समस्त धर्मजगत् भिन्न-भिन्न रुचिवाले स्त्री-पुरुषों की, विभिन्न अवस्थाओं एवं परिस्थियों में से होते हुए एक ही लक्ष्य की ओर यात्रा हैं, प्रगति हैं। प्रत्येक धर्म जड़भावापन्न मानव से एक ईश्वर का उद्‌भव कर रहा हैं, और वही ईश्वर उन सब का प्रेरक हैं। तो फिर इतने परस्पर विरोध क्यों हैं ? हिंदुओं

का कहना हैं कि ये विरोध केवल आभासी हैं। उनकी उत्पत्ति सत्य के द्वारा भिन्न अवस्थाओं और प्रकृतियों के अनुरुप अपना समायोजन करते समय होती हैं।

वही एक ज्योति भिन्न-भिन्न रंग के काँच में से भिन्न-भिन्न रूप से प्रकट होती हैं। समायोजन के लिए इस प्रकार की अल्प विविधता आवश्यक हैं। परंतु प्रत्येक के अंतस्तल में उसी सत्य का राज हैं। ईश्वर ने अपने कृष्णावतार में हिंदुओं को यह उपदेश दिया हैं, 'प्रत्येक धर्म में मैं, मोती की माला में सूत्र की तरह पिरोया हुआ हूँ।' गीता ।। 7.7।।

'जहाँ भी तुम्हें मानवसृष्टि को उन्नत बनानेवाली और पावन करनेवाली अतिशय पवित्रता और असाधारण शक्ति दिखाई दे, तो जान लो कि वह मेरे तेज के अंश से ही उत्पन्न हुआ हैं।' गीता ।।10.41।।

और इस शिक्षा का परिणाम क्या हुआ? सारे संसार को मेरी चुनौती हैं कि वह समग्र संस्कृत दर्शनशास्त्र में मुझे एक ऐसी उक्ति दिखा दे, जिसमें यह बताया गया हो कि केवल हिंदुओं का ही उद्धार होगा और दूसरों का नहीं।

व्यास कहते हैं, 'हमारी जाति और सम्प्रदाय की सीमा के बाहर भी पूर्णत्व तक पहुँचे हुए मनुष्य हैं।' वेदांतसूत्र ।।3.4.36।।

एक बात और हैं। ईश्वर में ही अपने सभी भावों को केंद्रित करनेवाला हिंदू अज्ञेयवादी बौद्ध और निरीश्वरवादी जैन धर्म पर कैसे श्रद्धा रख सकता हैं?

यद्यपि बौद्ध और जैन ईश्वर पर निर्भर नहीं रहते. तथापि उनके धर्म की पूरी शक्ति प्रत्येक धर्म के महान् केंद्रिय सत्य मनुष्य में ईश्वरत्व के विकास की ओर उन्मुख हैं। उन्होंने पिता को भले न देखा हो, पर पुत्र को अवश्य देखा हैं। और जिसने पुत्र को देख लिया, उसने पिता को भी देख लिया।

भाइयों! हिंदुओं के धार्मिक विचारों की यहीं संक्षिप्त रूपरेखा हैं। हो सकता हैं कि हिंदू अपनी सभी योजनाओं की कार्यांवित करने में असफल रहा हो, पर यदि कभी कोई सार्वभौमिक धर्म होना हैं, तो वह किसी देश या काल से सीमाबद्ध नहीं होगा, वह उस असीम ईश्वर के सदृश ही असीम होगा, जिसका वह उपदेश देगाय जिसका सूर्य श्रीकृष्ण और ईसा के अनुयायियों पर, संतों पर और पापियों पर समान रूप से प्रकाश विकीर्ण करेगा, जो न तो ब्रह्माण होगा, न बौद्ध, न ईसाई और न इस्लाम, वरन् इन सब की समष्टि होगा, किंतु फिर भी जिसमें विकास के लिए अनंत अवकाश होगाय जो इतना उदार होगा कि पशुओं के स्तर से सिंचित उन्नत निम्नतम घृणित जंगली मनुष्य से लेकर अपने हृदय और मस्तिष्क के गुणों के कारण मानवता से इतना ऊपर उठ गये हैं कि उच्चतम मनुष्य तक को, जिसके प्रति सारा समाज

श्रद्धामत हो जाता हैं और लोग जिसके मनुष्य होने में संदेह करते हैं, अपनी बाहुओं से आलिंगन कर सके और उनमें सब को स्थान दे सके। धर्म ऐसा होगा, जिसकी नीति में उत्पीड़ित या असहिष्णुता का स्थान नहीं होगा। वह प्रत्येक स्त्री और पुरुष में दिव्यता का स्वीकार करेगा और उसका सम्पूर्ण बल और सामशय मानवता को अपनी सच्ची दिव्य प्रकृति का साक्षात्कार करने के किए सहायता देने में ही केंद्रित होगा।

आप ऐसा ही धर्म सामने रखिए, और सारे राष्ट्र आपके अनुयायी बन जाएँगे। सम्राट् अशोक की परिषद् बौद्ध परिषद् थी। अकबर की परिषद् अधिक उपयुक्त होती हुई भी, केवल बैठक की ही गोष्ठी थी। किंतु पृथ्वी के कोने कोने में यह घोषणा करने का गौरव अमेरिका के लिए ही सुरक्षित था कि 'प्रत्येक धर्म में ईश्वर हैं।'

वह, जो हिंदुओं का बह्म, पारसियों का अहुर्मज्द, बौद्धो का बुद्ध, यहूदियों का जिहोवा और ईसाइयों का स्वर्गस्थ पिता हैं, आपको अपने उदार उद्देश्य को कार्यंवित करने की शक्ति प्रदान करे ! नक्षत्र पूर्व गगन में उदित हुआ और कभी धुँधला और कभी देदीप्यमान होते हुए धीरे धीरे पश्चिम की ओर यात्रा करते करते उसने समस्त जगत् की परिक्रमा कर डाली और अब फिर प्राची के क्षितिज में सहस्र गुनी अधिक ज्योति के साथ उदित हो रहा हैं!

ऐ स्वाधीनता की मातृभूमि कोलंबिया, तू धन्य हैं! यह तेरा सौभाग्य हैं कि तूने अपने पड़ोसियों के रक्त से अपने हाथ कभी नहीं हिगोये, तूने अपने पड़ोसियों का सर्वस्व हरण कर सहज में ही धनी और संपन्न होने की चेष्टा नहीं की, अतएव समन्वय की ध्वजा फहराते हुए सभ्यता की अग्रणी होकर चलने का सौभाग्य तेरा ही था।

धर्म : भारत की प्रधान आवश्यकता नहीं

विश्वधर्म-महासभा, शिकागो, 20 सितंबर 1893

ईसाइयों को सत् आलोचना सुनने के लिए सदैव तैयार रहना चाहिए, और मुझे विश्वास हैं कि यदि मैं आप लोगों की कुछ आलोचना करूँ, तो आप बुरा न मानेंगे। आप ईसाई लोग जो मूर्तिपूजकों की आत्मा का उद्धार करने की निमित्त अपने धर्मप्रचारकों को भेजने के लिए इतने उत्सुक रहते हैं, उनके शरीरों को भूख से मर जाने से बचाने के लिए कुछ क्यों नहीं करते? भारतवर्ष में जब भयानक अकाल पड़ा था, तो सहस्रों और लाखों हिन्दू क्षुधा से पीडित होकर मर गये पर आप ईसाइयों ने

उनके लिए कुछ नहीं किया। आप लोग सारे हिंदुस्तान में गिरजे बनाते हैं: पर पूर्व का प्रधान अभाव धर्म नहीं हैं, उसके पास धर्म पर्याप्त हैं जलते हुए हिंदुस्तान के लाखों दुःखार्त भूखे लोग सूखे गले से रोटी के लिए चिल्ला रहे हैं। वे हम से रोटी माँगते हैं, और हम उन्हे देते हैं पत्थर! क्षुधातुरों को धर्म का उपदेश देना उनका अपमान करना हैं, भूखों को दर्शन सिखाना उनका अपमान करना हैं। भारतवर्ष में यदि कोई पुरोहित द्रव्यप्राप्ति के लिए धर्म का उपदेश करे, तो वह जाति से च्युत कर दिया जाएगा और लोग उस पर थूकेंगे। मैं यहाँ पर अपने दरिद्र भाइयों के निमित्त सहायता माँगने आया था, पर मैं यह पूरी तरह से समझ गया हूँ कि मूर्तिपूजकों के लिए ईसाई-धर्मालंबियों से, और विशेषकर उन्हीं के देश में, सहायता प्राप्त करना कितना कठिन हैं ।

बौद्ध धर्म : हिंदू धर्म की निष्पत्ति

विश्वधर्म-महासभा, शिकागो, 26 सितंबर 1893

मैं बौद्ध धर्मावलंबी नहीं हूँ, जैसा कि आप लोगों ने सुना हैं, पर फिर भी मैं बौद्ध हूँ। यदि चीन, जापान अथवा सीलोन उस महान् तथागत के उपदेशों का अनुसरण करते हैं, तो भारत वर्ष उन्हें पृथ्वी पर ईश्वर का अवतार मानकर उनकी पूजा करता हैं। आपने अभी अभी सुना कि मैं बौद्ध धर्म की आलोचना करनेवाला हूँ, परंतु उससे आपको केवल इतना ही समझना चाहिए। जिनको मैं इस पृथ्वी पर ईश्वर का अवतार मानता हूँ, उनकी आलोचना ! मुझसे यह संभव नहीं। परन्तु बुद्ध के विषय में हमारी धारणा यह हैं कि उनके शिष्यों ने उनकी शिक्षाओं को ठीक ठीक नहीं समझा। हिंदू धर्म (हिंदू धर्म से मेरा तात्पर्य वैदिक धर्म हैं) और जो आजकल बौद्ध धर्म कहलाता हैं, उनमें आपस में वैसा ही संबंध हैं, जैसा यहूदी तथा ईसाई धर्मों में। ईसा मसीह यहूदी थे और शाक्य मुनि हिंदू। यहुदियों ने ईसा को केवल अस्वीकार ही नहीं किया, उन्हें सूली पर भी चढ़ा दिया, हिंदुओं नें शाक्य मुनि को ईश्वर के रूप में ग्रहण किया हैं और उनकी पूजा करते हैं। किंतु प्रचलित बौद्ध धर्म नें तथा बुद्धदेव की शिक्षाओं में जो वास्तविक भेद हम हिंदू लोग दिखलाना चाहते हैं, वह विशेषतः यह हैं कि शाक्य मुनि कोई नई शिक्षा देने के लिए अवतीर्ण नहीं हुए थे। वे भी ईसा के समान धर्म की संपूर्ति के लिए आए थे, उसका विनाश करने नहीं। अंतर इतना हैं कि जहाँ ईसा को प्राचीन यहूदी नहीं समझ पाये। जिस प्रकार यहूदी प्राचीन व्यवस्थान की निष्पत्ति नहीं समझ सके, उसी प्रकार बौद्ध भी हिंदू धर्म के सत्यों की निष्पत्ति को नहीं समझ पाये। मैं यह बात फिर से दुहराना चाहता हूँ कि शाक्य मुनि ध्वंस करने नहीं आए थे, वरन् वे हिंदू धर्म की निष्पत्ति थे, उसकी तार्किक परिणति

और उसके युक्तिसंगत विकास थे। हिंदू धर्म के दो भाग हैं कर्मकांड और ज्ञानकांड। ज्ञानकांड का विशेष अध्ययन संन्यासी लोग करते हैं।

ज्ञानकांड में जाति भेद नहीं हैं। भारतवर्ष में उच्च अथवा नीच जाति के लोग संन्यासी हो सकते हैं, और तब दोनों जातियाँ समान हो जाती हैं। धर्म में जाति भेद नहीं हैं: जाति तो एक सामाजिक संस्था मात्र हैं। शाक्य मुनि स्वयं संन्यासी थे, और यह उनकी ही गरिमा हैं कि उनका हृदय इतना विशाल था कि उन्होंने अप्राप्य वेदों से सत्यों को निकाल कर उनको समस्त संसार में विकीर्ण कर दिया। इस जगत् में सब से पहते वे ही ऐसे हुए, जिन्होंने धर्मप्रचार की प्रथा चलायी इतना ही नहीं, वरन् मनुष्य को दूसरे धर्म से अपने धर्म में दीक्षीत करने का विचार भी सब से पहले उन्हीं के मन में उदित हुआ।

सर्वभूतों के प्रति, और विशेषकर अज्ञानी तथा दीन जनों के प्रति अद्भुत सहानुभूति में ही तथागत का महान् गौरव सन्निहित हैं। उनके कुछ शिष्य ब्राह्मण थे। बुद्ध के धर्मोपदेश के समय संस्कृत भारत की जनभाषा नहीं रह गयी थी। वह उस समय केवल पंडितों के ग्रंथों की ही भाषा थी। बुद्धदेव के कुछ ब्राह्मण शिष्यों मे उनके उपदेशों का अनुवाद संस्कृत भाषा में करना चाहा था, पर बुद्धदेव उनसे सदा यही कहते 'मैं दरिद्र और साधारण जनों के लिए आया हूँ, अतः जनभाषा में ही मुझे बोलने दो।' और इसी कारण उनके अधिकांश उपदेश अब तक भारत की तत्कालीन लोकभाषा में पायें जाते हैं।

दर्शनशास्त्र का स्थान चाहे जो भी दो, तत्त्वज्ञान का स्थान चाहे जो भी हो, पर जब तक इस लोक में मृत्यु मान की वस्तु हैं, जब तक मानवहृदय में दुर्बलता जैसी वस्तु हैं, जव तक मनुष्य के अंतःकरण से उसका दुर्बलताजनित करूण क्रंदन बाहर निकलता हैं, तब तक इस संसार में ईश्वर में विश्वास कायम रहेगा।

जहाँ तक दर्शन की बात हैं, तथागत के शिष्यों ने वेदों की सनातन चट्टानों पर बहुत हाथ-पैर पटके, पर वे उसे तोड न सके और दूसरी ओर उन्होंने जनता के बीच से उस सनातन परमेश्वर को उठा लिया, जिसमे हर नर-नारी इतने अनुराग से आश्रय लेता हैं। फल यह हुआ कि बौद्ध धर्म को भारतवर्ष में स्वाभाविक मृत्यु प्राप्त करनी पड़ी और आज इस धर्म की जन्मभूमि भारत में अपने को बौद्ध कहनेवाली एक भी स्त्री या पुरुष नहीं हैं।

किंतु इसके साथ ही ब्राह्मण धर्म ने भी कुछ खोया समाजसुधार का वह उत्साह, प्राणिमात्र के प्रति वह आश्चर्यजनक सहानुभूति और करूणा, तथा वह अद्भुत रसायन, जिसे बौद्ध धर्म ने जन-जन को प्रदान किया था एवं जिसके फलस्वरूप

भारतीय समाज इतना महान् हो गया कि तत्कालीन भारत के संबंध में लिखनेवाले एक यूनानी इतिहासकार को यह लिखना पड़ा कि एक भी ऐसा हिंदू नहीं दिखाई देता, जो मिथ्याभाषण करता हो; एक भी ऐसी हिंदू नारी नहीं हैं, जो पतिव्रता न हो।

हिंदू धर्म बौद्ध धर्म के बिना नहीं रह सकता और न बौद्ध धर्म हिंदू धर्म के बिना ही। तब यह देखिए कि हमारे पारस्परिक पार्थक्य ने यह स्पष्ट रूप से प्रकट कर दिया कि बौद्ध, ब्राह्मणों के दर्शन और मस्तिष्क के बिना नहीं ठहर सकते, और न ब्राह्मण बौद्धों के विशाल हृदय के बिना। बौद्ध और ब्राह्मण के बीच यह पार्थक्य भारतवर्ष के पतन का कारण हैं। यही कारण हैं कि आज भारत में तीस करोड़ भिखमंगे निवास करते हैं, और वह एक सहस्र वर्षों से विजेताओं का दास बना हुआ हैं। अतः आइए, हम ब्राह्मणों की इस अपूर्व मेधा के साथ तथागत के हृदय, महानुभावता और अद्‌भुत लोकहितकारी शक्ति को मिला दें।

अंतिम अधिवेशन में भाषण

विश्वधर्म-महासभा, शिकागो, 27 सितंबर 1893

विश्वधर्म महासभा एक मूर्तिमान तथ्य सिद्ध हो गई हैं और दयामय प्रभु ने उन लोगों की सहायता की हैं, तथा उनके परम निःस्वार्थ श्रम को सफलता से विभूषित किया हैं, जिन्होंने इसका आयोजन किया।

उन महानुभावों को मेरा धन्यवाद हैं, जिनके विशाल हृदय तथा सत्य के प्रति अनुराग ने पहले इस अद्‌भुत स्वप्न को देखा और फिर उसे कार्यरूप में परिणत किया। उन उदार भावों को मेरा धन्यवाद, जिनसे यह सभामंच आप्लावित होता रहा हैं। इस प्रबुद्ध श्रोतृमंडली को मेरा धन्यवाद, जिसने मुझ पर अविकल कृपा रखी हैं और जिसने मत-मतांतरों के मनोमालिन्य को हल्का करने का प्रयत्न करने वाले हर विचार का सत्कार किया। इस समसुरता में कुछ बेसुरे स्वर भी बीच बीच में सुने गये हैं। उन्हें मेरा विशेष धन्यवाद, क्योंकि उन्होंने अपने स्वरवैचिय से इस समरसता को और भी मधुर बना दिया हैं।

धार्मिक एकता की सर्वसामान्य भित्ति के विषय में बहुत कुछ कहा जा चुका हैं। इस समय मैं इस संबंध में अपना मत आपके समक्ष नहीं रखूँगा। किन्तु यदि यहाँ कोई यह आशा कर रहा हैं कि यह एकता किसी एक धर्म की विजय और बाकी धर्मों के विनाश से सिद्ध होगी, तो उनसे मेरा कहना हैं कि 'भाई, तुम्हारी यह आशा असम्भव हैं।' क्या मैं यह चाहता हूँ कि ईसाई लोग हिन्दू हो जाएँ? कदापि नहीं, ईश्वर भी ऐसा न करे! क्या मेरी यह इच्छा हैं कि हिदू या बौद्ध लोग ईसाई हो जाएँ? ईश्वर इस इच्छा से बचाए।

बीज भूमि में बो दिया गया और मिट्टी, वायु तथा जल उसके चारों ओर रख दिये गये। तो क्या वह बीज मिट्टी हो जाता हैं, अथवा वायु या जल बन जाता हैं? नहीं, वह तो वृक्ष ही होता हैं, वह अपनी वृद्धि के नियम से ही बढ़ता हैं वायु , जल और मिट्टी को पचाकर, उनको उद्‌भित पदार्थ में परिवर्तित करके एक वृक्ष हो जाता हैं।

ऐसा ही धर्म के संबंध में भी हैं। ईसाई को हिंदू या बौद्ध नहीं हो जाना चाहिए, और न ही हिंदू अथवा बौद्ध को ईसाई ही। पर हाँ, प्रत्येक को चाहिए कि वह दूसरों के सारभाग को आत्मसात् करके पुष्टिलाभ करें और अपने वैशिष्टय की रक्षा करते हुए अपनी निजी बुद्धि के नियम के अनुसार वृद्धि को प्राप्त हो।

इस धर्म-महासभा ने जगत् के समक्ष यदि कुछ प्रदर्शित किया हैं, तो वह यह हैं: उसने सिद्ध कर दिया हैं कि शुद्धता, पवित्रता और दयाशीलता किसी संप्रदायविशेष की ऐकांतिक संपत्ति नहीं हैं, एवं प्रत्येक धर्म मे श्रेष्ठ एवं अतिशय उन्नतचरित स्त्री-पुरूषों को जन्म दिया हैं। अब इन प्रत्यक्ष प्रमाणों के बावजूद भी कोई ऐसा स्वप्न देखें कि अन्याम्य सागे धर्म नष्ट हो जाएँगे और केवल उसका धर्म ही जीवित रहेगा, तो उस पर मैं अपने हृदय के अंतराल से दया करता हूँ और उसे स्पष्ट बतलाए देता हूँ कि शीघ्र ही सारे प्रतिरोधों के बावजूद प्रत्येक धर्म की पताका पर यह लिखा रहेगा 'सहायता करो, लड़ो मत' य 'परभाव-ग्रहण, न कि परभाव-विनाश' य 'समन्वय और शांति, न कि मतभेद और कलह!'

3

विचार एवं दर्शन

स्वामी विवेकानंद के शब्द आज भी अनादिक और आनंदित वाणी के रूप में गूंजायमान होते हैं जिनमें सत्य के साथ साक्षात्कार करने की अनंत ऊर्जा समाहित है। विवेकानंद ने एक बार कहा था कि मैं जो देकर जा रहा हूं वह एक हजार साल की खुराक है। लेकिन जब आप उनके बारे में और उनके साहित्य का अध्ययन करते हैं तो ऐसा लगता है कि यह खुराक सिर्फ एक हजार साल का नहीं बल्कि कई युगों का है।

सिर्फ 39 वर्ष 5 महीने और 24 दिन का छोटा सा जीवन लेकिन इसी जीवन में उन्होंने दुनिया भर में आध्यात्म का ऐसा परचम लहराया जो अगले कई सदियों तक अक्षुण्ण रहेगा। उन्होंने आत्मा और परमात्मा की प्रकृति को बहुत सीधे शब्दों में समझाने की कोशिश की और कहा—हमारी नैतिक प्रकृति जितनी उन्नत होती है, उतना ही उच्च हमारा प्रत्यक्ष अनुभव होता है, और उतनी ही हमारी इच्छा शक्ति अधिक बलवती होती है। किसी के सामने सिर मत झुकाना तुम अपनी अंतःस्थ आत्मा को छोड़ किसी और के सामने सिर मत झुकाओ। जब तक तुम यह अनुभव नहीं करते कि तुम स्वयं देवों के देव हो, तब तक तुम मुक्त नहीं हो सकते।

स्वामी जी द्वारा दिया गया विचार-दर्शन युग-युगीन और शाश्वत है। उनकी दिव्य वाणी अमरता का महान् संदेश प्रदान कर रही है। स्वामीजी के दर्शन की आज भी उतनी ही प्रासंगिकता है जितनी विगत 20वीं सदी में रही थी। स्वामीजी ने भारतवासियों के मन में भारत की गौरवशाली परंपरा और संस्कृति के प्रति आत्मविश्वास

और आत्मसम्मान का संचार किया। आजादी की लड़ाई में स्वामी विवेकानंद के योगदान को कोई कैसे भूल सकता है। वे विवेकानंद ही थे, जिन्होंने आजादी की लड़ाई में भारत वासियों में एक नई ऊर्जा का संचार किया। समाज को स्वाभिमान, साहस और कर्म की प्रेरणा देने वाले स्वामी विवेकानंद के मंत्र से ही मूर्छित समाज में नई ऊर्जा का संचार हुआ। विवेकानंद का जीवन बताता है कि कैसे बिना किसी साधन और सुविधा के सिर्फ एक संकल्प के बल पर युवा समाज की देश की सोच बदल सकते हैं।

देश के जानेमाने संत और युवाओं के प्रेरणास्रोत स्वामी विवेकानंद का नाता माउंटआबू से भी रहा है। खेतड़ी महाराज के जब वह संपर्क में आए तब महाराज ने उन्हें माउंटआबू आने का भी निमंत्रण दिया था। स्वामी विवेकानन्द जी लंबा समय

गुजरात के कई हिस्सों में व्यतीत करने के बाद माउंटआबू आए। यह वह समय था, जब माउंट आबू गुजरात का हिस्सा था। चंपा गुफा में उन्होंने चिंतन और ध्यान किया। यहीं पर उनकी मुलाकात खेतड़ी के महाराजा से हुई। माउंट आबू में नक्की झील के पास स्थित चंपा गुफा वह स्थान है जहां स्वामी विवेकानंद 1891 में चार माह के लिए रहे। यहां की चंपा गुफा उन्हें अपने ध्यान और समाधि के लिए इतनी भाई कि वह काफी समय तक रुक गए। चंपा गुफा रघुनाथ मंदिर परिसर में आज भी मौजूद है। यहां के लोगों को कहना है कि इस गुफा की ऐसी खासियत है कि यहां अद्भुत वातावरण व्यक्ति को सहज ही ध्यान लगाने पर विवश कर देता है और मन एकाग्र होने का लगता है। इस स्थान की अद्भुत वातावरण किसी भी भी व्यक्ति के लिए ध्यान-धारणा और समाधि में सहायक होता है।

12 जनवरी को देश युवा दिवस के रूप में भी मनाता है। यह बात बहुत कम लोग जानते हैं कि स्वामी विवेकानंद शिकागो धर्म सम्मेलन में जाने से पहले चार महीने तक माउंटआबू के गुफा में रुके थे। उन्होंने चंपा गुफा में तीन महीने तक तपस्या की थी। चंपा गुफा को अब स्वामी विवेकानंद स्मारक के रूप में विकसित करने की मांग हो रही है और नक्की झील के पास ही स्वामी विवेकानंद के नाम से एक बड़ा उद्यान भी है। माउंट आबू में नक्की झील के पास स्थित चंपा गुफा वह स्थान है जहां स्वामी विवेकानंद 1891 में चार महीने के लिए रहे। शिकागो जाने से पूर्व स्वामी विवेकानंद माउंट आबू आए थे और यहीं से उन्होंने अपने एक मित्र गोविंद सहाय को पत्र लिखकर मन की पीड़ा व्यक्त की थी कि मेरे देश का युवा सोया हुआ है मैं उसे जगाना चाहता हूं।

इतिहासकारों के मुताबिक चंपा गुफा में स्वामी विवेकानंद के अलावा स्वामी रामानंद ने भी तपस्या की थी। अब प्रशासन ने चंपा गुफा सहित तमाम उन स्थानों का विकसित करने का फैसला किया है जहां स्वामी विवेकानंद रहे थे। अब तक चर्चाओं और पहचान से दूर माउंट आबू स्थित चंपा गुफा शीघ्र ही स्वामी विवेकानंद स्मारक के तौर पर पूरी दुनिया में पहचानी जाएगी। अपने ओज और संदेशों से स्वामी विवेकानंद ने युवाओं को जिस उर्जा से भरा उस अनंत उर्जा को अब युवा यहां महसूस कर सकेंगे। स्वामी विवेकांनद के इसी स्मृति के रूप में जहां नक्की झील पर स्वामी विवेकानंद उद्यान है वहीं माउन्ट आबू में गुजरात पर्वतारोहण संस्थान को स्वामी विवेकानंद संस्थान के रूप में जाना जाता है। उनकी तपस्या स्थली आज उनके यादों के उन चिन्हों को समेटे हुए है जिन पहाड़ियों पर विचरण करते हुए उन्होने कभी तपस्या की थी।

स्वामी विवेकानंद का जन्म 12 जनवरी सन् 1863 को कलकत्ता में हुआ था। उन्होंने अमेरिका स्थित शिकागो में सन् 1891 में आयोजित विश्व धर्म महासभा में भारत की ओर से सनातन धर्म का प्रतिनिधित्व किया था। स्वामीजी के विचारों और शब्दों में आज भी वह ऊर्जा और ओज है जो युवाओं में नई प्रेरणा और शक्ति का संचार कर उन्हें कुछ कर गुजरने को प्रेरित करता है।

स्वामी विवेकानन्द के विचार में चिन्तन के साधन

स्वामी विवेकानन्द अध्यवसायी तथा किसी की विषय पर गहरा चिंतन करने वाले थे। डारविन के विकासवाद को उन्होंने स्वीकार तो किया परंतु इसे अंतिम सत्य के रूप में न मानकर भारत के प्राचीन दार्शनिकों के सिद्धान्तों को ही अन्तिम सत्य माना है। निम्न जाति को उच्च जाति में परिणित करने में पाश्चात्यों ने जीवन संग्राम में बलिष्ठ की अतिजीविता, प्राकृतिक चयन आदि नियमों को कारण माना है। पातंजलि की राय है कि पूर्ति क्रिया द्वारा एक जाति दूसरी जाति में परिवर्तित हो जाती है। वे संघर्ष और प्रतिद्वंद्विता को जीवों के विकास में बाधक मानते थे। पातंजलि द्वारा इंगित प्रकृति की पूरक प्रक्रिया को किसानों के खेत सींचने की उपमा द्वारा समझाया जा सकता है। वे शिक्षा को विकास तथा समाज व राष्ट्र में व्याप्त समस्याओं के निराकरण का साधन मानते थे और यह भी स्वीकार करते थे कि इनके हट जाने पर मूल ब्रह्मभाव स्वयं ही प्रकाशित हो जाएगा। यह मान लेने पर फिर जीवन संग्राम का कोई अर्थ नहीं रह जाता है। जीवन के दुखमय अनुभव मार्ग के उड़ते दृश्य हैं। उनको सम्पूर्ण रूप से किसी भी दशा में उस स्थिति का प्रगतिशील नहीं कहा जा सकता जहाँ एक की सतत् विकास हेतु दूसरे की जीवों का विनाश होता हो फिर जैविक उन्नति की बात ठीक बैठ भी जाय तो यह बात कौन नहीं मानेगा कि वह आध्यात्मिक विकास के लिए विशेष विघ्नकारक है। शिक्षा, दीक्षा, ध्यान, धारणा के द्वारा आध्यात्मिक विकास में आनेवाली समस्याओं को दूर करना संभव मानते थे।

स्वामीजी ने जिस अद्वैतवाद की प्रतिस्थापना की वह उसे क्रमिक अध्ययन तथा अनुभव का परिणाम था। सर्वप्रथम स्वामी जी जान स्टुअर्ट मिल की पुस्तक “ऐसेज आनंद रेजीजन” द्वारा प्रभावित हुए। इसके बाद वे स्पेन्सर के सिद्धान्तों की ओर आकर्षित हुए। उन्होंने स्पेन्सर के साथ पत्र व्यवहार किया। प्रथम जीव, जगत व ईश्वर के प्रति उनकी संशयवादी विचारधारा थी जिसका उल्लेख उन्होंने तत्कालीन विद्वान दार्शनिक ब्रजेन्द्रनाथ शील से भी किया था। शील ने उन्हें शेली की रचनाओं

को पढ़ने को प्रेरित किया। इन रचनाओं को पढ़ने से विवेकानन्द की आत्मा पर शेली के सर्वेश्वरवादी विचारों का प्रभाव पड़ा।

बुद्धिवादी वेदान्त के एकतत्त्ववाद, हेगल के द्वन्द्ववाद और फ्रांस की राज्य क्रान्ति के तीन सिद्धान्तों स्वतंत्रता, समानता और भ्रातत्व पर आधारित इस विषय में उनका कथन था कि व्यक्तिवाद अशुभ है। सार्वभौमवाद ही एकमात्र शुभ है। स्वामी विवेकानन्द के ऊपर शील के इस बुद्धिवाद का प्रबल प्रभाव पड़ा, पर यह उनके जीवन का केलव एक पक्ष था। स्वामी जी का व्यक्तित्व बहुमुखी था। उन्हें समझ पाना तथा सही दिशा में निर्देशित कर पाना काफी कठिन था। बुद्धिवादी होने के साथ-साथ वे जगत के सौन्दर्य व उसमें निहित भावनाओं से भी अभिभूत थे। बुद्धिवाद के निर्गुण ईश्वर के साथ वे भक्तिवाद के सगुण ईश्वर का भी साक्षात्कार करने के लिए ब्रह्म समाज को छोड़कर श्री रामकृष्ण देव के अद्वैतवाद को समझने का प्रयास किए।

वेदान्त, ब्रह्मसूत्र, गीता व उपनिषदों पर आधारित शंकराचार्य के अद्वैत वेदान्त का भी स्वामीजी पर गहरा प्रभाव पड़ा। शंकराचार्य ने इन सभी ग्रन्थों पर भाष्य लिखे हैं जो अद्वैत वेदान्त के प्रामाणिक ग्रन्थ माने जाते हैं। 'ब्रह्म सत्यं जगन्मिथ्या' पर आधारित अद्वैतवाद जीव और ब्रह्म में कोई अन्तर नहीं मानता। उसके अनुसार जगत एक माया या स्वप्न के समान है। ब्रह्म के साथ जगत और जीव का उसी प्रकार भ्रम दूर हो जाता है जिस प्रकार रस्सी का ब्रह्मज्ञान होने पर सर्प का निराकरण हो जाता है। ज्ञान, कर्म योग और भौतिकवाद संबंधित हैं। स्वामी विवेकानन्द की वेदान्त की इन शिक्षाओं में अटूट आस्था थी। उनकी व्याख्या में भले ही कहीं अन्तर होता है, पर वे सच्चे अर्थों में एक वेदान्ती थे। स्वामी विवेकानन्द वेदान्त दर्शन को मानते थे। वेदान्त के मुख्य रूप द्वैत, विशिष्टाद्वैत और अद्वैत होते हैं। वेदान्त की शुद्धाद्वैता तथा द्वैताद्वैत आदि शाखाओं का भी उद्गम हुआ है। स्वामी जी अद्वैत के समर्थक थे। उनके अनुसार द्वैत विशिष्टाद्वैत और अद्वैत इनमें कोई अन्तर नहीं है। ये तीनों वेदान्त दर्शन के तीन सोपान हैं जिनका अन्तिम लक्ष्य अद्वैत की अनुभूति है। स्वामी विवेकानन्द का समन्वयवाद इतना ऊँचा था कि वह संपूर्ण विश्व को समान मानता है। अद्वैतवादी दर्शन में ईश्वर, ब्रह्म, माया, जीव, जगत, आत्मनुभूति, उसके लक्ष्य और इस लक्ष्य की प्राप्ति के सम्बन्ध में व्याख्या की गई है।

स्वामी विवेकानन्द के विचार में प्रकृति

स्वामी विवेकानन्द ने प्रकृति की व्याख्या ब्राह्मण तथा मानव स्वभाव दो अर्थों में किया। ब्राह्मण के संदर्भ में उन्होंने लिखा कि प्रकृति एक रस है। विविधता अभिव्यक्ति

में है। 'नेचर' के लिए संस्कृत शब्द है प्रकृति जिसका व्याख्यात्मक अर्थ है भेद। सब कुछ एक ही तत्त्व है लेकिन वह विविध रूपों में अभिव्यक्त हुआ है। मन जड़ पदार्थ बन जाता है। फिर क्रमानुसार जड़ पदार्थ मन बन जाता है। यह केवल स्पंदन की बात है।

स्वामी विवेकानन्द ने सांख्यादर्शन के आधार पर प्रकृति की व्याख्या की सांख्यदर्शन में प्रकृति को 'अव्यक्त' माना गया है। सारे पदार्थ इसी प्रकृति से उत्पन्न कहे गए हैं। आधुनकि भौतिकवादी 'मन' तक को 'देह' की तरह प्रकृति से ही उत्पन्न मानते हैं।

सांख्यवादियों ने सत्व, राज और तमो गुण के समन्वय को 'अत्यक्त' के रूप में परिभावित किया। उसका मानना है कि तमस् निम्नतम शक्ति है। 'रजस' 'तमस' से ऊपर है और 'सत्त्व' सबसे ऊपर। जब तक इन तीनों शक्तियों में संतुलन स्थापित रहता है तब तक सृष्टि चलती रहती है। इन तीनों शक्तियों का संतुलन बिगड़ने पर विनाशकारी स्थिति उत्पन्न हो जाती है। सत्य और असत्य के मिश्रण के कारन माया को नकारा नहीं जा सकता है।

स्वामी विवेकानन्द ने प्रत्येक स्थूल पदार्थ की उत्पत्ति सूक्ष्म पदार्थ से माना है। उदाहरण के लिए बीज और वृक्ष को लिया जा सकता है। बीज सूक्ष्म है और वृक्ष स्थूल। स्वामी विवेकानन्द ने सूक्ष्म पदार्थ को 'तन्मात्रा' नाम दिया है जिसका शब्दार्थ है 'पंचभूतों के मूल सूक्ष्म रूप।

स्वभाव के अर्थ में प्रकृति शब्द की व्याख्या करते हुए स्वामी विवेकानन्द कि प्रकृति वस्तु का—वह चाहे जड़ हो या चेतन—अपना एक विशिष्ट स्वभाव होता है। वह अपनी उस मूल प्रकृति के अनुसार ही बढ़ती-पनपती है, उसका उत्थान और पतन होता है। वस्तु की यथार्थ प्रकृति को पहचानना और उसका उचित दिशा में पोषण करना ही साधना का पहला सोपान है।

स्वामी विवेकानन्द के विचार में जीव, ईश्वर और ब्रह्म में सम्बन्ध

स्वामी विवेकानन्द का मानना था कि ईश्वर, व्यष्टि और समष्टि का पारस्परिक संबंध है। वह व्यष्टियों की समष्टि है और साथ ही वे एक व्यष्टि भी है। ठीक उसी प्रकार जिस का मानव शरीर एक इकाई होते हुए भी जीवाणु रूपी अनेक व्यष्टियों की समष्टि करता है। अतः शरीर की तरह ही ईश्वर का अस्तित्व जीवाणुओं के अस्तित्व पर आश्रित है। इस प्रकार जीव और ईश्वर सहवर्ती सत्ताएँ हैं। यदि एक का अस्तित्व है तो दूसरे का अस्तित्व अवश्य होगा। इसका अर्थ यह हुआ कि जीव

की जितनी अधिक उन्नत अवस्था होगी उसके ईश्वर की भी उतनी ही अधिक उन्नत अवस्था होगी।

जीव जैसे-जैसे उच्चतम सत्य की ओर बढ़ता है वैसे-वैसे उसके पुण्य में भी बढ़ोतरी होती है। इस युक्ति के अनुसार सबका समष्टि रूप ईश्वर सर्वशुभ अवश्य होगा। समष्टि रूप होने के कारण ईश्वर में सर्वज्ञता और सर्वव्यापक होगी।

जीव और ईश्वर दोनों से ब्रह्म अतीत एवं निर्विकार तत्त्व है। ब्रह्म ही एक ऐसी इकाई है जो अन्य इकाइयों की समष्टि नहीं है। वह अखण्ड है। वह समुद्र जीवाणु से लेकर ईश्वर तक समस्त भूतों में व्याप्त है। उसके बिना किसी का अस्तित्व संभव नहीं और जो कुछ भी सत्य है, वह ब्रह्म ही है।

स्वामी विवेकानन्द के विचार में ईश्वर और जगत

ईश्वर और जगत को स्वामी जी ने सापेक्षित सत्ता बताया। ईश्वर और जगत में वही सम्बन्ध है जो हमारी आत्मा और शरीर में है। स्वामी जी ईश्वर की असीमता, अनन्तता तथा सीमितता के प्रसंग में कहते हैं कि यह प्रश्न आप्रसंगिक है कि ईश्वर और ब्रह्म से जगत कैसे उत्पन्न हुआ, यह सोचना मात्र ही कि जगत ईश्वर से उत्पन्न होता है, ईश्वर को सीमाओं में बाँध देना है। यह नहीं जान सकते कि ईश्वर से जगत की किस प्रकार उत्पत्ति हुई। वे देश काल के आवरण को मन का परिवर्तन मानते थे तथा ब्रह्म का दर्शन इसका परिणाम मानते थे वह यह भी मानते थे कि जगत मन की अभिव्यक्ति मात्र है। यह परिवर्तनशील है। यह इन्द्रिय-सापेक्ष है। यह ईश्वर की लीला है।

स्वामी विवेकानन्द के विचार में ईश्वर

ब्रह्मसूत्र के अनुसार 'अथातो ब्रह्म जिज्ञासा' अर्थात ईश्वर कौन है, से दार्शनिक चिंतन प्रारंभ होता है। स्वामी जी ने इस प्रश्न के संबंध में अनेक स्थलों पर विचार किया है। उन्होंने अपनी भक्तियोग सम्बन्धी रचना में एक अध्याय 'ईश्वर का दार्शनिक विवेचन' विषय पर दिया है। स्वामी जी का मानना था कि जिससे विश्व का जन्म, स्थिति तथा प्रलय होता है वही ईश्वर है। वह अनन्त, शुद्ध, नित्यमुक्त, सर्वशक्तिमान, अनिवर्चनीय और प्रेमस्वरूप है।

जहाँ तक ईश्वर के स्वरूप का प्रश्न है तो इसे सगुण तथा निर्गुण दो रूपों में उद्धारित किया गया है। निर्गुण ब्रह्म योगियों के लिए अराध्य माना गया है पर साधारण जनों के लिए सगुण ब्रह्म की उपासना उचित मानी गई है। गीता में भी इन दोनों का रहस्योद्घाटन किया गया है।

मुगलकाल में सम्राट अकबर के समय में गोस्वामी तुलसीदास ने रामचरितमानस में निर्गुण तथा सगुण में संबंध की स्थापना की और लिखा कि, "जो गुन रहित सगुन सो कैसे, जिमि जल उपल बिलग ने जैसे।" अर्थात दोनों एक ही तत्व हैं। स्वामी विवेकानन्द ने मिट्टी का उदाहरण देकर सगुण और निर्गुण का भेद समझाया है। जब तक मिट्टी कुम्हार के हाथों में कोई आकार ग्रहण करती है, अर्थात् जब कुम्हार अपनी कुशल कला द्वारा उसे कोई आकार दे देता है या उसका कोई खिलौना, मूर्ति या बर्तन बना देता है, तब निराकार मिट्टी साकार रूप धारण कर लेती है। मूल तत्त्व मिट्टी ही है। आकार ग्रहण करने से पहले भी और आकार ग्रहण करने के बाद भी। भक्त साकार अर्थात् सगुण की उपासना आसानी से कर सकता है। ज्ञानी निराकार अथवा निर्गुण की उपासना का मार्ग अपनाता है। लक्ष्य दोनों का एक ही है। ईश्वर के परम तत्त्व की प्राप्ति। उस तक पहुँचने के मार्ग अलग-अलग हो सकते हैं। कौन किस मार्ग पर चलता है, यह उसकी साधनशीलता और व्यक्तिगत योग्यता एवं उसकी चेतना के स्तर पर निर्भर करता है।

अद्वैत दर्शन ब्रह्म की सत्ता का प्रतिपादन करता है तथा उसे सर्वशक्तिमान मानता है। ब्रह्म नित्य, शुद्ध, सदैव जाग्रत, सर्वशक्तिमान सत्ता, परमदयालु सर्वव्यापी, निराकार तथा अखण्ड है। वह संसार का सृष्टिकर्ता है। इसका क्या स्वरूप है, इस विषय पर स्वामी विवेकानन्द ने लिखा कि वेदान्तियों का तर्क है कि जिस प्रकार मकड़ी अपने जाल का निर्माण स्वयं करती है और जाल बनाने का पदार्थ अपने अन्दर से निकालती है ठीक उसी प्रकार ब्रह्म इस ब्रह्माण्ड का निर्माण स्वयं करता है और इसका उपादान कारण भी वही है। स्वामी विवेकानन्द इस सत्य को स्वीकार करते थे। उनका यह भी मानना था कि स्थूल पदार्थ और सूक्ष्म आत्माएँ ब्रह्म परमात्मा की अंश हैं। ब्रह्म के स्वरूप के संबंध में अद्वैत्वादियों का मानना है कि वह निराकार है। माया के योग से वह साकार रूप धारण करता है। यह स्थूल जगत है और उसके पदार्थ साकार रूप हैं। यह ब्रह्म के सर्वव्यापी और सर्वज्ञ हैं। ब्रह्म के स्वरूप व प्रभाव को उपनिषदों में विभिन्न रूपकों के माध्यम से उद्घाटित किया गया है। यहाँ ब्रह्म तथा जीव को स्पष्ट करने के लिए मुण्डक उपनिषद से यह रूपक उद्धृत है। एक वृक्ष पर दो पक्षी बैठे थे। शिखर पर बैठा हुआ पक्षी बार-बार एक टहनी से दूसरी टहनी पर फुदक रहा था। दूसरा पक्षी कभी तो मीठे फल खाकर प्रसन्न होता और कभी कड़वे फल खाकर दुःखी। एक दिन उसने जब सामान्य से अधिक कटु फल खाये तो उसने ऊपर वाले शान्त तथा महिमान्वित पक्षी की ओर देखा और सोचा कि उसके सदृश हो जाऊँ तो कितना अच्छा हो। वह उसकी ओर फुदक कर थोड़ा बढ़ा भी परन्तु जल्दी

ही ऊपर की पक्षी के सदृश होने की इच्छा को भूल गया और पहले की तरह मधुर या कटु फल खाता एवं सुखी तथा दुःखी होता रहा। उसने फिर ऊपर की ओर दृष्टि डाली और फिर शान्त तथा महिमान्वित पक्षी के कुछ निकट तक पहुँचा। अनेक बार इसकी आवृत्ति हुई और अन्त में वह ऊपर के पक्षी के बहुत समीप पहुँच गया। उसके पंखों की चमक से नीचे का पक्षी चौंधिया गया और वह उसे आत्मसात् करता सा जान पड़ा। अन्त में उसे यह देखकर बड़ा विस्मय हुआ कि वहाँ तो केवल एक ही पक्षी है और वह स्वयं ऊपर वाला ही पक्षी था पर इस तथ्य को वह भी नहीं समझ पाया।

इस विषय में स्वामी विवेकानन्द का मानना है कि "मनुष्य नीचे वाले पक्षी के समान हैं लेकिन यदि वह अपनी सवेश्रेष्ठ कल्पना के अनुसार किसी सर्वोच्च आदर्श तक पहुँचने के लिए यदि निरन्तर लय लगाये, तो वह भी इस निष्कर्ष पर पहुँचेगा कि वह सदैव आत्मा ही था। अन्य सब मिथ्या या स्वप्न है। भौतिक तत्त्व और उसकी सत्यता में विश्वास से अपने को पूर्णतया पृथक करना ही यथार्थ ज्ञान है। ज्ञानी को अपने मन में निरन्तर ध्यान रखना चाहिएः ॐ तत् सत् अर्थात् ॐ ही एकमात्र वास्तविक सत्ता है।

ईश्वरीय सत्ता के अस्तित्व के विषय में स्वामी जी ने लिखा कि जब तक इस लोक में मृत्यु नाम की वस्तु है, तब तक मानव हृदय में दुर्बलता जैसी वस्तु है, जब तक मनुष्य के अन्तःकरण से दुर्बलता जनित बाह्य क्रन्दन बाहर निकलता है, तब तक इस संसार में ईश्वर में विश्वास भी कायम रहेगा।

स्वामी विवेकानन्द के विचार में माया

स्वामी विवेकानन्द का मानक था कि वेदान्तों की स्थापना में 'माया' का प्रमुख स्थान है। वैदिक साहित्य में माया शब्द की धारणा भ्रान्ति के रूप में देखी जाती है किन्तु उस समय मायावाद के सिद्धान्त का पूरा विकास नहीं हुआ था। ऋग्वेद में एक वाक्य आया है। "इन्द्र ने माया द्वारा भिन्न-भिन्न रूप धारण किए।" यहाँ पर माया शब्द इन्द्रजाल अथवा उससे मिलते-जुलते के अर्थ में प्रयुक्त हुआ है। वैदिक साहित्य में अनेक स्थलों पर माया शब्द का प्रयोग नहीं हुआ है लेकिन उसके भाव को अनेक रूपों में प्रातिपादित किया गया है। श्वेताश्वतर उपनिषद लिखा है कि माया को ही प्रकृति समझो और माया के शासक को ही ईश्वर मानो।

वेदान्त दर्शन में भारत के स्थान को स्पष्ट करते हुए स्वामी विवेकानन्द ने लिखा "वेदान्त में माया शब्द का जो प्रयोग किया गया है, वह न तो विज्ञान के अर्थ

में है, न किसी वस्तु के और न मत के। वह घटनाओं का सहज वर्णन-मात्र है। माया न सत्य है और न असत्य है।" स्वामी विवेकानन्द की दृष्टि में माया कोई निरपेक्ष सत्ता है। स्वामी जी ने अपनी यह बात मनुष्य की जाँच इन्द्रियों का उदाहरण देकर समझाने की कोशिश की है। मनुष्य अपनी हर इन्द्रिय द्वारा जगत का कुछ-न-कुछ अनुभव प्राप्त करता है यदि उसे पास इन पाँच इन्द्रियों के अतिरिक्त एक और इन्द्रिय होती, तो वह सृष्टि का कुछ दूसरे रूप में आस्वाद लेता। सत्य और असत्य के मिश्रण के कारण माया को नकारा नहीं जा सकता है। ब्रह्मण भाव्य के अनुसार माया की व्याख्या करते हुए स्वामी विवेकानन्द ने लिखा कि संसार की प्रत्येक वस्तु में परस्पर विरोधी गुण पाये जाते हैं। जहाँ मंगल है वहाँ अमंगल भी है। जहाँ अमंगल है वहाँ मंगल भी है। जो हँस रहा है उसको रोना भी पड़ेगा और जो रो रहा है वह हँसेगा भी। यह क्रम बदला नहीं जा सकता। यही माया है कि वस्तु या पदार्थ न तो पूरी तरह से कल्यानण कारी है और नहीं विनाशकारी विवेकानन्द के अनुसार सम्पूर्ण जगत ही शुभ और अशुभ का यौगिक है। इसीलिए स्वामी जी कहते हैं कि यदि अमंगल को दूर करना चाहो तो साथ ही तुम्हें मंगल को भी दूर करना होगा। इसके अतिरिक्त अन्य कोई उपाय नहीं है। मृत्यु को दूर करने के लिए जीवन को भी दूर करना पड़ेगा। मंगल और अमंगल, सुख और दुख, हानि और मरण ऊपर से देखने में एक-दूसरे के विरोधी लग सकते हैं, लेकिन वास्तव में वे एक ही हैं, एक-दूसरे के पूरक हैं। इस प्रसंग में जीवन और मृत्यु के कारण ही सृष्टि का स्वरूप निर्धारित होता है। ये दोनों एक ही रथ के दो पहिए हैं जो सदैव समान रूप से गतिमान रहते हैं। गीता के अनुसार जो जन्म लेता है, उसकी मृत्यु निश्चित है और जो मरता है, उसका जन्म निश्चित है लेकिन माया शब्द का यह तात्पर्य जगत-के विशुद्ध भ्रम से नहीं बल्कि जगत की असंगतियों और व्याधाओं की पूर्णता से है। स्वामी विवेकानन्द जी ने कहा था कि जगत न सत् है और न असत् ही। तुम इसे सत् नहीं कह सकते क्योंकि वास्तविक रूप में सत् वही हो सकता है जो देश और काल से अतीत हो तथा स्वयं हो। इतना होते हुए भी जगत के भीतर कुछ न कुछ सत् अवश्य पाया जाता है।

स्वामी विवेकानन्द ने माया शब्द की ऐसी व्याख्या नहीं की जिसे संतों-साधुओं ने अज्ञान, असत्य, मोह, लोभ बंधन, वासना, काम कर्म और इसके त्यागने में कल्याण बताया। उनका कहना था कि यह दृष्टिकोण निराशावादी है। जगत में बुराइयाँ ही नहीं पाई जातीं अपितु जगत तो सत्-असत्, पुरुष-प्रकृति, स्वतंत्रता-परतंत्रता और बुद्धि-भावना दोनों का समुच्चय है। हमें माया के साथ संघर्ष करते हुए उस वस्तु तक पहुँचना है जो माया से अतीत है। यह सोचकर

कि जगत में अशुभ पाया जाता है, जगत का परित्याग नहीं करना चाहिए। जो मनुष्य यह कहता है कि संसार को पूर्ण मंगलमय हो जाने दो तब मैं कार्य करूँगा और आनन्द भोगूँगा, उसकी यह बात उसी व्यक्ति की तरह है जो गंगातट पर बैठकर कहता है कि जब इसका सारा पानी समुद्र में पहुँच जाएगा तब मैं इसके पार जाऊँगा। दोनों बातें असम्भव हैं। मोक्ष का मार्ग माया के साथ नहीं है। वह माया के विरुद्ध है। हमने प्रकृति के सहायक रूप में जन्म नहीं लिया है वरन् प्रकृति के विरोधी होकर जन्म लिया है। मानव जाति का इतिहास प्राकृतिक नियमों के साथ उसके युद्ध का इतिहास है और अन्त में मनुष्य ही प्रकृति पर विजय प्राप्त करता है।

स्वामी विवेकानन्द निराशावादी न होकर पूर्ण आशावादी विचारक रहे। माया शब्द का प्रयोग बौद्ध साहित्य में भी मिलता है। जो विज्ञानवाद के इस तथ्य से प्रभावित है कि इंद्रियों से ग्राह्य सारा जगत हमारे मन की अभिव्यक्ति है और जगत् की मन से अलग कोई स्वतंत्रता सत्ता नहीं है। स्वामी जी की माया सम्बन्धी धारणा मूलतः वेदान्त की धारणा है। उन्होंने अपने "माया और भ्रम" शीर्षक एक भाषण में अपनी इस धारणा का किंचित विस्तार से प्रतिपादन किया है और माना है कि संसार में जीवन का अन्तिम लक्ष्य मृत्यु है। वह जीवन, सौन्दर्य, ऐश्वर्य, धर्म और शक्ति का लक्ष्य है। साधु और पापी सभी मरते हैं किन्तु जीवन से आसक्त होने के कारण हम इसका त्याग नहीं कर पाते। ऐसा क्यों है? यह हम नहीं जानते और यही माया है। आत्मा की अमरता का उद्घाटन किया, इसके बावजूद मनुष्य जीवन में प्रबल रूप से आसक्त है। इसका कारण है– माया। स्वामी विवेकानन्द ने माया की व्याख्या अनेक सुन्दर रूपकों के माध्यम से की है। संक्षेप में माया की व्याख्या करने के कोई नियत सिद्धान्त नहीं हैं। वह संसार की वस्तुस्थिति का वर्णन मात्र है। डॉ. भारत लाल शर्मा ने लिखा कि सत्य का मुख सोने से आवृत्त है। इस भौतिकवादी अभिलाषा के कारण हम इसके प्रति असक्त होते हैं। हमें इसका त्याग करना होगा इसे हटाना होगा। तभी सत्य का दर्शन होगा।

माया को सामाजिक पक्ष के संदर्भ से उद्घाटित करते हुये लिखा कि हजारों वर्षों से भारत ने मायावाद की घोषणा करते हुए संसार को चुनौती दी है और संसार के विभिन्न देशों ने यह चुनौती स्वीकार भी की, जिसका फल यह हुआ कि वे पराभूत हो गईं और तुम जीवित हो। भारत की घोषणा यह है कि संसार भ्रम है, इन्द्रजाल है, माया है, अर्थात् चाहे तुम मिट्टी से एक-एक दाना बीनकर भोजन करो या चाहे तुम्हारे लिए सोने की थाली में परोसा जाए, चाहे तुम महलों में रहो, चाहे कोई

महाशक्तिशाली महाराजाधिराज हो अथवा चाहे द्वार-द्वार का भिक्षुक, किन्तु परिणाम सभी का एक है और वह है मृत्यु। गति सभी की एक है, सभी माया है। यही भारत की प्राचीन सूक्ति है। बारम्बार भिन्न-भिन्न जातियाँ और संगठन विकास करने की चेष्टा करती हैं, वे बढ़ती हैं, भोग साधन को वे अपना ध्येय समझती हैं, उनके हाथ में शक्ति आती है, पूर्णतया शक्ति का प्रयोग करती हैं, भोग की चरम सीमा को पहुँचती हैं और दूसरे ही क्षण वे विलुप्त हो जाती हैं। हम चिरकाल से खड़े हैं, क्योंकि हम देखते हैं कि हर एक वस्तु माया है। महामाया के बच्चे सदा बचे रहते हैं परन्तु भोगरूपी अविद्या के लाड़ले देखते-देखते ही कूच कर जाते हैं।"

स्वामी विवेकानन्द के विचार में आत्मा

स्वामी विवेकानन्द ने आत्मा को परमात्मा का चेतन अंश माना है। स्वामी जी की आत्मा सम्बन्धी यह धारणा परम्परागत अद्वैतवादी धारणा है जिसके अनुसार आत्मा सर्वव्यापक, अजर, अमर और शाश्वत तत्त्व है। स्वामी जी ने आत्मा की अमरता का उद्घाटन किया। शरीर का जन्म होता है और मृत्यु होती है परन्तु आत्मा इन सबसे परे है। वस्तुतः मनुष्य की आत्मा मनुष्य का वास्तविक रूप है। वस्तुओं को देखने वाला वही है। उनके अनुसार जो आत्माएँ हैं वे भी ईश्वर के अंश-स्वरूप हैं। आत्माएँ एक अपार और अनन्त अग्निराशि की चिंगारियाँ भर हैं। जिस प्रकार वृहत् अग्निराशि से हजारों अग्निकण निकलते हैं उसी प्रकार पुरातन पुरुष अथवा दूसरे शब्दों में परमात्मा से सारी आत्माएँ निकलती हैं।

स्वामी विवेकानंद की आत्मा-स्वरूप अवधारणा गीता के रहस्यों का समर्थन करती है। उनके अनुसार आत्मा न कभी जन्म लेती है, न मरती है। वह नित्य और शाश्वत है। शरीर आत्मा का घर है। वह आत्मा के लिए वस्त्र के समान है। जब वस्त्र पुराने पड़ जाते हैं, जीर्ण-शीर्ण हो जाते हैं तब मनुष्य उनका त्याग कर देता है और उनकी जगह नए वस्त्र पहन लेता है। इसी प्रकार शरीर के निर्बल और अशक्त होने पर आत्मा उस शरीर का त्याग कर नए शरीर को धारण करती है।

उन्होंने अद्वैतवादी विचारधारा का समर्थन किया तथा लिखा कि सभी आत्माएँ परमात्मा का अंश मात्र हैं। परमात्मा की भाँति वे भी अनादि और अनन्त हैं। अतः उनके जन्म और मरण का प्रश्न नहीं उठता। अद्वैत के अनुसार संसार के अन्य पदार्थ भी ब्रह्म अर्थात् परमात्मा के ही अंश हैं पर आत्मा और अन्य पदार्थों में इतना अन्तर है कि आत्मा सर्वव्यापी और सर्वकर्ता है। उसमें अपने वास्तविक स्वरूप परमात्मा को समझने और उसे प्राप्त करने का गुण है जबकि अन्य पदार्थों में यह गुण नहीं है।

इस सिद्धान्त के अनुसार ईश्वर से साक्षात्कार करने के पूर्व तक आत्मा को कर्म के अनुसार विभिन्न शरीर धारण करना पड़ता है। जब वह अपने वास्तविक स्वरूप को समझ लेती है और वह उसे प्राप्त हो जाता है तब वह दैहिक जीवन से मुक्त हो जाती है। इस स्थिति को हम मुक्ति कहते हैं। स्वामी जी वेदान्त दर्शन की इस बात से पूर्णतया सहमत थे और उन्होंने इस सिद्धान्त की आधुनिक शब्दावली में व्याख्या की है।

स्वामी विवेकानन्द के विचार में आत्मानुभूति

आत्मानुभूति के लिये स्वामी विवेकानंद ने अद्वैतवाद का समर्थन किया। उन्होंने आत्मा का ईश्वर के साथ साक्षात्कार जीव के कल्याण के लिए अनिवार्य बताया। इस अवस्था को लोग भिन्न-भिन्न नाम से पुकारते हैं। कोई आत्मानुभूति कहता है, कोई आत्मज्ञान और कोई मुक्ति। स्वामी जी के अनुसार इस उद्देश्य की प्राप्ति किसी भी येाग, कर्मयोग, भक्ति, ज्ञानयोग और राजयोग से हो सकती है।

उनका यह भी मानना था कि मनुष्य की आत्मा निष्क्रिय नहीं अपितु निरन्तर विकासशील है और वह निरन्तर देह धारण करके उसके माध्यम से अपने को व्यक्त करने का प्रयास करती है परंतु जब शरीर जीर्ण हो जाता है तो आत्मा उसे त्याग कर एक उच्चतर देह धारण करती है और इस उच्चतर देह द्वारा वह अपने को व्यक्त करने का प्रयत्न करती है। यह देह भी अपर्याप्त पाई जाने पर त्याग दी जाती है और एक अन्य उच्चतर देह की तलाश होती है। इसी प्रकार यह क्रम एक ऐसा शरीर प्राप्त हो जाने तक निरन्तर चलता रहता है जिसके द्वारा आत्मा अपनी सर्वोच्च महत्त्वकांक्षाओं को व्यक्त करने में समर्थ हो सके। आत्मा द्रव्य नहीं, बल्कि प्रकृति के मध्य सत्य है। कर्म प्रकृति का साध्य है जो सदैव विकासमान है।

स्वामी जी का आत्मा विषयक चिंतन गीता पर आधारित है। भगवान श्रीकृष्ण ने विचलित अर्जुन को आत्मा की अमरता का सन्देश देकर कर्मयोग में परिणत किया था। स्वामी जी का भी लक्ष्य मानव को विशेषकर आधुनिक भारतीय मानव को कर्म का सन्देश प्रदान करना था ताकि वह महामानव बन सके।

स्वामी विवेकानन्द के विचार में मोक्ष

मनुष्य के जीवन का अंतिम लक्ष्य मोक्ष की प्राप्त करना है। मोक्ष की प्राप्ति में धर्म, अर्थ, काम और मोक्ष को महत्त्व दिया जाता है। हिन्दू दर्शन परम्परा के अनुसार जीव निरन्तर ही जन्म लेता है, मरता है और जन्म लेता है। यह क्रम उस

समय तक चलता रहता है जब तक उसे जनम-मरण के इस चक्र से छुटकारा नहीं मिल जाता। भारतीय चिंतकों ने परम तत्त्व की सिद्धि प्राप्त करने के विभिन्न उपाय बताए हैं–भक्तियोग, कर्मयोग, ज्ञानयोग और राजयोग। इन योगों का अंतिम उद्देश्य है– आत्मा का परमात्मा में विलय होना।

गीता में स्थित-प्रज्ञ अथवा योगी के कुछ लक्षण बताए गए हैं। योगी व्यक्ति मुक्ति के पथ पर आरूढ़ व्यक्ति है। अद्वैत में मुक्ति को एक चेतनावस्था माना गया है। स्वामी जी के अनुसार मुक्ति में एक चेतना है जिसे हम अतिचेतना कहते हैं। यह कहना तर्कसंगत नहीं होगा कि मुक्ति में चेतना नहीं है। चेतना तीन प्रकार की होती–मंद, मध्यम और तीव्र–जैसा कि प्रकाश में आता है। बौद्ध चाहे जो भी कहें उनके निर्वाण में भी चेतना का मान उतना ही होना चहिए। हमारी मुक्ति की परिभाषा अपनी प्रकृति में सकारात्मक है जबकि बौद्धों के निर्वाण की नकारात्मक है। मृत्यु के इच्छुक मनुष्य को काफी प्रयत्नशील होना पड़ता है। जितनी तीव्रता से वह ईश्वर को चाहेगा, उतनी ही शीघ्रता से उसके लिए मुक्ति प्राप्ति के लिए रास्ता तय होगा। "मनुष्य की मुक्ति उस प्रेम की महानता में है जिससे वह ईश्वर को प्यार करता है। तुम्हारी पत्नी कहती हैं, "अरे जान, मैं तुम्हारे बिना नहीं रह सकती।" मनुष्यों को जब धन की हानि हो जाती है उन्हें पागलखाने भेजना पड़ता है। क्या तुम ईश्वर के प्रति उस प्रकार की भावना का अनुभव करते हो? जब तुम धन, मित्र, पिता-माता, भाइयों और बहिनों को, इस संसार में जो कुछ है, उस सबको छोड़ सकोगे और केवल ईश्वर से प्रार्थना करोगे कि वह तुमको अपने प्रेम का एक अंश दे तब तुमको मुक्ति प्राप्त हो जाएगी।"

जिस प्रकार चेतना के अनेक धरातल होते हैं उसी प्रकार अस्तित्व की अनेक स्थितियाँ होती हैं। साधारणतः मनुष्य पदार्थ चेतना के निम्न धरातल पर ही स्थित रहता है। अपनी साधना द्वारा जितनी सीमा तक इन सीमाओं से ऊपर उठने का प्रयत्न करता है उसी सीमा तक वह मोक्ष की प्राप्ति की ओर अग्रसर होगा।

मोक्ष किसे कहेंगे स्वामी जी ने बताया है कि ऊपर की ओर देखना, ऊपर उठना तथा पूर्णता की खोज करना ही मोक्ष है। जितनी जल्दी कोई मनुष्य ऊपर उठने लगता है उतनी ही जल्दी वह मोक्ष की ओर उन्मुख होता है। वास्तव में मोक्ष का मार्ग सत्य साधना है। अंतिम विश्लेषण में मनुष्य की मोक्ष की सिद्धि मनुष्य के अपने प्रयत्नों पर निर्भर है। मनुष्य का मन ही मनुष्य के मोक्ष का भी कारण है और बन्धन का भी। वह संसार में स्वयं ही भ्रमण करता है और स्वयं ही उससे मुक्ति प्राप्त कर लेता है।

मोक्ष प्राप्ति की विधि

स्वामी विवेकानन्द ने मोक्ष प्राप्ति के लिए कई मार्गों का उल्लेख किया। उनका उल्लेख नीचे किया जा रहा है–

योग–योग द्वारा भी मोक्ष की प्राप्ति हो सकती है, लेकिन जब तक मनुष्य स्वयं में ब्रह्म होने की अनुभूति प्राप्त नहीं कर लेता, वह मोक्ष प्राप्त नहीं कर सकता। इस सिद्धि को प्राप्त करने के अनेक मार्ग हैं। इस प्रकार योगों को चार वर्गों में–कर्मयोग, भक्तियोग राजयोग व ज्ञानयोग में वर्गीकृत किया गया। इनमें से प्रत्येक ब्रह्म की सिद्धि का परोक्ष मार्ग है। ये योग विभिन्न स्वभाव के लोगों के अनुकूल होते हैं। अतः योग की सभी प्रणालियों का लक्ष्य मनुष्य के हृदय में विद्यमान अविद्या को हटाना और आत्मा को उसके वास्तविक स्वरूप में फिर से स्थापित कर देना है। इस मोक्ष में प्रमुख सहायक अभ्यास और वैराग्य हैं। अभ्यास योगों में से किसी एक की सतत् साधन है। गीता में जब भगवान श्रीकृष्ण ने अर्जुन को योग की शिक्षा दी तो अर्जुन ने मन की चंचलता के कारण योग को असाध्य समझा और भगवान श्रीकृष्ण से मनोनिग्रह के उपाय जानने चाहे। भगवान ने मन पर विजय पाने के दो ही उपाय बताए–अभ्यास तथा वैराग्य। इसी के द्वारा मन पर नियन्त्रण किया जा सकता है।

मोक्ष प्राप्ति की दूसरी विधि कर्मयोग है। कर्म शब्द कृ धातु से निकला है। कृ धातु का अर्थ है करना। जो कुछ किया जाता है वही कर्म है। दार्शनिक दृष्टि से इसका अर्थ कभी-कभी वे फल होते हैं जिनका कारण हमारे पूर्व कर्म हैं कर्मयोग, कर्म के द्वारा मन को शुद्ध कराना है। स्वामी जी का कहना है कि कर्मयोगी का जीवन मंत्र है। मैं नहीं वरन् तू और आत्मोत्सर्ग का कोई परिणाम उसके लिए अधिक नहीं होता किन्तु ऐसा वह नाम और यश कमाने या इस संसार में कोई अन्य लाभ प्राप्त कर सकने की इच्छा से स्वतंत्र होकर करता है।

भक्तियोग–योग का दूसरा तत्व भक्ति है। भक्ति अथवा पूजा किसी भी रूप में मनुष्य के लिए सबसे अधिक सरल, सुखद और स्वाभाविक मार्ग है। स्वामी जी कहते हैं कि भक्ति का आलम्बन ईश्वर है। प्रेम बिना एक कर्ता ओर आलम्बन के नहीं हो सकता। दूसरे, अतिरिक्त प्रेम का आलम्बन पहले एक ऐसा प्राणी होना चाहिए जो हमारे प्यार का प्रतिदान दे सके। अतएव, प्रेम का ईश्वर किसी न किसी अर्थ में एक मानवीय ईश्वर होना चाहिए।

राजयोग–राजयोग धर्म की पद्धति है। इसके मुख्य अंग प्राणायाम, ध्यान और धारणा हैं। स्वामी जी कहते हैं कि जिस प्रकार हर विज्ञान की अनुसंधान करने की

अपनी विशिष्ट पद्धति होती है उसी प्रकार राजयोग धर्म की पद्धति है। इसे व्यावहारिक रूप में प्रयोग करते हैं।

ज्ञानयोग—मोक्ष प्राप्ति का चौथा तत्व ज्ञानयोग है। ज्ञानयोग तीन अंगों में विभक्त किया जा सकता है :

पहला—इस लक्ष्य का श्रवण कि आत्मा की एक मात्र वास्तविकता और सब माया (सापेक्षता) है।

दूसरा—इसका दर्शन पर सभी दृष्टिकोणों से मनन।

तीसरा—यह अनुभूति इतने प्रकार से होती है कि इसके आगे सारे तर्क वितर्क को वर्जित करके सत्य की अनुभूति प्राप्त होती है। और यह प्रतीत होता है कि ब्रह्म ही सत्य है और सब मिथ्या है। इसके लिए भोग की समग्र इच्छा का त्याग, मन और इन्द्रियों का संयम और मुक्त होने की तीव्र आकांक्षा अनिवार्य है।

इस सत्य की सतत् धारणा और आत्मा का उसके वास्तविक स्वरूप का सदैव स्मरण करते रहना ही योग के मार्ग है। योग में इन सभी का अपना अलग-अलग महत्त्व है।

ध्यान सम्बन्धी मान्यता—मनुष्य, ध्यान के आधार पर ही अपने को भौतिक संसार से अलग करता है और वह ईश्वर पर किसी लक्ष्य की ओर अपने आपको केन्द्रित कर लेता है। स्वामी जी ध्यान की व्याख्या करते हुए कहते हैं कि आध्यात्मिक जीवन का सबसे बड़ा सहायक ध्यान है। ध्यान के द्वारा हम अपनी भौतिक भावनाओं से अपने आपको स्तवंत्र कर लेते हैं और अपने ईश्वरीय स्वरूप का अनुभव करने लगते हैं। ध्यान करते समय हमें अपना ध्यान बाहरी साधनों पर अवलम्बित नहीं करना चाहिए। गहरे अंधेरे स्थान को भी आत्मा की ज्योति दिव्य प्रकाश से भर देती है। बुरी से बुरी वस्तु में भी वह अपना सौरभ उत्पन्न कर सकती है। वह अत्यन्त दुष्ट मनुष्य को भी देवता बना देती है और मनुष्य के अन्दर स्वार्थ का प्रादुर्भाव नहीं होने देता है। शरीर का जितना कम विकास हो उतना ही अच्छा क्योंकि यह शरीर ही हमें नीचे गिराता है। इस शरीर से आसक्ति और उससे तादात्म्य ही हमारे दुखों का कारण है। मैं आत्मा हूं, मैं शरीर हूं, यह विश्व और उसके सम्पूर्ण सम्बन्ध, उसकी भलाई और उसकी बुराई, यह सब चित्रावली है। चित्रपट पर खिंचे हुए विभिन्न दृश्य हैं और मैं उनका साक्षी हूँ। यह ध्यान ही धर्म जीवन का रहस्य है। गीता में अर्जुन ने श्रीकृष्ण से प्रश्न किया कि मनुष्य जिनकी योग साधना इस जन्म में सिद्ध नहीं हुई किस दशा को प्राप्त होते हैं? क्या वे ग्रीष्मकाल के मेघों की भांति समाप्त हो जाते हैं? श्रीकृष्ण उत्तर

देते हुए कहते हैं कि मित्र कोई भी वस्तु नष्ट नहीं होती वे जो कुछ मनुष्य करता है वह उसका अपना हो जाता है और यदि योग की सिद्धि इस जन्म में न हुई तो दूसरे जन्म में मनुष्य फिर वह अभ्यास प्रारम्भ कर देता है। मनुष्य को योग साधना करनी चाहिए। इससे उसके मस्तिष्क के निर्माण के साथ-साथ उसका बहुमुखी विकास भी होता है।

स्वामी विवेकानन्द के विचार में पुनर्जन्म

पुनर्जन्म के विषय में भगवान श्रीकृष्ण ने अर्जुन को उपदेश दिया है, इसका उल्लेख श्रीमद्‌भगवद्‌गीता में किया गया है। श्रीकृष्ण ने कहा, अर्जुन मेरे और तेरे पहले बहुत जन्म हो चुके हैं, उन सबको मैं जानता हूं, तू नहीं जानता, तू केवल पुनर्जन्म के सिद्धान्त की व्याख्या करता है। स्वामी विवेकानन्द जी भी पुनर्जन्म के सिद्धान्त में विश्वास रखते हैं। स्वामी जी का मार्च, 1895 में एक लेख पुनर्जन्म के सम्बन्ध में न्यूयार्क की "मैटाफिजिकल" नामक पत्रिका में प्रकाशित हुआ था। स्वामी जी ने उसमें लिखा है कि मनुष्य ने अपने सम्बन्ध में जितने सिद्धान्त निकाले हैं उन सबमें सर्वाधिक प्रचलित पुनर्जन्म का सिद्धांत है। पुनर्जन्म में विश्वास करने वालों में अनेक संत व महात्मा भी हैं।

प्राचीन हिन्दू धर्म, बौद्ध धर्म, यूनानी धर्म, मिस्र, ईरान तथा मुसलामनों में सूफी सम्प्रदाय की पुनर्जन्म के सिद्धान्त में आस्था रही है। संसार की जिन जातियों ने जीवन के अस्तित्व की समस्या पर गहराई से विचार नहीं किया है, उनकी दृष्टि भौतिक शरीर तक ही सिमट कर रह गई है लेकिन जिन्होंने जीवन की समस्या पर मनन किया है, वे भौतिक जीवन से परे भी हो गए हैं। उन्हें आत्मा की सत्ता का, उसकी अमरता का आभास हुआ है। स्वामी विवेकानन्द आत्मा की सत्ता को जन्म ओर मरण से परे मानते हैं। उनकी यह बद्धमूल धारणा है कि शरीर का अंत होने पर आत्मा का अंत नहीं होता। शरीर शान्त होने पर आत्मा भिन्न-भिन्न मानसिक भूमिकाओं में से होकर गुजरती है। पश्चिम के अनेक विचारकों जैसे, आई.एच. फिक्टे, शापनहाव तथा ह्यूम तक ने पुनर्जन्म के सिद्धान्त को मान्यता दी है तथा इसे स्वीकार किया है।

स्वामी जी के विचार से आत्मा सनातन है और वह अनेक जन्म धारण करती है। यदि आत्मा का स्वतंत्र अस्तित्व नहीं है वरन् वह स्कन्धों (विचारों) का संयोग है जैसा कि बौद्ध सम्प्रदाय के माध्यमिकों का कहना है, तो उन्हें अपने मत को समझाने के लिए पुनर्जन्म के सिद्धान्त को मानना बहुत ही जरूरी है।

स्वामी जी कहते हैं कि पुनर्जन्म का सिद्धान्त मनुष्यों के सामान्य विश्वासों के अंसगत स्वर का समाधान करता है। अनैतिक बनाने के बजाय यह मत हमें न्याय का भाव प्रदान करता है।

पुनर्जन्म के विषय में भौतिक शास्त्रियों का कहना है कि पुनर्जन्म के सिद्धान्त के विषय में कोई गणितीय व्याख्या नहीं की जा सकती। तर्कशास्त्र के अनुसार कल्पना और परिकल्पना के ऊपर विश्वास नहीं करना चाहिए परन्तु स्वामी जी का मत है कि जीवन के लक्ष्य की व्याख्या के लिए मानवीय मस्तिष्क द्वारा इससे बढ़कर कोई दूसरी परिकल्पना कभी नहीं प्रस्तुत की गयी। स्वामी जी का यह दृढ़ विश्वास रहा कि प्रत्येक आत्मा अपने साथ इस जन्म में भूतकालीन अनुभवों को लेकर आती है। इसीलिए लोग पुनर्जन्म में विश्वास करते हैं।

स्वामी विवेकानन्द के विचार में मानवतावाद

मनुष्य में मनुजता के विकास के लिए शरीर मन तथा आत्मा के योग को महत्वपूर्ण माना गया है। इस विषय में स्वामी जी ने लिखा कि "तुम्हारे पास तीन चीजें हैं–शरीर, मन, आत्मा। आत्मा इन्द्रियातीत है। मन जन्म और मृत्यु का पात्र है और यही दशा शरीर की है। तुम वही आत्मा हो पर बहुधा तुम सोचते हो कि तुम शरीर हो।" स्वामी जी ने कहा "आप हैं आत्मा–अमर आत्मा, मुक्त, आनन्दमय और नित्य। आप जड़ नहीं हैं, शरीर नहीं हैं, जड़ तो आपका दास है न कि आप हैं जड़ के दास।" स्वामी जी व्यक्ति को भगवान की अनुपम कृति मानते थे। इस विषय में उन्होंने लिखा कि "सब प्रकार के शरीरों में मानव शरीर श्रेष्ठतम है। मनुष्य ही श्रेष्ठतम जीव है। मनुष्य सब प्रकार के प्राणियों से यहाँ तक कि देवादि से भी श्रेष्ठ स्थान है। स्वामी जी के शब्दों में भगवत प्रेम ही मानव जीवन का सर्वोच्च एवं एकमात्र प्रयोग है। आत्म-साक्षात्कार ही हमारे जीवन का परम लक्ष्य है।" मनुष्य की पवित्रता के संबंध में स्वामी जी का मानना था कि मनुष्य वहाँ तक पवित्र हो सकता है की उसकी पवित्रता बिल्कुल मूर्त हो जाती है और जो कोई व्यक्ति उस साधु पुरुष के संस्पर्श में आता है वह भी पवित्र हो जाता है। उनका मानना था कि भाग्य के भरोसे रहना अकर्मण्यता है। मनुष्य स्वयं भाग्य का निर्माता है। उन्होंने कहा, "अतएव उठो, साहसी बनो, वीर्यवान बनो। सब उत्तरदायित्व अपने कन्धे पर लो। यह याद रखो कि तुम स्वयं अपने भाग्य के निर्माता हो। तुम जो कुछ बल या सहायता चाहो सब तुम्हारे अन्दर विद्यमान है। अतएव इस शक्ति के सहारे तुम बल प्राप्त करो और अपने हाथों अपना भविष्य गढ़ डालो।"

आश्रम व्यवस्था को स्वामी विवेकानन्द ने मानव की सफलता का साधन माना। स्वामी जी के शब्दों में हमारा कर्त्तव्य तो यह है कि हम प्रत्येक को उसके उच्चतम आदर्श को प्राप्त करने के लिए प्रोत्साहित करें तथा उस आदर्श को संत के जितना निकटवर्ती हो के लाने की चेष्टा करें। हिन्दू शास्त्रों के अनुसार सार्वभौम मानवता के विकास के लिए समय-समय पर साधारण कार्यों को करते हुए कुछ विशिष्ट कर्तव्य भी करने होते हैं। एक हिन्दू अपना जीवन छात्रावस्था से आरम्भ करता है उसके बाद वह विवाह करके गृहस्थ हो जाता है, वृद्धावस्था में गृहस्थाश्रम से अवकाश ग्रहण करता है और अन्त में वह संसार को त्याग कर संन्यासी हो जाता है। जीवन के इन आश्रमों में भिन्न-भिन्न कर्त्तव्य संपादित करने होते हैं। वास्तव में इन आश्रमों में से कोई किसी से श्रेष्ठ नहीं है क्योंकि दोनों ही विशिष्ट कर्तव्यों के प्रति अपने को उत्तरदायी मानते है वे धर्म जीवन के लिए प्रवृत्ति को अनिवार्य मानते थे और इसे सफलता का आधार मानते थे।

शिक्षा के आधुनिकीकरण में धर्म व अध्यात्म को स्थान न देना वे भारत का दुर्भाग्य समझते थे। उनका मानना था कि इस समय देश में जिस प्रकार की शिक्षा दी जा रही है उसमें ब्रह्म चिंतन के विकास के लिए जरा भी स्थान नहीं है। शिक्षा को सार्थक बनाने के लिए पहले के समान ब्रह्मचर्याश्रम स्थापित करने होंगे परंतु इसमें भी समयानुसार परिवर्तन अपेक्षित है।

ज्ञान सम्बन्धी मान्यताएँ

ज्ञान की क्या प्रकृति है या इसका क्या स्वरूप है। इस विषय में स्वामी का मानना है कि "ज्ञान का अर्थ है– वर्गीकरण। एक ही जाति के अनेक पदार्थों को देखते हैं और उन सबको एक नाम दे देते हैं। इसी से हमारा मन शान्त हो गया। हम केवल तथ्यों का आविष्कार करते हैं, क्यों का नहीं। हम अंधकार के ही कुछ विस्तृत क्षेत्र में अधिक घूम-फिरकर यह सोचने लगते हैं कि हमने सचमुच कुछ ज्ञान-लाभ कर लिया है। इस जगत में 'क्यों' का कुछ उत्तर नहीं हो सकता है 'क्यों' का उत्तर पाने के लिए हमें ईश्वर के समीप जाना होगा। स्वामी विवेकानन्द किसी भी दशा में ऐसे ज्ञान की सर्वोच्चता के समर्थक नहीं थे जो कि भौतिकवाद से जुड़ा हो। इनका मान था कि भौतिक ज्ञान आत्मा का विकास नहीं कर सकता। आध्यात्मिक ज्ञान की उच्चता का स्पष्ट करते हुए उन्होंने लिखा कि वह इन्द्रियों से परे है। इस ज्ञान की निकटतम अभिव्यंजना सारा जगत है। उसकी कोई सीमा नहीं है।

वे समग्रतावादी ज्ञान के परिषोषक थे। उनका कहना था कि यदि गैं तुम सब लोगों के बीच स्त्री-पुरुष देखता हूँ तो यह हुई विविधता। यदि मैं तुम सब लोगों को एक ही वर्ग में रखकर मानव कहूँ तो यह वैज्ञानिक ज्ञान कहा जायेगा। भिन्न-भिन्न वस्तुओं व पदार्थों में सूक्ष्म तत्व को खोजना तथा उनके साथ तादात्म्य स्थापित करने को वे ज्ञान की सफल परिणाति मानते थे। ज्ञान का स्थान आत्मा है। बाह्य वातावरण केवल आत्मा को उद्दीप्त करता है। ज्ञान आत्मा की शक्ति है। ज्ञान वह बाह्य वस्तु अर्थात वातावरण नहीं है जिसका कार्य आत्मा को उद्दीप्त करना है। यह वह आंतरिक वस्तु है जो हमारे अन्दर निहित है। उसे प्रयास, अभ्यास तथा अनुभव के द्वारा जागृत करना पड़ता है। जानने की शक्ति हमारे अन्दर विद्यमान है फिर भी हमें उसे जगाना पड़ता है। स्वामी विवेकानन्द के अनुसार लोक मुक्ति ज्ञान प्रमुख लक्ष्य है तथा भौतिक जानकारी की प्राप्ति ज्ञान का लक्ष्य गौड़ है।

ज्ञान के रूप–विवेकानन्द ने ज्ञान को दो भागों में बाँटा है–

1. इन्द्रिय ज्ञान, लौकिक ज्ञान अथवा बाह्य ज्ञान।
2. अतीन्द्रिय ज्ञान, आभ्यान्तरिक ज्ञान, सर्वोच्च ज्ञान, आत्मज्ञान, अथवा मानव ज्ञान।

विवेकानन्द जी के विचार से इन्द्रिय-जनित ज्ञान गौण है तथा अतीन्द्रिय ज्ञान सर्वोच्च ज्ञान है। यह ईश्वरीय शक्ति व प्रकाश है। स्वामी जी कहते हैं कि यदि आत्मज्ञान के प्रयास में मर जाना पड़े तो भय किस बात का। स्वामी जी ने ज्ञान प्राप्ति के लिए तीन शक्तियों को महत्वपूर्ण माना प्रथम–जन्मजात शक्ति जो सभी जीव-जन्तुओं में पाई जाती है। स्वामी जी के अनुसार यह ज्ञान लाभ का निम्नतम साधन है। द्वितीय–बैद्धिक शक्ति जो केवल मनुष्यों में पायी जाती है। बुद्धि शक्ति ज्ञानार्जन का मध्यम प्रकार का साधन है। वास्तविक ज्ञान की दृष्टि से बुद्धिशक्ति भी पर्याप्त नहीं होती। वह एक सीमा से आगे नहीं जा सकती। तीसरी शक्ति के रूप में उन्होंने अतीन्द्रिय शक्ति को माना और कहा कि यह शक्ति ही ज्ञान लाभ का सबसे बड़ा साधन है क्योंकि तर्क एवं बुद्धि के परे जो असीम ज्ञान है उसे अतीन्द्रिय शक्ति से ही जाना जा सकता है। अनुभव एवं स्वानुभूति को वे ज्ञान प्राप्ति का आधार मानते थे। स्वामी जी के शब्दों में समस्त मानव ज्ञान अनुभव से उत्पन्न होता है। अनुभव के अतिरिक्त अन्य किसी प्रकार से हम कुछ भी नहीं जान सकते। उनका यह भी मानना था कि चित्त जितना एकाग्र होगा ज्ञान उतना ही अधिक होगा।

ज्ञान लाभ और साधारणीकरण–स्वामी विवेकानन्द ने बताया कि ज्ञान प्राप्ति के लिए साधारणीकरण बहुत आवश्यक है। स्वामी जी के शब्दों में ज्ञान प्राप्ति

के लिए हम साधारणीकरण की सहायता लेते हैं और साधारणीकरण घटनाओं के पर्यवेक्षण पर आधारित है। हम पहले घटना का पर्यवेक्षण करते हैं और फिर उनसे सिद्धान्त निकालते हैं। पर्यवेक्षण से जो ज्ञान प्राप्त होता है वह प्रत्यक्ष ज्ञान होता है।

"सम्पूर्ण ज्ञान प्राप्ति के दो मूल सूत्र हैं। एक सूत्र तो यह है कि विशेष को सामान्य से और सामान्य को सर्वव्यापी तत्त्व की पृष्ठभूमि में जानना। दूसरा सूत्र है कि यदि किसी वस्तु की व्याख्या करनी है तो जहाँ तक हो सके उसी वस्तु के स्वरूप से उसकी व्याख्या करना।"

ज्ञानार्जन–विश्व में कोई भी दो व्यक्ति एक समान नहीं हो सकते उसमें कुछ न कुछ भिन्नता अवश्य पाई जाती है। शारीरिक, मानसिक, संवेगात्मक या मनोवृत्ति जैसी विभिन्नता के कारण प्रत्येक व्यक्ति में ज्ञानर्जन की अलग-अलग क्षमता होती है। यह सम्भव नहीं कि सभी व्यक्ति समान रूप से ज्ञान प्राप्त कर सकें। स्वामी जी के अनुसार हम यह भी जानते हैं कि हर व्यक्ति की ज्ञानार्जन की क्षमता भिन्न होती है। इससे सिद्ध होता है कि सबके पास ज्ञान का भण्डार अलग-अलग होता है।

जीवन का लक्ष्य

मनुष्य के जीवन का लक्ष्य क्या है, लक्ष्य का निर्धारण करके ही व्यक्ति को अपने कार्यों में सफलता प्राप्त होती है। मनुष्य इस संसार में किसलिए आया है और उसका क्या लक्ष्य है इस विषय पर भारतीय आचार्यों में चाहे कितना भी मतभेद या विभिन्नता हो लेकिन मूलतः उनका स्वर एक ही है। मनुष्य के जीवन का अन्तिम लक्ष्य मोक्ष की प्राप्ति है अर्थात् परमसत्ता का साक्षात्कार। स्वामी विवेकानन्द का कथन है कि, "भारतवर्ष में जितने वेदमतानुयायी दर्शनशास्त्र हैं उन सबका एक ही लक्ष्य है और वह है– पूर्णता प्राप्त करके आत्मा को मुक्त कर लेना। इसका उपाय है योग। योग शब्द बहुआयामी है। सांख्य और वेदान्त, ये दानों मत किसी न किसी प्रकार के योग का समर्थन करते हैं। योग के विषय में स्वामी जी ने समर्थन किया था।

मनुष्य के जीवन का अंतिम लक्ष्य है धर्म के माध्यम से ईश्वर की प्राप्ति अथवा दूसरे शब्दों में इस ईश्वरीय स्वरूप की प्राप्ति जो प्रत्येक मनुष्य का प्राकृतिक स्वभाव है। लक्ष्य एक ही है तो भी लोगों के विभिन्न स्वभावों के अनुसार उसकी प्राप्ति के साधन भिन्न-भिन्न हैं। लक्ष्य और उसकी प्राप्ति के साधनों, दोनों को मिलाकर योग कहा जाता है। योग शब्द संस्कृत शब्द के धातु से बना हुआ है जिससे अंग्रेजी शब्द yoke बना है। योग का अर्थ अपने को उस परमात्मा से जोड़ना है। इस प्रकार योग

के कई साधन हैं और उनमें मुख्य हैं कर्मयोग, भक्तियोग, राजयोग और ज्ञानयोग। इन साधनों के द्वारा उद्देश्यों की पूर्ति हो सकती है। स्वामी जी प्रत्येक आत्मा को अव्यक्त ब्रह्म मानते हैं। उनका कहना है कि बाह्य एवं अन्तः प्रकृति को वशीभूत करके आत्मा के इस ब्रह्मभाव को व्यक्त करना ही जीवन का परम लक्ष्य है। कर्म, उपासना, मन-संयम अथवा ज्ञान एक से अधिक या सभी उपायों का सहारा लेकर अपना ब्रह्मभाव व्यक्त करो और मुक्त हो जाओ। बस यही धर्म का सर्वस्व है। इसी से धर्म के अन्दर व्यक्ति के गुणों को जाना जा सकता है।

आदर्श या मूल्य सम्बन्धी मान्यताएँ

मनुष्य को निडर व संयमी होना चाहिए। किसी कार्य को बिना डर के करना चाहिए। मनुष्य के जीवन का लक्ष्य पुरुषार्थ की प्राप्ति है। धर्म, काम, मोक्ष तथा अर्थ पुरुषार्थ के प्रमुख तत्व हैं। ये तत्त्व ही जीवन के आदर्श माने जाते हैं जिनकी प्राप्ति के लिए मनुष्य प्रयत्न करता है। स्वामी विवेकानन्द के शब्दों में आदर्श अधिकांशतः संयोजित, सामान्यीकृत, व्यावहारिक इकाइयाँ हैं। मनुष्य के सामने एक सर्वोच्च आदर्श होना चाहिए। स्वामी जी आदर्शों की भूमिका के सम्बन्ध में कहते हैं कि अधिकांश व्यक्ति इस जगत में बिना किसी आदर्श के ही जीवन व्यतीत करते हैं। आदर्श के अभाव में मनुष्य अंधेरे में भटकता रहता है। सभी व्यक्ति को चाहिए कि वह अपना आदर्श रखे।

स्वामी विवेकानन्द विभिन्न आदर्शों की व्याख्या करते हुए कहते हैं कि हमारा उच्चतम आदर्श ईश्वर है। उसका चिन्तन करो। प्रेम ही मानव जीवन का एक सर्वोच्च एवं एकमात्र प्रयोजन है। आत्मा साक्षात्कार ही हमारे जीवन का परम लक्ष्य है। आदर्श के अभाव में व्यक्ति अपने लक्ष्यों को नहीं प्राप्त कर सकता है। मानव जाति का परम लक्ष्य ज्ञान लाभ है। त्याग ही मनुष्य का श्रेष्ठतम आदर्श है। ओजस ही मनुष्य की सच्ची मनुष्यता है।

जीवन के आदर्श की प्राप्ति का उपाय बताते हुए स्वामी जी कहते हैं कि कर्म, उपासना, मन-संयम अथवा ज्ञान इनमें एक, एक से अधिक या सभी उपायों का सहारा लेकर अपने ब्रह्मभाव को प्राप्त करो और मुक्त हो जाओ।

राजनीतिक विचार

स्वामी विवेकानन्द की विचारधारा मूलतः आध्यात्मिक मूल्यों से प्रभावित थी। उनके अंतःकरण में स्वार्थ जैसी अमानवीय मान्यताओं के लिए स्थान नहीं था। वे

ऐसी राजनीति के विरोधी थे जिससे लोकल्याण की मर्यादा उपेक्षित हो। वे प्रमुख रूप से धार्मिक व्यक्ति थे जिसका लक्ष्य भारत का आध्यात्मिक तथा नैतिक पुनरुत्थान करना तथा भारतीय संस्कृति के आदर्शपरक मूल्यों की स्थापना करना था। उनके सम्पूर्ण विचार-दर्शन में युगीन परिस्थितियों के कारण राजनीतिक विषयों पर जिन विचारों का उल्लेख मिलता है उन पर नीचे प्रकाश निक्षेप किया जा रहा है—

(1) निर्भीकता—विचारों की स्वतंत्रता के लिए स्वामी जी निर्भीकता को अनिवार्य गुण मानते थे। वे भले ही राजनीतिक विचारक न हों परन्तु उन्होंने देशवासियों को निर्भीकता का संदेश देकर राष्ट्र की महान सेवा की। उनके निर्भीकता के संदेश ने आगे चलकर राष्ट्रवादी शक्तियों को मजबूत किया। राष्ट्रीय स्वाधीनता आन्दोलन के लगभग सभी महत्त्वपूर्ण नेताओं ने स्वामी विवेकानन्द के प्रभाव का उल्लेख किया है। जवाहरलाल नेहरू ने अपनी पुस्तक **'भारत की खोज'** में कहा है कि विवेकानन्द की शिक्षाओं का सार निर्भीकता ही है।

(2) प्रखर राष्ट्रवाद—स्वामी विवेकानन्द प्रखर एवं ओजस्वी राष्ट्रवादी थे। उनका मानना था कि प्रत्येक राष्ट्र के जीवन में एक सर्वाधिक महत्त्वपूर्ण सिद्धान्त होता है जो उसकी जीवनधारा को दिशा देता है तथा नियन्त्रित करता है। भारत के जीवन में यह महत्त्वपूर्ण दिशा निर्धारक सिद्धान्त धर्म है। धर्म के द्वारा ही भारत विश्व के राष्ट्रों में महत्त्वपूर्ण स्थान प्राप्त कर सकता है। उनके राष्ट्रवाद का आधार धार्मिक तथा आध्यात्मिक था। उन्होंने स्पष्ट शब्दों में कहा था, "प्रत्येक राष्ट्र के जीवन में संगीत की तरह एक प्रमुख स्वर अथवा केन्द्रीय विषय-वस्तु होती है, जिसके इर्द-गिर्द अन्य सभी वस्तुएँ घूमती हैं। प्रत्येक राष्ट्र की एक मुख्य धारा होती है। अन्य सभी चीजें सहायक हैं। भारत की यह मुख्यधारा धर्म है। समाज सुधार तथा अन्य सभी चीजें सहायक हैं।"

(3) स्वतन्त्रता—स्वामी जी परतंत्रता को व्यक्ति के वैचारिक उत्थान में बाधक मानते थे। भले ही उन्होंने राजनीतिक अवधारणा के रूप में स्वतन्त्रता पर विचार न किया हो परन्तु स्वतन्त्रता के बारे में उनकी सोच बिल्कुल स्पष्ट तथा व्यापक थी। उनके चिन्तन का आधार धार्मिक तथा आध्यात्मिक था। अतः उनकी स्वतन्त्रता की अवधारणा भी आध्यात्मिकता से प्रभावित थी। उन्होंने लन्दन में अपने भाषण में कहा था, "यह सम्पूर्ण ब्रह्माण्ड निरन्तर गतिशील रहते हुए स्वतन्त्रता की खोज का प्रतिनिधित्त्व करता है।" उनके अनुसार, स्वतन्त्रता के बिना विकास सम्भव नहीं है।

वे भौतिक, मानसिक तथा आध्यात्मिक स्वतन्त्रता के समर्थक थे। उनके अनुसार, स्वतन्त्रता की दिशा में आगे बढ़ना तथा दूसरों को इस दिशा में आगे बढ़ने

के लिए मदद करना मनुष्य का पावन कर्त्तव्य है। स्वतन्त्रता के मार्ग में बाधा खड़ी करने वाले सामाजिक नियम अत्यन्त हानिकारक हैं तथा उन्हें समाप्त किया जाना चाहिए। समाज में केवल उन्हीं नियमों, परम्पराओं एवं संस्थाओं को बने रहने देना चाहिए जो सभी को स्वतंत्रता का अवसर प्रदान करते थे।

उनका मानना था कि स्वतन्त्रता से अभिप्राय दूसरे लोगों का शोषण करके धन, ज्ञान तथा विशेषाधिकारों को प्राप्त करने से नहीं है। स्वतन्त्रता से उनका अभिप्राय समाज के सभी सदस्यों को ज्ञान एवं धन प्राप्त करने के समान अवसर प्रदान करने से है।

(4) मानवतावाद तथा अन्तर्राष्ट्रवाद–स्वामी जी का राजनीतिक चिंतन पूरी तरह आध्यात्मिक मूल्यों से ओत-प्रोत था। वे संकीर्णता से दूर थे। उनका राष्ट्रवाद मानवतावाद के करीब पहुँच जाता है। वे प्रत्येक धर्म के मानने वाले चाहे वह हिन्दू हो, मुसलमान हो, ईसाई हो, यहूदी हो अथवा अन्य किसी धर्म का मानने वाला, उन्हें प्रत्येक शोषित व्यक्ति के साथ सहानुभूति थी। संन्यासी होने के कारण वे प्रत्येक व्यक्ति की भलाई की इच्छा रखते थे। वे न केवल मानवतावादी थे। बल्कि अन्तर्राष्ट्रवादी भी थे। उन्होंने आध्यात्मिक आधार पर राष्ट्रों का संगठन बनाने का भी विचार सामने रखा। निस्संदेह उन्होंने आधुनिक भारतीय राष्ट्रवाद की नींव रखी परन्तु वे संकुचित अर्थों में राष्ट्रवादी अथवा 'अन्ध' राष्ट्रवादी' नहीं थे। वे पूर्व तथा पश्चिम के मिलन तथा सहयोग के पक्ष में थे। वे राष्ट्रवाद तथा अन्तर्राष्ट्रवाद को एक दूसरे का पूरक मानते थे।

उनका अन्तर्राष्ट्रवाद 'राष्ट्रीय विभिन्नताओं' 'राष्ट्रों के बीच सम्पर्क तथा ज्ञान के आदान-प्रदान तथा 'विश्व में भारत के आध्यात्मिक नेतृत्त्व' पर निर्भर था। उन्होंने स्वयं एक बार कहा था, ''समस्त ब्रह्माण्ड एक ही अस्तित्व है। इसके अतिरिक्त कुछ भी नहीं है।'' विज्ञान के क्षेत्र में स्वामीजी पश्चिमी देशों के नेतृत्त्व के विरुद्ध नहीं थे परन्तु वे भारत को हताशा एवं निराशा की स्थिति से निकालकर उसे एक स्वाभिमानी राष्ट्र के रूप में देखना चाहते थे। वे विश्व के राष्ट्रों में भारत को सम्मानजनक स्थान दिलाने के लिए उत्सुक थे। विवेकानन्द वैज्ञानिक एवं आध्यात्मिक आधार पर विश्व की एकता के समर्थक थे।

(5) आदर्श-राज्य की अवधारणा–आदर्श राज्य की स्थापना के लिए उन्होंने विभिन्न वर्णों के राज्य कार्यों में असमानता का उल्लेख किया। स्वामीजी ने वर्ण-व्यवस्था का ऐतिहासिक विश्लेषण करते हुए कहा कि मानव समाज में चारों वर्ण-ब्राह्मण अथवा पुरोहित वर्ग, क्षत्रिय अथवा सैनिक वर्ग, वैश्य अथवा व्यापारी वर्ग तथा शूद्र अथवा सेवक वर्ग बारी-बारी से राज्य करते हैं। प्रत्येक वर्ण के राज्य के अपने

गुण तथा दोष होते हैं। ब्राह्मण वर्ण के राज्य के अन्तर्गत जन्म के आधार पर समाज में भयंकर पृथकता रहती है। ब्राह्मण अथवा पुरोहित वर्ग विशेषाधिकारों से सुरक्षित रहता है। समाज को शिक्षा देने का उसका अधिकार सुरक्षित रहता है। अतः समाज के अन्य वर्ग ज्ञान से वंचित रहते हैं। इस काल में विभिन्न प्रकार की विद्याओं तथा कलाओं की नींव पड़ती है। इसके पश्चात् क्षत्रिय राज्य आता है जो क्रूर, निरंकुश तथा अन्यायी होता है। ऐसे राज्य में पृथकता नहीं होती परन्तु कलाएँ एवं सभ्यता उन्नति के चरम शिखर पर नहीं पहुँच जाती है। इसके पश्चात् वैश्य-राज्य आता है। इस राज्य में शोषण तथा खून-चूसने की प्रवृत्ति पनपती है। व्यापार तथा कारोबार फलता-फूलता है। व्यापारी वर्ग ब्राह्मण तथा क्षत्रिय राज्य में प्राप्त उपलब्धियों तथा विचारों का प्रसार करता है। वैश्य-राज्य में क्षत्रिय राज्य से कम पृथकता होती है परन्तु सभ्यता की अवनति आरम्भ हो जाती है। सबसे अन्त में शूद्र अथवा सेवक वर्ग या मजदूरों का राज्य आएगा। इसके अन्तर्गत भौतिक सुख-सुविधाओं का समान वितरण होगा तथा इससे सेवक एवं मजदूर-वर्ग की आर्थिक स्थिति में सुधार होगा। शिक्षा का प्रसार होगा तथा यह सामान्य व्यक्ति तक पहुँचेगी परन्तु इस राज्य में प्रतिभाशाली लोग कम होते जाएँगे व्यक्ति के विचारों में होने वाला परिवर्तन सभ्यता के लिए विनाशकारी होगा।

उनका मानना था कि यदि ऐसे राज्य की स्थापना सम्भव हो जिसमें ब्राह्मण राज्य का ज्ञान, क्षत्रिय राज्य की सभ्यता, वैश्य-राज्य का व्यापार तथा प्रचार तथा शूद्र राज्य की समानता हो तो वह आदर्श राज्य होगा। उन्होंने भविष्यवाणी करते हुए कहा था कि उपरोक्त तीनों वर्णों का राज्य हो चुका है, अब शूद्र अथवा मजदूर वर्ग के राज्य का समय आ गया है। उन्हें कोई नहीं रोक सकता। परन्तु चारों वर्णों के राज्यों की अच्छाइयों को लेकर आदर्श राज्य की स्थापना हो सके तो यह अच्छा होगा।

(6) समाज के उपेक्षित तथा पीड़ित वर्ग के लिए सहानुभूति तथा संवेदनशीलता—भारतीय जनता, जिसमें कि वे लोग थे जिन्हें रोटी भी नहीं मिलती थी और उपेक्षित थे, उनके प्रति स्वामी जी बहुत ही सवेदनशील थे। उन्हें सामान्यजन की कठिनाइयों का पूर्ण रूप से अहसास था। उन्होंने गरीबों तथा उपेक्षितों के अधिकारों की वकालत की उन्होंने कहा कि मैं स्वयं गरीब हूँ तथा अज्ञान में डूबा हुआ हूँ, कौन परवाह करता है? उनके लिए क्या रास्ता है? ये गरीबी तथा अज्ञान के शिकार ये लोग ही तुम्हारे भगवान् हैं। विवेकानन्द के शब्दों में, "जब तक ये करोड़ों लोग भूख तथा अशिक्षा का शिकार रहेंगे, मैं प्रत्येक उस व्यक्ति को गद्दार मानूँगा, जो उनकी कीमत पर शिक्षा प्राप्त करके, उनकी ओर तनिक भी ध्यान नहीं देता।" स्वामीजी ने समाज के गरीब तथा

कमजोर वर्ग के प्रति संवेदनशीलता व्यक्त करके उनकी जीवन स्थिति में सुधार का विचार सबसे पहले सामने रखा। यही नहीं उन्होंने ऐसे भगवान या धर्म पर विश्वास करने से भी इन्कार कर दिया जो, विधवाओं के आँसू न पोंछ सकता हो तथा अनाथों के मुँह में रोटी का टुकड़ा न पहुँचा सकता हो।

(7) आत्म सम्मान एवं नैतिक चरित्र में विश्वास–नैतिकता को वे मानवता के विकास का आधार मानते थे। उनका विश्वास था कि राष्ट्र का निर्माण व्यक्तियों की इकाइयों से मिलकर होता है। यदि इन इकाइयों में अच्छे गुणों का विकास होगा, अर्थात् 'स्वाभिमान' तथा 'पुरुषत्त्व' जैसे गुणों का विकास होगा तो राष्ट्र निश्चित रूप से शक्तिशाली होगा।

स्वामी विवेकानन्द की प्रजातांत्रिक अवधारणा

विवेकानन्द की प्रजातांत्रिक अवधारणा पश्चिमी विद्वानों से सर्वथा अलग है। यह निम्नवत तीन रूपों में है।

(1) जीवन-पद्धति के रूप में–विवेकानन्द के अनुसार प्रजातंत्र स्वतन्त्रता, समानता, भाई-चारा एवं आपसी एकता पर आधारित है। इसकी सफलता के लिए यह जरूरी है कि लोग प्रजातान्त्रिक मूल्यों तथा सिद्धान्तों को दैनिक जीवन में महत्त्व दें। प्रजातान्त्रिक वातावरण में ही व्यक्ति का विकास तथा उसकी स्वतन्त्रता सुनिश्चित हो सकती है। इसकी सफलता के लिए लोगों को पारस्परिक सहिष्णुता, दूसरे के विचारों को सुनना तथा आपसी बातचीत के द्वारा समस्याओं का हल ढूँढने के लिए प्रयासरत रहना चाहिए। प्रजातन्त्र में टकराव तथा संघर्ष के लिए स्थान नहीं है। प्रत्येक व्यक्ति को दूसरों के अधिकारों का सम्मान करना चाहिए, तभी उसके अपने अधिकार सुरक्षित रह सकेंगे। प्रजातन्त्र की सफलता के लिए यह आवश्यक है कि समाज से निहित स्वार्थों को दूर किया जाए जिससे कि जनसाधारण को उसके न्यायोचित अधिकारों से वंचित न किया जा सके।

(2) शासन-पद्धति के रूप में–विवेकानन्द राजतन्त्र अथवा कुलीनतन्त्र की अपेक्षा प्रजातन्त्र को ही श्रेष्ठ शासन पद्धति मानते थे। दार्शनिक चिन्तन के आधार पर वे एक व्यक्ति अथवा कुछ व्यक्तियों के शासन के विरुद्ध थे। उनका विचार था कि भविष्य प्रजातन्त्र का ही है। सभी प्रकार की सरकारों में सत्ता का स्रोत जनता ही होती है। प्रजातंत्र ही जनता की तथा जनता के द्वारा चुनी गई सरकार होती है। ऐसी सरकार ही लोगों के जीवन-स्तर में सुधार करके सुन्दर भविष्य का निर्माण कर सकती हैं। सरकार के संचालन में लोगों की पहल तथा आत्मनिर्भरता को प्रोत्साहन

प्रजातन्त्र में ही मिलता है। वे पश्चिमी प्रजातन्त्रों की कमियों से भी परिचित थे। उनका कहना था कि व्यक्तिगत पहल तथा व्यक्ति के विकास को अवरुद्ध करके पश्चिमी प्रजातान्त्रिक व्यवस्थाएँ वास्तव में लोकतन्त्र की भावना के विरुद्ध कार्य करती है।

(3) मानव-निर्माण की प्रक्रिया के रूप में—मानव निर्माण की प्रक्रिया के रूप में स्वामी विवेकानन्द का विचार था कि सरकार की क्षमता लोगों की योग्यता तथा क्षमता पर निर्भर करती है। विशेष रूप से लोकतन्त्र में तो यह बात और भी सटीक है क्योंकि सरकार का चुनाव जनता द्वारा किया जाता है। विवेकानन्द ने कहा था, "आप लोगों को वैसी ही सरकार, धर्म तथा धर्मतन्त्र मिलेगा जिसके आप पात्र हैं, इससे अच्छा नहीं मिलेगा।"

वे वर्तमान प्रजातान्त्रिक व्यवस्था की गुणवत्ता में सुधार के समर्थक थे। उनका विचार था कि जब तक लोगों में गुणात्मक सुधार नहीं होता, तब तक प्रजातन्त्र में किसी प्रकार के सुधार की अपेक्षा करना व्यर्थ है। इस समस्या के निराकरण के लिए उन्होंने शिक्षा के द्वारा लोगों के भौतिक, मानसिक, बौद्धिक तथा आध्यात्मिक स्तर में सुधार पर बल दिया। इस प्रकार वे लोकतन्त्र को मानव निर्माण की प्रक्रिया में मानते थे। प्रजातंत्र के निर्माण में गुणवत्ता परिवर्तन को वे एक साधन के रूप में देखते थे। उनका मानना था कि लोगों में आत्मनिर्भरता का गुण विकसित किया जाना चाहिए जिससे कि यदि सरकार अपने कर्त्तव्य से विमुख होती हो या अपने कर्त्तव्यों का पालन ठीक प्रकार न करे तो लोग स्वयं इन कार्यों को अपने हाथों में ले लें। प्रजातंत्र के लिए लोगों की सहमति तो आवश्यक है, उनकी सरकार में भागीदारी भी जरूरी है। स्वामीजी ने कहा था, "लोगों की सहमति से सरकार के निर्माण के पश्चात् लोगों की सरकार में भागीदारी अगला कदम है। यह सहभागी लोकतन्त्र होगा।"

प्रजातांत्रिक व्यवस्था की सफलता हेतु यह आवयक है कि लोगों में सरकार पर निर्भर रहने की प्रवृत्ति को हतोत्साहित किया जाए। इसीलिए उन्होंने लोगों में आत्मनिर्भरता विकसित करने पर बल दिया। उनके अनुसार जब तक लोगों में गुणात्मक रूप से सुधार नहीं होगा, लोकतन्त्र की सफलता संदिग्ध ही रहेगी। मानव-निर्माण की प्रक्रिया के लिए विवेकानन्द सरकारी मदद लेने के विरुद्ध थे। उनका विचार था कि यह प्रक्रिया स्वैच्छिक तथा लोगों द्वारा स्वयं आरम्भ की जानी चाहिए। जब लोगों में चेतना जागृत होगी तथा नैतिक गुणों का विकास होगा तो वे स्वयं यह निर्णय लेने की स्थिति में होंगे कि सरकार के साथ कब सहयोग किया जाए तथा कब सहयोग न किया जाय? सरकार जब अपने बुनियादी उद्देश्य से विमुख

हो जाए तो ऐसी स्थिति में समाज को आगे आकर सरकार को हटा देना चाहिए तथा उसके स्थान पर दूसरी सरकार लानी चाहिए। लोकतन्त्र में सरकार हटाने की प्रक्रिया हिंसा पर आधारित नहीं होती। लोग मतपत्र के द्वारा यह कार्य कर सकते हैं। उन्होंने जनता का सरकार के कार्यों में हस्तक्षेप भी अनिवार्य माना है।

स्वामी विवेकानन्द की प्रजातांत्रिक अवधारणा जहाँ एक ओर शासन-पद्धति है, वहीं यह जीवन दर्शन भी है। शासन पद्धति के रूप में यह तभी सफल हो सकती है जब जीवन-दर्शन के रूप में इस पर अमल किया जाए। इसके साथ ही विवेकानन्द का यह भी मानना है कि लोकतन्त्र के लिए लोगों में आवश्यक गुणों को विकसित किया जाना चाहिए ताकि वे सरकार के कार्यों का सही मूल्याँकन करके उसे अपना समर्थन दें अथवा गलत होने पर समर्थन वापस ले लें। शिक्षा को वे लोकतन्त्र के लिए अत्यन्त आवश्यक मानते थे।

स्वामी विवेकानन्द की स्वतन्त्रता की अवधारणा

स्वामी विवेकानन्द व्यक्ति के विभिन्न पक्षों के विकास के लिए पूर्ण स्वतंत्रता को अनिवार्य मानते थे। उन्होंने स्वतंत्रता की जो अवधारणा प्रस्तुत की वह अत्यन्त व्यापक तथा सकारात्मक है। स्वामीजी ने स्वतन्त्रता को न केवल मनुष्य मात्र की आवश्यकता बताया वरन् यह भी कहा कि सम्पूर्ण ब्रह्माण्ड ही गतिशील रहते हुए स्वतन्त्रता के लिए अतृप्त लालसा का प्रतिनिधित्व करता है। उनके अनुसार स्वतन्त्रता विकास की एकमात्र शर्त है। इस प्रकार विवेकानन्द की स्वतन्त्रता की अवधारणा पाश्चात्य विचारकों की अपेक्षा अधिक व्यापक है।

स्वामी विवेकानन्द ऐसी स्वतन्त्रता की परिकल्पना की जिसके अन्तर्गत मनुष्य द्वारा शोषण न किया जाता हो। विकास में अवरोधक बनी रुढ़िवादी मान्यताएँ उन्हें किसी भी दशा में स्वीकार नहीं थी। उन्होंने स्वतंत्रता को यथार्थ रूप में प्रतिपादित किया।

शैक्षिक विचार

स्वामी जी ने अपने शैक्षिक विचार वेदान्त को आधार मानकर प्रस्तुत किया। उनके शिक्षा दर्शन में वेदान्तिम भावों की गूँज है। व सच्चरित्र मानव का निर्माण चाहते हैं। उन्होंने अपनी 17-18 वर्ष की अवस्था में वेदों, उपनिषदों, गीता, महाभारत आदि ग्रन्थों का अध्ययन कर लिया था। उन्होंने शंकरांचार्य के ब्रह्मसूत्र का अध्ययन भी किया था। स्वामी जी के ऊपर इन सबका गहरा प्रभाव पड़ा।

स्वामी जी ने अलग से स्वयं किसी मनोवैज्ञानिक सिद्धान्त का अविष्कार नहीं किया। वे मनोविज्ञान सम्बन्धी भारतीय दृष्टिकोण के पक्ष में थे। उनका यह मनोविज्ञान वेदान्तिक विचारधारा पर आधारित है। स्वामी विवेकानन्द के मनोवैज्ञानिक आधारों पर विचार करने से पूर्व शिक्षा के उद्देश्यों तथा पाठ्यक्रम निर्माण के सामान्य आधारों पर विचार कर लेना आवश्यक है। मनोविज्ञान निम्न रूप में शिक्षा के उद्देश्यों पाठ्यक्रम तथा शिक्षण विधियों को प्रभावित करता है।

1. विषय वस्तु के तार्किक संगठन को मनोविज्ञान अपने ढंग से पुनः संगठित करता है। तार्किक संगठन विषयवस्तु के विश्लेषण पर आधारित रहता है जबकि मनोवैज्ञानिक शैक्षिक प्रक्रिया पर निर्भर करता है।
2. शैक्षिक लक्ष्यों को व्यवहार परिवर्तन की भाषा में प्रस्तुत करने का कार्य मनोविज्ञान द्वार ही होता है। इस व्यवहार परिवर्तन में अध्ययन तथा अध्यापन परिस्थितियों का विशेष महत्व रहता है।
3. व्यवहार परिवर्तन का मूल्यांकन एवं मापन करने के लिए मनोविज्ञान आवश्यक उपकरण तैयार करता है तथा सम्बन्धित विषयों का उल्लेख करता है।
4. शिक्षा के उद्देश्यों की ज्ञान मीमांसा सम्बन्धी दार्शनिक अभिधारणाओं का मनोविज्ञान के क्षेत्र में प्रयोगात्मक परीक्षण होता है जिसमें प्राप्त परिणामों का सत्यापन तथा नए सिद्धान्तों का प्रतिपादन होता है।
5. अध्ययन-अध्यापन प्रक्रिया तथा छात्र अभिप्रेरण के सम्बन्ध में मनोवैज्ञानिक गवेषणाएँ की जाती हैं। उनके फलस्वरूप पाठन विधि में परिवर्तन लाए जाते हैं।
6. पाठ्यक्रम संगठन के क्रम निर्धारण, में मनोविज्ञान महत्त्वपूर्ण भूमिका का निर्वाह करता है। बालकों के शारीरिक, मानसिक एवं भावात्मक विकास के अनुसार किस प्रकार की विषय सामग्री किस अवस्था में उपयुक्त होगी इसका चयन मनोविज्ञान के अन्तर्गत ही होता है।
7. मनोविज्ञान के अनुसार पाठ्यक्रम का आधार हमारी आकाक्षाएँ अथवा आवश्यकताएँ होती हैं क्योंकि प्रत्येक व्यक्ति इन आवश्यकताओं की पूर्ति के लिए जीवन में विभिन्न कार्य-कलाप करता है। आकांक्षाओं की पूर्ति होने से उसे सुखद अनुभव प्राप्त होता है परंतु पूर्ति में बाधा उत्पन्न होती है तो कुंठाएँ उत्पन्न होती हैं। अतः मनोविज्ञान के अनुसार पाठ्यक्रम के आधार का निर्माण मनुष्य की आकांक्षाएँ होनी चाहिए।

पाठ्यक्रम के निर्माण तथा शिक्षण विधि के अपनाने में रुचियाँ तथा अभिप्रेरणाएँ बहुत सहायक होती हैं। यदि पाठ्यक्रम और शिक्षण विधिवत् पूर्ण एवं प्रेरित है तो विषय को बच्चा जल्दी सीखता है। यही कारण है कि सामाजिक अध्ययन, भाषा तथा विज्ञान की पुस्तकों में विभिन्न आयु वर्ग की रुचियों को तृप्त करने वाली सामग्री रखी गई है। पाठ्यक्रम चयन में इस बात का ध्यान रखना चाहिए कि इसका वास्तविक जीवन से कोई तालमेल है या नहीं। यदि हम स्वामी विवेकानन्द के दर्शन में इन मनोवैज्ञानिक आधारों को खोजें तो प्रतीत होता है कि वे इन विचारों से पूर्णतः सहमत थे। वह यह भी जानते थे कि मनुष्य एवं पशु की प्रकृति में बौद्धिकता को छोड़कर कोई अन्तर नहीं है। बालक कुछ संस्कार एवं क्षमताओं के साथ जन्म लेता है। मगर शिक्षा के द्वारा उसमें सुधार लाया जा सकता है। जीवात्मा को स्वतंत्र मानने के कारण वह शिक्षा को अधिक प्रभावशाली मानते है। स्वामी विवेकानन्द जी अनुवांशिकता के प्रभाव में विश्वास करते है। वातावरण की तरफ स्वामी जी का अधिक झुकाव था। स्वामी जी के अनुसार शिक्षा, सत्संग और निरन्तर अभ्यास से बालक में सुधार हो सकता है। बीज रूप में मानव संस्कार उपस्थित रहते हैं और उनके अनुसार जीव संसार में अच्छे-बुरे फल भोगते हैं किन्तु उनकी दशा में परिवर्तन सम्भव है। स्वामी जी का कहना है कि मन में नाना प्रकार के संस्कार पड़ने से वे एकत्रित होकर आदत या स्वभाव के रूप में परिणत हो जाते हैं। कहा जाता है कि आदत द्वितीय स्वभाव है, पर वह प्रथम स्वभाव भी है। हमारा जो स्वभाव अभी है वह पूर्व अभ्यास का फल है। बुरी आदत का एकमात्र प्रतिफाल है–उसकी विपरीत आदत। अच्छे गुणों द्वारा खराब गुणों को समाप्त किया जा सकता है। सतत् अच्छे कार्य करते रहो और सदा पवित्र विचार मन में सोचा करो। नीचे संस्कारों को दबाने का यही एक मात्र उपाय है। ऐसा कभी न कहो कि अमुक व्यक्ति गया बीता है उसके सुधार की आशा नहीं की जा सकती। स्वामी जी के विचार में पतित से पतित व्यक्ति के सुधार की पूरी संभावना है। चरित्र पुनः पुनः अभ्यास की समष्टि मात्र है और इस प्रकार का पुनः पुनः अभ्यास ही चरित्र का निर्माण करने में सहायक हो सकता है।

स्वामी विवकानन्द जी का कथन है कि मनुष्य की अन्तर्निहित पूर्णता को अभिव्यक्त करना ही शिक्षा है। ज्ञान मनुष्य में स्वभाव से है। कोई भी ज्ञान बाहर से नहीं आता, सब अन्दर ही है। मनुष्य जो कुछ सीखता है वह वास्तव में आविष्कार करना ही है। आविष्कार का अर्थ मनुष्य का अपनी अनन्त ज्ञान स्वरूप आत्मा के

ऊपर से आवरण को हटा लेना है। वास्तव में उनका यह विचार मनोवैज्ञानिक सिद्धान्त पर ही आधारित है।

स्वामी जी के अनुसार मनुष्य को मनुष्य नहीं सिखाता, वह स्वयं ही सीखता है। बाहर के गुरू तो कुछ सुझाव या प्रेरणा देने वाले कारण मात्र हैं। वे हमारे भीतर समाहित सब विषयों का मर्म समझने के लिए भाव उपस्थित कर देते हैं। तुम किसी बालक को शिक्षा देने में उसी प्रकार असमर्थ हो जैसे किसी पौधो को बढ़ाने में, पौधा अपनी प्रकृति का विकास आप ही कर लेता है। बालक भी अपने आपको शिक्षित कर लेता है पर हाँ तुम उसे अपने ही ढंग से बढ़ने में सहायता दे सकते हो। तुम बाधाओं को हटा दो तो ज्ञान स्वाभाविक रूप से प्रकट हो जाएगा। हमें बालकों के लिए केवल इतना ही करना है कि वे अपने हाथ, पैर, कान, नाक का उचित प्रयोग करने के लिए बुद्धि का उपयोग करना सीखें। बालक को स्वतंत्र अवसर दो और उसके स्वाभाविक विकास में सहायता करो। धनात्मक विचार को अपनाकर शिक्षा की प्राप्ति करनी चाहिए। जहाँ माता-पिता अपने बालकों के पीछे लगे रहते हैं और कहते हैं कि तुम कभी कुछ सीख नहीं सकते, गधे बने रहोगे, वहाँ बालक वास्तव में उनके कथनों के अनुसार हो जाते हैं। जैसा लोग कहते हैं वैसा ही सामने आता है। यदि तुम उनसे सहानुभूति भरी बातें करो और उन्हें उत्साह जागृत कर दो तो समय पाकर उनकी उन्नति का होना निश्चित है। यदि तुम उनके सामने विधायक विचार रखो तो उनमें मनुष्यता आएगी और वे अपने पैरों पर खड़ा होना सीखेंगे। भाषा और साहित्य, काव्य और कला हर एक विषय में हमें मनुष्यों को उनके विचार और कार्य की भूलें नहीं बतानी चाहिए वरन् उन्हें वह मार्ग दिखा देना चाहिए जिससे वे इन सब बातों को समझ सकें। विद्यार्थी जिस प्रवृत्ति का है उसी के अनुसार उसका मार्गदर्शन करना चाहिए। जो जहाँ पर है उसे वहीं से आगे बढाओ। हमने देखा है कि जिसको हम निकम्मा समझते थे उनको भी श्री रामकृष्ण देव ने किस प्रकार उत्साहित किया ओर उनके जीवन का प्रवाह बिल्कुल बदल दिया। उन्होंने कभी भी किसी मनुष्य की विशेष प्रवृत्तियों को नष्ट नहीं किया। उन्होंने अत्यन्त पतित मनुष्यों के प्रति भी आशा और उत्साहपूर्ण वचन कहे और उन्हें ऊपर उठा दिया।

स्वामी जी ने शिक्षा के लिए व्यक्तिवाद का समर्थन किया है। उनके अनुसार व्यक्ति को शिक्षा स्वतंत्र रूप में मिलनी चाहिए। उस पर विचार लादने नहीं चाहिए। माता-पिता के दबाव के कारण हमारे बालकों को विकास का स्वतंत्र अवसर प्राप्त नहीं होता। हर एक में ऐसी असंख्य प्रवृत्तियाँ रहती हैं जिनके विकास के लिए समुचित क्षेत्र की आवश्यकता होती है। सुधार के लिए प्रयोग करने का परिणाम सदैव

उल्टा ही होता है। यदि तुम किसी को सिंह न बनने दोगे तो वह सियार ही बनेगा। जिस प्रकार का वातावरण उसे दोगे उसी के अनुसार वह ढलेगा।

बच्चों के समक्ष कैसा विचार रखें इसके सम्बन्ध में स्वामी जी ने बताया कि सकारात्मक विचार रखने चाहिए, न कि निषेधात्मक क्योंकि निषेधात्मक विचार मनुष्य को दुर्बल बना देते हैं। वे भारत की वर्तमान शिक्षा प्रणाली की आलोचना करते हुए कहते हैं कि हमारे यहाँ बालकों को भी बड़ी निषेधात्मक या अभावात्मक शिक्षा दी जाती है। इस प्रकार की शिक्षा मृत्यु से भी बदतर होगी है। स्वामी विवेकानन्द का कहना है कि विद्यार्थी की शिक्षा उसकी आन्तरिक आवश्यकताओं के अनुरूप होनी चाहिए।

स्वामी विवेकानन्द चरित्र निर्माण की शिक्षा पर बहुत जोर देते हैं। उनका कहना है कि आज हमें जिसकी वास्तविक आवश्यकता है वह है चरित्रवान स्त्री, पुरूषों की। किसी भी राष्ट्र का विकास और उसकी सुरक्षा प्रमुखतः उसके चरित्रवान नागरिकों पर निर्भर है। व्यक्ति को चरित्रवान व कर्मठ होना चाहिए। उसे धर्म व ब्रह्मचर्य की शिक्षा देनी चाहिए।

स्वामी विवकानन्द जी का विचार है कि मनुष्य के पुरूषार्थ के चारों तत्वों धर्म, अर्थ, काम और मोक्ष का उचित रूप में संगठन करना आवश्यक है। तभी व्यक्ति का समग्र विकास होगा।

शिक्षा का अर्थ

विवेकानन्द जी का मानना था कि व्यक्ति में विभिन्न शक्तियाँ भरी पड़ी हैं जो शिक्षा इन्हें व्यवहार रूप में परिणित कर सके वही सच्ची शिक्षा है, अर्थात् व्यक्ति के अंदर उपस्थित गुणों का विकास करना ही तो वास्तविक शिक्षा है। स्वामीजी ने शिक्षा का उद्देश्य निश्चित करते हुए कहा—"शिक्षा का उद्देश्य होना चाहिए—मनुष्य में अंतर्निहित पूर्णता की अभिव्यक्ति।" उनके ये शब्द आज भी शिक्षा-शास्त्रियों के लिए प्रेरणा स्रोत बने हैं—यह पूर्णता बाहर से नहीं आती है, बल्कि मनुष्य के भीतर ही छिपी रहती है। सभी तरह का ज्ञान मनुष्य की आत्मा में निहित रहता है। शिक्षा उसका विकास तथा परिष्कार मात्र करती है। यह मनुष्य को मानवीय गुणों से संपन्न करती है। इसके द्वारा मनुष्य में देवत्व गुणों का विकास होता है।

शिक्षा पाशुविक प्रवृत्तियों का शोधन करती है। यह मानव के अंदर विचार एवं मनन-शक्ति की विकास करने में सक्षम है। पशु में विचार एवं मनन शक्ति की हमेशा कमी रहती है। मानव समुदाय के अन्दर जो अनपढ़ हैं, उनमें पर्याप्त

मानव शक्ति का विकास नहीं हो पाता। इसके विपरीत सही रूप में शिक्षित मानव मनन-शक्ति से संपन्न होता है। वह जीवन के कार्य-क्षेत्र में पूरी बुद्धिमता से काम लेता है। इस तरह वास्तविक शिक्षा विचार-शक्ति तथा बुद्धि की जननी है।

स्वामी जी के अनुसार उत्तम शिक्षा वही है जो मन, विचार तथा आचरण को पवित्र बनाए। परिष्कृत मन, आचरण व चरित्र ही आदर्श मानव का निर्माण करते हैं। शिक्षा मनुष्य के जीवन को ऊर्ध्वगामी बनाती है, निम्नगामी नहीं। अतः सहृदय, सच्चरित्र, निर्भीक, सक्षम तथा विवेकशील मानव के निर्माण प्रक्रिया को ही वास्तविक शिक्षा की संज्ञा दी जा सकती है।

शिक्षा के उद्देश्य

शिक्षा एक बहुमुखी प्रक्रिया है, इसलिए इसका उद्देश्य भी व्यापक होता है। स्वामी विवेकानन्द ने शिक्षा के जो उद्देश्य बताये वे इस प्रकार हैं–

(1) आंतरिक शक्तियों का विकास–मानव के अंदर सभी तरह की शक्तियाँ जन्मजात होती हैं। वे उनके अंदर छिपी रहती हैं–अंकुर रूप में। शिक्षा का परम उद्देश्य उन शक्तियों का विकास करना है जिसके अन्तर्गत सभी बालक ईश्वरीय शक्ति से पूर्ण हैं। उनमें अपार क्षमता का भंडार है। शिक्षा उस क्षमता-भंडार का द्वार खोल देती है। अतः शिक्षा की सार्थकता मानव के आंतरिक गुणों के विकास, प्रस्फुटन तथा परिष्कार में है।

(2) मानव-निर्माण–मानवीय भावनाओं का विकास भी शिक्षा द्वारा ही होता है। वास्तव में सबल, सक्षम, सुविकसित व प्रबुद्ध मानव का निर्माण ही तो शिक्षा का मुख्य उद्देश्य होता है। कमजोर, अक्षम, व बुद्धिहीन मानव तो समाज व देश के लिए भार-स्वरूप ही होते हैं। उनसे समाज का भला किसी भी रूप में नहीं हो सकता। शिक्षा की समस्या को बताते हुए उन्होंने कहा कि वर्तमान शिक्षा व्यक्तियों को विषयों का ज्ञान व सूचनाएँ तो देती है, लेकिन उसमें मानवीय गुणों का सम्यक विकास करने की क्षमता की हमेशा कमी होती है। वास्तविक शिक्षा तो मानव-निर्माण में योग्य होती है। आज हमारे देश को ऐसे मनुष्यों की जरूरत है, जिसके शरीर में लौह मांस-पेशियाँ हों, इस्पाती महीन नस हों तथा प्रबल इच्छाशक्ति हो। कमजोर अस्वस्थ्य मानव का निर्माण करने वाली शिक्षा व्यर्थ होती है। अतः सच्चे मानव का निर्माण करने वाली शिक्षा ही देश की अभिलाषा है।

(3) चरित्र निर्माण—विवेकानन्द जी ने कहा कि चरित्रहीन मानव में आत्मा नहीं होती, उसके अन्दर प्राण ही नहीं होता है। कहा भी गया है—यदि धन गया तो कुछ नहीं गया, यदि स्वास्थ्य गया तो कुछ गया और यदि चरित्र गया तो समझो सब कुछ चला गया। चरित्र व्यक्ति की आंतरिक शक्ति का परिचायक है। चरित्र से निर्भीकता, दृढ़ निश्चय व मानसिक शक्ति का विकास होता है। चरित्र ही मानव को वैयक्तिक विशिष्टता प्रदान करता है। अतः चरित्र-निर्माण शिक्षा का एक मुख्य उद्देश्य है। अतः मानव की सभी प्रवृत्तियों का समष्टि-रूप ही चरित्र है; और शिक्षा प्रवृत्तियों का परिष्कार करती है।

(4) इच्छा शक्ति का विकास—स्वामी जी ने कहा कि शिक्षा का उद्देश्य मात्र शारीरिक विकास नहीं हो सकता क्योंकि यह बिना इच्छा शक्ति के विकास के अपूर्ण है। जहाँ तक शारीरिक विशालता तथा शक्ति का संबंध है, पशु मानव से कहीं अधिक बढ़-चढ़कर है। हाथी, बाघ, सिंह घोड़े आदि की शक्ति की तुलना में भी मनुष्य की शक्ति नहीं आती। अतः यह स्पष्ट है कि मानव की वास्तविक शक्ति, शारीरिक शक्ति से कुछ परे है, कुछ ऊपर है। यह वास्तविक शक्ति है, इच्छा-शक्ति। इसी के दम पर तो मानव ने आज प्रकृति, पशु-बल गति, दूरी आदि को अपनी मुट्ठी में कैद कर रखा है। अब तो अपनी प्रबल इच्छा-शक्ति के बल पर वह चाँद पर भी घूम आया है। इच्छा जहाँ मानव की प्रगति-पथ पर अग्रसित करती है, वहीं उसे आशा का वरदान भी देती है। अतः स्वामीजी ने स्पष्ट किया है कि शिक्षा का परम उद्देश्य है, इच्छा-शक्ति का विकास करना है।

(5) हृदय-पक्ष का विकास—शारीरिक मानसिक शक्ति के साथ हृदय का विकास सर्वोत्तम शिक्षा का एक मात्र उद्देश्य होता है। शिक्षा की सार्थकता तो हृदय-पक्ष के विकास में है। हम सभी को यह ज्ञात है कि रावण व हिरण्यकश्यप की शारीरिक, मानसिक व इच्छा शक्तियों का पूरी तरह विकास हो चुका था, लेकिन उनके हृदय-पक्ष का विकास नहीं के समान हुआ था। परिणामस्वरूप सभी मानवता को त्रस्त होना पड़ा। वहीं राम में हृदय-पक्ष की प्रबलता थी। इसी से तो शबरी, निषाद आदि की ममता की कीमत देने में वे योग्य सिद्ध हो सके। हृदय-पक्ष के विकास से ही दुखियों के दुःखों गरीबों की दिक्कतों, दलितों की वेदनाओं तथा रोगियों की छटपटाहटों की अनुभूति संभव है, तभी तो मानव समाज के दीन, दुःखी पीड़ित व दलित व्यक्तियों की सेवा में हम अपनी सभी शक्तियाँ लगाने को तैयार हो जाते हैं। वस्तुतः हृदय की पवित्रता से ईश्वर का साक्षात्कार होता है।

(6) विशिष्ट ज्ञान–विशिष्ट ज्ञान वह ज्ञान है जो सामान्य ज्ञान से श्रेष्ठ होता है। इससे आत्म-शक्ति भी प्राप्त होती है। लेकिन केवल उस ज्ञान का उतना बड़ा मूल्य नहीं होता जो केवल रोटी को पैदा करने में मदद करती हो। हमें तो उस ज्ञान की भी उतनी बड़ी जरूरत है, जिसके सहारे हम सच का अनुभव करते हैं, विश्व की एकता की अनुभूति करते हैं, विश्वबन्धुत्व की भावना का विकास करते हैं व सदा सच का दर्शन करते हैं। शिक्षा का लक्ष्य इस ज्ञान की प्राप्ति भी है।

(7) विज्ञान तथा तकनीकी ज्ञान का विकास–विज्ञान और तकनीकी का हर क्षेत्रों पर प्रभाव पड़ रहा है। इसे हम नजरअंदाज नहीं कर सकते। विज्ञान की उपलब्धियों एवं उसकी प्रगति के साथ अपने को संबद्ध करना आधुनिक जीवन के लिए बहुत जरूरी हो गया है। इसी तरह तकनीकी ज्ञान जैसे–इंजीनियरिंग आदि भी आज मानवीय प्रगति तथा विश्व संरचना के लिए बहुत जरूरी हो गया है। विज्ञान व तकनीकी ज्ञान जहाँ हमें दक्षता, प्रदान करते हैं, वहीं आधुनिक समाज उनकी उन्नति के रास्ते पर आगे बढ़ता है, समृद्धि प्राप्त करता है या सम्मान का पात्र बनाता है। आधुनिक सुख के व व्यक्तित्व निर्माण के साधन की प्राप्ति भी तो विज्ञान तथा तकनीकी ज्ञान से ही संभव है। इसलिए आधुनिक शिक्षा का उद्देश्य विज्ञान व तकनीकी का विकास करना भी है।

(8) मानवीय गुणों का विकास–मानवीय गुणों जैसे– परोपकार, दया, स्नेह व अनुशासन आदि का विकास करना भी शिक्षा का ही उद्देश्य है। इनमें सबसे महत्वपूर्ण हैं, आत्मविश्वास का गुण। इसके बिना मानव किसी काम को करने में अयोग्य सिद्ध होगा। इसके बिना नेतृत्व-शक्ति का अंकुरण ही नहीं हो सकता। जिसमें आत्मशक्ति ही नहीं, वह नेतृत्व क्या कर सकेगा, यह सवाल बार-बार उठता है। मानवीय गुणों से ही मानवता सार्थक होती है। व्यक्ति को अन्याय का विरोध करना चाहिए।

(9) विचार-शक्ति का विकास–आधुनिक शिक्षा-प्रणाली में विचार शक्ति के प्रस्तुतीकरण को विशेष महत्त्व नहीं दिया गया है। छात्र विषय को समझने की अपेक्षा रटने पर अधिक जोर देते हैं। सच तो यह है कि कुछ विषय-खण्डों को रटकर परीक्षाओं में उत्तर लिखना तथा कागजी डिग्रियों को हासिल कर लेना मात्र ही आज शिक्षा का उद्देश्य रह गयी है। वस्तुतः शिक्षा का उद्देश्य तो मानव में महान विचार-शक्ति का विकास करना है। विचार-शक्ति का वरदान ही मानव को पशु से उच्च स्थान प्रदान ही कराता है। विचार-शक्ति के द्वारा ही मानव अच्छे-बुरे, ऊँच-नीच, सहयोग-असहयोग तथा न्याय-अन्याय में अंतर कर सकने के योग्य हो

पाता है। विचार-शक्ति से ही हम अपनी जीवनगत् समस्याओं का समाधान ढूँढ़ने में सफल हो पाते हैं। विचार का ही विस्तृत् रूप ही बुद्धिमता है। विचार तथा विवेक के संगम पर ही तो वास्तविक मानवीय शिक्षा का प्रकाश-स्तंभ खड़ा होता है। विचारशील मानव पारस्परिक वैर एवं क्षुद्र सीमाओं से ऊपर होता है व उसका मस्तिष्क मुक्त तथा उदार होता है। रूढ़िवादी परंपराओं व संकुचित धारणाओं का नाश विचार-शक्ति से ही संभव है। इसलिए इसके विकास के लिए हरसंभव प्रयास किए जाने चाहिए।

शिक्षा के मूलभूत तत्व

(क) बच्चे स्वतः सीखते हैं—बच्चों में सीखने की क्षमता विद्यमान होती है वे स्वतः सीखते हैं। बाहर के गुरु द्वारा तो सुझाव और प्रेरणा प्रदान करते हैं। वे तो अंतस्थ गुरु को सिर्फ उद्‌बोधन प्रदान करते हैं। विषय व ज्ञान हमारे अनुभव तथा विचार-शक्ति द्वारा स्पष्ट से स्पष्टतर हो जाते हैं। सच तो यह है कि अपनी आत्मा में हम उन्हें महसूस करने लगते हैं। वट वृक्ष के नन्हें बीज से विशाल वृक्ष उत्पन्न होता है। माली तो सिर्फ उसे उचित मिट्टी, हवा, पानी व बाह्य पोषण देता है। बढ़ने, फैलने, फूलने तथा फलने का कार्य वह बीज स्वयं करता है। इसी तरह बच्चे भी स्वयं सीखते हैं। गुरु तो मात्र उद्‌बोधन तथा अनुकूल वातावरण उपस्थित करता है। इस प्रकार शिक्षक बच्चे को स्वाभाविक ढंग से विकसित होने में प्रेरणादायक होता है। शिक्षक वह लाठी है जिसे पकड़कर बच्चा आगे बढ़ना सीखता है। शिक्षक बच्चों के विकास-मार्ग में आने वाली समस्याओं को दूर कर उसे प्रगति के पथ पर ले जाते हैं परिणामस्वरूप ज्ञान की रश्मि स्वतः ही उजागर हो जाती हैं। वास्तव में शिक्षक सिर्फ बाह्य प्रबोधन, जागृति देने का काम करता है परंतु इसका बच्चे के मास्तिष्क पर सीधा प्रभाव पड़ता है।

(ख) ज्ञान मनुष्य में स्वभाव सिद्ध है—विवेकानन्द के अनुसार अधिगमित विषय व्यक्ति में संभावनाएँ ही होती है। शिक्षा के द्वारा तो उस शक्ति का पर्दा हटाया जाता है, मनुष्य की अन्तर्निहित पूर्णता को अभिव्यक्ति प्रदान करने के लिए ही वास्तविक शिक्षा है। सच तो यह है कि सम्पूर्ण ज्ञान मनुष्य के मन में है। शिक्षा के द्वारा उसके ऊपर का आवरण जैसे-जैसे हटता है, वैसे-वैसे ज्ञान का प्रस्तुतीकरण होता है, जिस मनुष्य के मन से यह आवरण जितना अधिक हटता चला जाता है, वह उतना ही अधिक ज्ञानी होता है, और जिसके मन का आवरण नहीं हटता है वह अज्ञान के अंधकार में भटकता रह जाता है। शिक्षा की उपयोगिता

यहीं पर विद्यमान होती है। चमकीले पत्थर का भी उदाहरण देकर हम यह स्पष्ट कर सकते हैं। उस पत्थर में प्रगट रूप में अग्नि नहीं दिखाई पड़ती और न वह क्रियाशील ही हो सकती है लेकिन तीव्र घर्षण को पाकर उसमें छिपी अग्नि स्फुलिंग के रूप में प्रगट हो जाती है। वह किसी पदार्थ को जला सकने में योग्य है। बिलकुल यही स्थिति मनुष्य की है। उसमें भी ज्ञानाग्नि छिपी होती है। परिमार्जित होने पर वह सामने हो जाती है। मानव-मन के अंदर समस्त ज्ञान का आवरण में सुप्तावस्था में रहते हैं, मनुष्य के मन के अंदर से शिक्षा यह पर्दा हटने के साथ ही यह सभी के सामने प्रगट हो जाती है। शिक्षा का वास्तविक तत्त्व इसी प्रक्रिया के अन्तर्गत है।

(ग) विधायक विचार—बच्चों की समुचित शिक्षा के लिए हमें उनके सामने विधायक विचार रखना चाहिए। उनके सामने कभी भी निषेधात्मक विचार नहीं रखना चाहिए। वह बहुत ही दुखःदायी होता है। ऐसा देखने में आया है कि जहाँ माता-पिता पढ़ने-लिखने के लिए सदा अपने बच्चों के पीछे लगे रहते हैं और कहा करते हैं कि तुम कभी कुछ नहीं सीख सकते गधे बने रहोगे—वहाँ बच्चे के मन सचमुच में वैसी ही भावना जागृत हो जाती हैं। वस्तुतः बच्चों को आवश्यक उत्साह व सहानुभूति प्रदान करने से उनकी प्रगति निश्चित है। यदि हम उनके सामने विधायक विचार रखें तो उनमें मनुष्यत्ता आएगी और आत्म निर्भर हो सकेंगे।

(घ) स्वतंत्र अवसर—बच्चों को स्वतंत्र रूप से सीखने का अवसर देना चाहिए, अन्यथा उन पर प्रतिकूल प्रभाव पड़ता है। यह न केवल अन्याय है बल्कि अमानवीय भी है। इस तरीके से तो बच्चा शिक्षा प्राप्त करने के बजाय उससे दूर भागने का प्रयास करेगा है। जैसे एक कथा है– किसी ने एक व्यक्ति को सलाह दी कि गधे को पीटने से वह घोड़ा बन जाता है। गधे के मूढ़ मालिक ने अपने गधे को इतना पीटा कि वह मर गया। उसे घोड़ा न बनना था और न बना। इसी तरह बच्चों को ठोक-पीटकर शिक्षित बनाने से उनकी आत्मिक हत्या हो जाती है। माता-पिता के अनुचित दबाव बच्चों के स्वाभाविक विकास के दुश्मन होते हैं। अतः बच्चों के अंदर निहित असंख्य प्रवृत्तियों तथा शक्तियों को स्वाभाविक रूप से विकसित होने का स्वतंत्र अवसर प्रदान किया जाए। यही सही मायने में उचित शिक्षा है। वस्तुतः स्वाधीनता ही विकास की पहली शर्त है। यदि कोई यह कहने की हिम्मत करता है कि मैं नारी या इस बच्चे का उद्धार करुँगा, तो वह गलत है, हजार बार गलत है। दूर हट जाओ! और देखोगे कि वे अपनी समस्याओं को स्वयं हल कर लेंगे। यह बात तो बिलकुल सच है कि एक मानव भगवान का ही स्वरूप है। अतः यही

समझकर मानव-मात्र की सेवा करें। यह सेवा यदि पूजा भाव से होगी तो स्वाधीन वातावरण में बच्चों का पूर्ण रूप से विकास संभव होगा, वास्तविक शिक्षा का आलोक फैल सकेगा।

एकाग्रता शिक्षा का एकमेव मार्ग

ज्ञान की प्राप्ति का एक ही मार्ग है एकाग्रता। विवेकानन्द का मानना था कि जिसने एकाग्रता पर एकाधिकार कर लिया है उसके लिए सभी ज्ञान को हासिल करना आसान हो जाता है। शिक्षा का सबसे प्रभावकारी मार्ग, ज्ञान को इकटठा करने की सबसे उचित विधि मन की एकाग्रता है। बिना किसी भेदभाव के सामान्य मनुष्य से लेकर महान योगी तक को ज्ञानार्जन के लिए इसी मार्ग का अवलम्बन करना होता है। साहित्य-स्रष्टा से लेकर वैज्ञानिक तक सभी मानसिक एकाग्रता के मार्ग से ही स्थायी उपलब्धि प्राप्त करते हैं। एकाग्रता जितनी शक्तिशाली एवं प्रशस्त होगी, ज्ञान की प्राप्ति उतनी ही अधिक से अधिक हो सकेगी। यह बात सभी तरह के कार्यों में उच्चता हासिल करने में लागू होती है।

चित्त व मन की एकाग्रता की शक्ति पशुओं में ना होकर सिर्फ मानव में होती है। पशुओं में मानसिक एकाग्रता वैसे है ही नहीं, और यदि किसी-किसी में है भी तो वह बहुत ही नाममात्र की। यही कारण है कि पशुओं को कुछ सिखाने में बहुत अधिक मुश्किल का सामना करना पड़ता है। मनुष्य में एकाग्रता जिसमें जितनी अधिक है, वह उतना ही ऊँचा उठा है। एकाग्रता में अंतर के कारण ही लोगों की प्रगति में भी अंतर दिखाई देता है।

एकाग्रता ही सफलता का निर्धारक एवं ज्ञान की एकमात्र कुंजी है। हाँ, इतना जरूरी है कि एकाग्रता के लिए ब्रह्मचर्य की परम आवश्यकता है। कामशक्ति को आध्यात्मिक शक्ति के रूप में परिणत किया जा सकता है। वासनाओं को वश में कर लेने वाला ही ब्रह्मचर्य की प्राप्ति करता है। ब्रह्मचारी ही आध्यात्मिक शक्ति का अधिकारी होता है। यह शक्ति जिसमें जितनी अधिक होती है वह उतना ही ज्यादा काम करने में सफलता प्राप्त करेगा। स्मृति-शक्ति और एकाग्रता की आधारशिला ब्रह्मचर्य ही तो है। अतः जिस तरह ज्ञानार्जन के लिए एकाग्रता और स्मृति-शक्ति जरुरी है, उसी प्रकार एकाग्रता की प्राप्ति के लिए ब्रह्मचर्य भी जरूरी है। ब्रह्मचर्य के अलावा श्रद्धा की भावना को अपने अंदर की जागृत करना शिक्षा के लिए बहुत जरूरी है। आधुनिक समय में मनुष्य-मनुष्य के बीच श्रद्धा की बहुत कमी है। उसमें आत्म-विश्वास की कमी है। इसी से समाज में अनेक समस्याओं का प्रादुर्भाव हुआ

है। इन समस्याओं का समाधान श्रद्धा और आत्मविश्वास में निहित है। जीवन की अनेकानेक समस्याओं का निपटारा स्वतः ही हो जाए यदि मानव-समाज में श्रद्धा का बीजारोपण हो जाए। श्रद्धा से ही मनुष्य अपने कर्म में प्रवृत्त होता है।

चरित्रगठन के लिए शिक्षा

कोई भी शिक्षा तभी सार्थक मानी जाती है जब तक वह चरित्र निर्माण में सहायक हो। मानव का चरित्र उसकी विभिन्न अलग-अलग प्रवृत्तियों की समष्टि है, उसके मन के सभी झुकावों, रुझान का योग है। सुख और दुःख जैसे-जैसे उसकी आत्मा पर से होकर गुजरते हैं, वे उस पर अपनी छाप छोड़ जाते हैं और इन सब अलग-अलग छापों का समष्टि फल ही मानव का चरित्र कहलाता है। हमारे विचारों ने ही हमें बनाया है। सभी विचार हमारे शरीर पर लोहे के टुकड़े पर हथौड़े की हल्की चोट के समान हैं और उसके माध्यम से ही हम जो बनना चाहते हैं बनते जाते हैं। वाणी तो गौण है, विचार सजीव होते हैं; उनकी दौड़ बहुत दूर तक हुआ करती है और इसी दौड़ में हम बहुत आगे तक निकल जाते हैं इसलिए हमें अपने विचारों से सावधान रहना चाहिये। भलाई और बुराई दोनों का चरित्र के निर्माण में समान भाग रहता है। कभी-कभी तो सुख की तुलना में दुःख बड़ा शिक्षक होता है।

महापुरुषों का जीवन भी समस्याओं से परे नहीं रहा। फूलों की सेज पर चरित्र का टकसाली रूप बन भी तो नहीं पाता। इसलिए मानव चरित्र पर विचारों का प्रभाव पड़ता है। अच्छे विचार और अच्छे कार्यों के द्वारा मानव के अन्दर अच्छे संस्कारों का समावेश होता है जो अच्छे चरित्र का गठन करते हैं। अच्छी आदतें भी हमारे चरित्र की सुंदरता में चार चाँद लगा देती हैं। गलतियों का निराकरण भी चरित्र को ऊंचा उठाता है। अतः चरित्र निर्माण तथा आत्म-विकास का अन्योन्याश्रित संबंध है।

शिक्षक तथा शिष्य

शिक्षक—शिक्षक के आदर्शों मूल्यों व व्यक्तित्व का शिष्य पर प्रभाव पड़ता है। अतएव शिक्षक का चरित्र अग्नि के समान जाज्वल्यमान होना जरूरी है। जिस शिक्षक के चरित्र में प्रकाश नहीं, वह अपने शिष्य के चरित्र में प्राण व प्रकाश का समावेश कैसे करा सकता है। शिक्षक को अध्ययनशील, चरित्रवान, स्वस्थ्य और त्यागी होना चाहिए। विद्या, दान करने वाले व्यक्ति को इन गुण से सम्पन्न होना चाहिए। पुरानी गुरुकुल प्रथा में शिक्षक ममतावान, त्यागी परोपकारी, विद्वान व प्रशक्त होते थे। शिक्षकों के लिए वही आदर्श अच्छा है। इनके अलावा शिक्षक के लिए शास्त्र-मर्मज्ञाता,

निःपुणता व निःस्वार्थता तथा प्रेम भावना जैसे गुण विशेष अनिवार्य हैं। इन गुणों से विभूषित व्यक्ति ही गुरू (शिक्षक) का पद सम्भालने योग्य होता है। इन जरूरी गुणों के होते हुए भी जिस शिक्षक के हृदय में शिष्य के प्रति सच्ची सहानुभूति की कमी होती है वह कदापि आदर्श शिक्षक नहीं हो सकता। वस्तुतः सच्ची सहानुभूति के बिना शिक्षक अच्छी एवं प्रभावकारी शिक्षा दे भी तो नहीं सकता। सच्चा शिक्षक वह है जो अपनी आत्मा को शिष्य की आत्मा में प्रवेश दिला सके और उसकी निहित संभावनाओं का विकास कर सके।

शिष्य—ज्ञान प्राप्त करने हेतु शिष्य के लिए आवश्यक है कि उसमें मन, वचन एवं आचरण की शुद्धता हो। इसके अलावा उसमें ज्ञान की सच्ची पिपासा व लगन के साथ परिश्रम करने की क्षमता का होना न सिर्फ महत्वपूर्ण है, बल्कि जरूरी भी है, अटूट लगन एवं लगातार अध्यवसाय शिष्य को शिक्षा की उच्चतम शिखर पर ले जाते हैं। शिक्षा की सफलता के लिए यह भी जरूरी है कि शिष्य में गुरू के प्रति दृढ़ विश्वास होना चाहिए। विनयशीलता व श्रद्धा के बिना छात्र की साधना कदापि सफल नहीं हो सकती। हाँ गुरुभक्ति जागरूक और उद्‌बुद्ध होनी चाहिए, अंधभक्ति नहीं। इन कतिपय आवश्यक गुणों से विभूषित शिष्य ही वास्तविक तौर से शिक्षा प्राप्त करने में सफलता हासिल कर सकते हैं। वेदान्त के अनुसार सभी प्राणियों में एक ही आत्मा का निवास है। इसलिए स्त्री और पुरुष में कोई भेद नहीं होता। इसलिए सभी को समान रूप से शिक्षा देना चाहिए लेकिन व्यावहारिक रूप में देखा जाता है कि हमारे देश में शिक्षा समाज तथा जीवन के अन्य क्षेत्रों में स्त्रियों तथा पुरुषों में बहुत ही भेद पाया जाता है। पुरुषों ने हमेशा से ही स्त्रियों को पीछे ढ़केल रखा है। यह स्थिति बहुत ही भयानक और चिंत्य है। विकसित देशों की स्थिति महिलाओं के शिक्षा की स्थिति भारत से काफी ठीक है जो देश, जो राष्ट्र स्त्रियों का आदर नहीं करते वे कभी बड़े नहीं हो सकते। यथार्थ शक्ति पूजक तो वह है जो स्त्रियों में ईश्वर की शक्ति का प्रकाश देखता है। यह सर्वविदित ही है कि—'यत्र नार्यस्तु पूज्यन्ते रमन्ते तत्र देवताः।'

आज स्त्रियों की अनेक समस्याएँ हैं। उन समस्याओं के समाधान खोजने का अवसर स्वतः स्त्रियों को ही प्रदान करने की जरूरत है। स्त्रियों को भी उपयुक्त तथा स्वस्थ-स्वतंत्र वातावरण में शिक्षा देनी चाहिए। धार्मिक शिक्षा, चरित्र-गठन तथा ब्रह्मचर्य व्रत का पालन स्त्री-शिक्षा मूल अंग है। भारतीय स्त्री-जाति के लिए आदर्श होना चाहिए—'सीता'। सीता में हम पूर्ण विकसित नारीत्व का साक्षात् दर्शन करते हैं। आज हमारी नारी सीता के गुणों से विभूषित होना है।

आदर्श नारी के निर्माण के लिए उनमें त्याग व साहानुभूति जैसे गुणों का विकास होना चाहिए। इतना ही नहीं उसमें शारीरिक स्वास्थ्य और आत्मरक्षा की क्षमता का भी पूरा विकास होना चाहिए। इसके अलावा बौद्धिक विषयों के साथ-साथ स्त्रियों में लौकिक दक्षता तथा कुशलता का भी होना बहुत जरूरी है।

जन-समूह की शिक्षा

स्वामी जी ने शिक्षा को व्यापक आर्थों में परिभाषित किया और इसे न केवल छात्रों बल्कि श्रमिकों के लिए भी अनिवार्य बताया और कहा अपने राष्ट्र के गरीब किसानों मजदूरों और हाशिए पर जीवन व्यतीत कर रहे दूसरे लोगों के लिए जन-शिक्षा अनिवार्य है। हम उनके प्रति जागरूक नहीं हैं। यह वस्तुतः राष्ट्रीय पाप है। उचित शिक्षा के माध्यम से तो गिरे हुए जन-समाज को उठाना है उनमें आत्मविश्वास तथा गौरव की वृद्धि करना है। अतएव जनसमूह की शिक्षा ही मुक्ति का एकमेव उपाय है। जन-समूह की शिक्षा का सार्थकता प्रदान करने के लिए शिक्षा का माध्यम मातृ-भाषा को ही बनाना होगा। तभी उन्नत विचारों को उन तक सुगमता!पूर्वक पहुंचाया जा सकता है। इस शिक्षा को पूर्णता प्रदान करने के लिए उन्हें संस्कृत की शिक्षा भी देनी चाहिए। इस तरह आध्यात्मिक सच को उनके भीतर लाया जा सकता है। तभी वे अपने को पहचान सकेंगे, अपनी क्षमता से परिचित हो सकेंगे।

हमारे राष्ट्र की आत्मा झुग्गी-झोपड़ियों में निवास करती है। अतः शिक्षा के दीपक को घर-घर ले जाना होगा, तभी तो सारा जन-समाज प्रबुद्ध हो सकेगा। उन्हें कर्म की भी शिक्षा दी जाए। यही तो वास्तविक जीवन की शिक्षा है। शिक्षा-मंदिर का द्वार सभी व्यक्तियों के लिए खोल दिया जाए जिससे कोई भी अनपढ़ न रहे। शिक्षा आजाद हो। दृढ़ लगन और कर्म की शिक्षा ही जन-समूह का सही मार्गदर्शन कर सकती है।

4

मूल्यांकन

एक बेहतर कम्युनिकेटर, प्रबंधन गुरू, आध्यात्मिक गुरू, वेदांतों का भाष्य करने वाला संन्यासी, धार्मिकता और आधुनिकता को साधने वाला साधक, अंतिम व्यक्ति की पीड़ा और उसके संघर्षों में उसके साथ खड़ा सेवक, देशप्रेमी, कुशल संगठनकर्ता, लेखक-संपादक, आदर्श शिष्य जैसी न जाने कितनी छवियां स्वामी विवेकानंद से जुड़ी हैं। हर छवि में वे अव्वल नजर आते हैं। देश का नौजवान आज भी उन्हें अपना हीरो मानता है। कोई डेढ़ सौ साल से भी पहले कोलकाता में जन्मे विवेकानंद और उनके विचार अगर आज भी प्रासंगिक बने हुए हैं तो समय के पार देखने की उनकी क्षमता को महसूस कीजिए, उनके भावों में बहकर देखिए।

विवेकानंद (12 जनवरी, 1863–4 जुलाई, 1902) युवाओं के लिए एक बड़ा आदर्श हैं। हालांकि उनका सिर्फ 39 साल का जीवन रहा, इसके बावजूद उन्होंने अपने विचारों और कार्यों से पूरे विश्व को एक नई दिशा दी। स्वामी विवेकानंद के व्यक्तित्व के गुणों को अपना कर कोई भी आगे बढ़ सकता है।

आत्मविश्वासी बनें : स्वामी विवेकानंद के मुताबिक, आस्तिक वही है, जो खुद पर विश्वास करे। कोई व्यक्ति भगवान पर विश्वास करता है, पर खुद पर विश्वास नहीं करता, तो वह नास्तिक है। यानी आत्मविश्वास सबसे महत्वपूर्ण है। खुद पर भरोसा रखने से ही व्यक्ति कोई भी कार्य कर सकता है।

तन-मन हो स्वस्थ : आत्मविश्वास को मजबूत करने के लिए स्वामी विवेकानंद ने तन और मन को मजबूत बनाने की शिक्षा दी। उन्होंने कहा कि गीता वीरों के

लिए है, कायरों के लिए नहीं। यानी ज्ञान प्राप्त करने के लिए पहले शरीर और मन को मजबूत बनाएं।

दूर करें हीनता-बोध : विवेकानंद ने लोगों के हीनता-बोध दूर करने के लिए ही सबको शिक्षा दी कि खुद को शरीर नहीं, आत्मा समझें। वह आत्मा, जो शक्तिशाली परमात्मा है। इससे हीनता बोध खत्म होता है और आत्मविश्वास बढ़ता है। इसलिए कभी भी ऐसी सोच न रखें कि मैं कमजोर, पापी या दुःखी हूं।

संयम-अनुशासन : खुद पर नियंत्रण करना संयम होता है। संयमी व्यक्ति सारे व्यवधानों के बीच भी अपने कार्य को सहजता से आगे बढ़ाता रहता है। सेवा की भावना, शांति, कर्मठता आदि गुण संयम से आते हैं। संयमी व्यक्ति तनाव से मुक्त होता है, इसीलिए वह हर काम गुणवत्ता से करता है। विवेकानंद ने कहा है–किसी भी क्षेत्र में शासन वही कर सकता है, जो खुद अनुशासित है।

भय को तिलांजलि दें : स्वामी विवेकानंद के मुताबिक, हमेशा यह सोचें कि मेरा जन्म कोई बड़ा काम करने के लिए हुआ है। यह सोचकर बिना किसी से डरे, अपने काम को ईश्वर का आदेश समझ कर करें। भय तब दूर हो जाएगा, जब हम खुद को अनश्वर आत्मा मानेंगे, नश्वर शरीर नहीं।

स्वावलंबी बनें : स्वामी जी ने कहा है कि भाग्य पर भरोसा न करें, बल्कि अपने कर्मों से अपना भाग्य खुद गढ़ें। उठो, साहसी और शक्तिमान बनो। इसमें आत्मनिर्भर बनने का सूत्र दिया गया है। स्वामी जी कहते हैं कि सारी शक्ति तुम्हारे अंदर ही है। तुम्हीं अपने मददगार हो, कोई दूसरा तुम्हारी मदद नहीं कर सकता। भगवान भी उसी की मदद करता है, जो अपनी मदद खुद करता है। यानी स्वावलंबी बनना आवश्यक है।

सेवा परमोधर्म : स्वामी जी ने निःस्वार्थ भाव से सेवा को सबसे बड़ा कर्म माना है। सेवा भाव का उदय होने से व्यक्ति दूसरों के दुखों को दूर करने की चेष्टा में अपने दुःखों या परेशानियों को भूल जाता है और उसके तन-मन की सामर्थ्य बढ़ जाती है।

आत्मशक्ति जगाएं : विवेकानंद के अनुसार, आत्मा परमशक्तिशाली है, वही ईश्वर है। इसलिए अपने आत्म-तत्व को पहचानकर उसकी शक्ति को जगाएं। तब आप स्वयं को ऊर्जावान महसूस करेंगे। असफलता से परेशान होकर अपने प्रयासों को छोड़े नहीं और किंचित सफलता पाकर संतुष्ट होकर बैठें नहीं। स्वामी जी ने कहा, उठो, जागो और लक्ष्य पाने तक नहीं रुको।

राष्ट्रवाद

स्वामी विवेकानन्द राष्ट्रवादी थे फिर भी उनका दर्शन अन्तर्राष्ट्रीयता से ओत-प्रोत प्रतीत होता है। उनका राष्ट्रवाद ऐसा राष्ट्रवाद था जो दूसरे राष्ट्रों के

लिए भी प्रेरणा स्रोत था। उन्हें अपने देश से प्यार था, और वे अपने देश को ऊँचा उठाने को उत्सुक थे, क्योंकि भारत का चरित्र सदियों से ही अत्यधिक ऊँचा रहा था, परन्तु बीच में विदेशियों का साम्राज्य स्थापित हो जाने के फलस्वरूप हम अपने गौरव और साधना को भूल चुके थे। इसलिए स्वामी विवेकानन्द का उद्देश्य देश को अन्धकार से निकाल कर प्रकाश में लाना था।

नव्य वेदान्त के आधार पर सम्पूर्ण मानवता में एकत्व विद्यमान है, परन्तु उसका विकास क्रमशः होता है। अन्तर्राष्ट्रीय भावों का विकास सुदृढ़ राष्ट्रीय गौरव के धरातल पर ही हो सकता है। स्वामी जी के अनुसार शिक्षा का ध्येय राष्ट्रीय गौरव का विकास करना है। वे लिखते हैं, "हे वीर, साहस का कार्य करो। गर्व से कहो, मैं भारतीय हूँ और हर भारतीय मेरा बन्धु है। तुम चिल्लाकर कहो, मूर्ख भारतवासी, ब्राह्मण भारतवासी, चाण्डाल भारतवासी सभी मेरे भाई हैं। भारत के दीन-दुखियों के साथ एक होकर गर्व से पुकार कर कहो—प्रत्येक भारतवासी मेरा भाई है। भारतवासी मेरे प्राण हैं। भारत के देवी-देवता मेरे ईश्वर हैं, भारत का समाज मेरे बचपन का झूला, जवानी की फुलवारी और बुढ़ापे की काशी हैं। भाई, कहो कि भारत की मिट्टी मेरा स्वर्ग है, भारत के कल्याण में मेरा कल्याण है, और रात-दिन तुम्हारी यही रट लगी रहे, हे गौरीनाथ, हे जगदम्बे, मुझे मनुष्यता दो। माँ मेरी दुर्बलता तथा कापुरुषता दूर कर दो। माँ मुझे मनुष्य बना दो।"

'कैम्ब्रिज हिस्ट्री आफ इण्डिया' के अनुसार स्वामी विवेकानन्द ने धर्म की प्रवृत्ति से युक्त राष्ट्रवाद का उपदेश दिया। सिंगापुर के सांस्कृतिक मंत्री एस. राजरत्नम् ने अपने वक्तव्य में स्वामी विवेकानन्द के विषय में कहा था कि "यद्यपि स्वामी विवेकानन्द ने अपने को राजनीति में कभी नहीं उलझाया, लेकिन वे राष्ट्रवादी आन्दोलन एवं राष्ट्रवादियों के लिए उठने वाली राष्ट्र चेतना की लहर के प्रतीक बन गए।" मद्रास विश्वविद्यालय के दर्शन विभाग के अध्यक्ष डॉ. टी.एम.पी. महादेवन् विवेकानन्द को आधुनिक भारत के प्रथम राष्ट्रवादी नेताओं में प्रमुख मानते हैं तथा उन्हें भारत की अपूर्व राष्ट्रवादी भावना का श्रेय प्रदान करते हैं। उन्होंने लिखा कि, "वह देशभक्त संन्यासी स्वामी विवेकानन्द का वेदान्ती राष्ट्रवाद ही था जिसने महात्मा गांधी की नीतियुक्त राजनीति को दिशा दी जिससे भारत स्वाधीन हुआ था।"

कोलम्बिया विश्वविद्यालय के अध्यक्ष डॉ. गेसरनकर के अनुसार विवेकानन्द ब्रिटिश शासन से मुक्ति की आवश्यकता का अनुभव करते थे क्योंकि उसे वे दमनकारी एवं राष्ट्रीय चेतना के विकास में बाधक मानते थे। उनके इस राजनीतिक दृष्टिकोण और तीव्र राष्ट्रभावना के ही साथ उनका अपने देशवासियों के प्रति

तिरस्कार का भी भाव था जो अपने राजनीतिक शासकों का अन्धानुकरण करते हुए अपनी सांस्कृतिक जड़ों को खो बैठे थे।

स्वाधीनता के समर्थक

स्वामी विवेकानन्द जी एक राष्ट्रवादी व्यक्ति होने के साथ-साथ स्वाधीनता के प्रबल समर्थक थे। उनका मानना था कि स्वाधीनता ही विकास की पहली शर्त है।" उन्होंने यह भी कहा था कि मैंने न्यूयार्क में आयरिश उपनिवेशवासियों को देखा। अंग्रेजों के पैरों से कुचले हुए वे कान्तिहीन, निःसम्बल, अतिदरिद्र और महामूर्ख प्रतीत होते थे। साथ में एक लाठी और उसके सिरे पर लटकती हुई चीथड़ों की एक छोटी-सी गठरी। उनकी चाल और चितवन में डर ही डर समाया रहता था। छः महीने में भिन्न दृश्य दिखाई देने लगा। अब वह तनकर चल रहा है। उसका पहनावा एवं वेश-भूषा में पूर्ण रूप से बदलाव आ गया है। उसकी चाल और चितवन में पहले का वह डर दिखाई नहीं पड़ता। ऐसा कैसे हुआ? अपने देश में वह आयरिश चारों ओर से घृणा से भरा रहता था। सारी प्रकृति उसे एक स्वर से कह रही थी, बच्चू नीच है, तू आजन्म। ऐसा सुनते-सुनते बच्चू को उसी का विश्वास हो गया और उस पर सम्मोह का रंग चढ़ गया कि वह सचमुच अत्यन्त नीच है। पर ज्यों ही उसने अमेरिका में पैर रखे, सभी दिशाओं से यह आवाज जोर से सुनाई देने लगी—बच्चू, तू भी हमारे ही जैसा मनुष्य है। मनुष्य ने ही सब कुछ किया है। तेरे और हमारे कि बात तो ठीक ही है। बस! उसके अन्दर का सोता हुआ ब्रह्मभाव जाग उठा मानो स्वयं प्रकृति ने कह दिया 'उत्तिष्ठत जाग्रत प्राप्य वरान्निबोधत' उठो जागो और ध्येय की प्राप्ति तक रुको मत।

लोकतन्त्र तथा समाजवाद के समर्थक

स्वामी विवेकानन्द स्वाधीनता के प्रबल समर्थक होने के साथ-साथ लोकतन्त्र तथा समाजवाद के भी समर्थक थे। वे प्रत्येक मानव के विकास के लिए स्वतंत्र मौका प्रदान करना चाहते थे। उनका मानना था कि स्वाधीनता ही विकास की पहली शर्त है। यदि कोई यह कहने का दुःसाहस करे कि मैं इस नारी का, इस बालक का उद्धार करूँगा तो वह गलत हैं ज़ार बार ग़लत है। दूर हट जाओ, ये अपनी समस्याओं को स्वयं हल कर लेंगे। तुम सर्वज्ञाता का दम भरने वाले होते कौन हो? तुममें ऐसे दुःसाहस का विचार कैसे आया कि ईश्वर पर भी तुम्हारा अधिकार है। क्या तुम नहीं जानते कि प्रत्येक आत्मा ईश्वर का ही स्वरूप है। हर एक को भगवत स्वरूप समझो।

तुम केवल सेवा कर सकते हो। प्रभु की सन्तानों की सेवा करो जब कभी तुम्हें अवसर मिले। यदि प्रभु की इच्छा से तुम उनकी किसी सन्तान की सेवा कर सको तो सचमुच तुम धन्य हो। तुम धन्य हो कि वह सौभाग्य तुम्हें प्राप्त हुआ और दूसरे उससे वंचित रहे। उस कार्य को पूजा की भावना से करो।

समाज विश्लेषण

सामाजिक दृष्टि से स्वामी विवेकानन्द वर्ण व्यवस्था को एक विशिष्ट स्थान प्रदान करते थे। हालांकि इस व्यवस्था में विभिन्न प्रकार की बुराइयों का जन्म हो गया है। इस सन्दर्भ में स्वामी विवेकानन्द जी कहते है कि हमारा विश्वास है कि भारतीय वर्ण व्यवस्था भगवान द्वारा मनुष्य को दी गई सर्वोत्कृष्ट सामाजिक व्यवस्थाओं में से एक है। हमारा यह भी विश्वास है कि यद्यपि अनिवार्य त्रुटियों ने, विदेशी बाधाओं और उपद्रवों ने तथा सर्वाधिक रूप में जो ब्राह्मण की उपाधि के योग्य भी नहीं हैं, ऐसे अनेक ब्राह्मणों के अतिशय अज्ञान और मिथ्याभिमान ने अनेक प्रकार से इस परम गौरवमय भारतीय व्यवस्था को समुचित रूप से सफल होने में बाधा पहुँचायी है और उसे कुंठित कर दिया है, फिर भी इस व्यवस्था ने भारत का अद्भुत कल्याण किया है और निश्चय ही भारतीय मानव जीवन को अपने लक्ष्य तक पथ-प्रदर्शन करने का श्रेय इस व्यवस्था के भाग्य में है।

स्वामी विवेकानन्द गुण, कार्य तथा स्वभाव को वर्ण व्यवस्था का प्रमुख आधार मानते थे न की धन व सम्पत्ति को। उनका मानना था कि हमारे यहाँ गुण और जन्म के आधार पर जाति बनती है, धन के आधार पर नहीं। मनुष्य के पास कितनी भी दौलत क्यों न हो, उससे भारत में कोई उच्चता प्राप्त नहीं होगी। जाति में सबसे गरीब और सबसे धनी बराबर माने जाते हैं। यह उसकी सर्वोत्तम विशेषताओं में से एक है। ब्राह्मण का जन्म ईश्वरोपासना के लिए हुआ है। जितना उच्चतर वर्ग होगा, उतने ही अधिक उसे समाज के प्रति कर्त्तव्यों का निर्वाह करना पड़ेगा। वर्ण व्यवस्था ने हमें राष्ट्र के रूप में जीवित रखा है। हालांकि कर्म व्यवस्था में विभिन्न प्रकार के दोष व्याप्त हैं। परन्तु इस दोष से कहीं अधिक लाभ भी इस व्यवस्था से मिलता है।

स्वामी विवेकानन्द एक ऐसे देशभक्त थे जो एक समाज सुधारक के रूप में मिलते थे। उनको भारतीय समाज की गिरती हुई दशा को देखकर तथा समाज में व्याप्त हुई कुरीतियों को देखकर कष्ट होता था। उन्होंने अपने जीवन पर भारत में फैली बुराइयों को दूर करने का प्रयत्न किया। स्वामी विवेकानन्द के विचारों को

सामाजिक तत्त्वों के आधार पर विभिन्न प्रकार के प्रस्तुत कर सकते हैं जो निम्नलिखित हैं–

जाति-पाँति के विरोधी

प्राचीन युग में हिन्दू समाज को चार वर्णों, ब्राह्मण क्षत्रिय वैश्य और शूद्र में बांटा गया था। वह उस समय के सर्वांगीण विकास के लिए आवश्यक था परन्तु बाद में चलकर ये चारों वर्ण दूषित होते गये और अन्त में इस व्यवस्था में अनेक दोष उत्पन्न हो गए। उनमें से एक बुराई यह थी कि जाति-पाँति, गुण, कर्म और स्वभाव पर आधारित न होकर जन्म पर आधारित हो गई थी। ब्राह्मणों की सन्तान को ब्राह्मण, क्षत्रियों की सन्तान को क्षत्रिय, वैश्यों की सन्तान को वैश्य व शूद्रों की सन्तान को शूद्र कहा जाने लगा। इस प्रकार यह रोग एक संक्रामक रोग बन गया। स्वामी विवेकानन्द ने इसका विरोध किया। इस सन्दर्भ में उनका मानना था कि कोई छोटा बड़ा नहीं है, शिक्षा प्राप्त करना सबका समान अधिकार है–ब्राह्मण, क्षत्रिय, वैश्य, शूद्र एवं स्त्री आदि सभी निर्बल वर्गों को शिक्षा समान रूप से मिलनी चाहिए। शिक्षा के लिए कोई व्यक्ति धन के अभाव के कारण विद्यालय नहीं आ पाता है तो समाजसेवियों को चाहिए कि वे इस प्रकार की व्यवस्था करें कि जिससे कमजोर वर्ग के व्यक्ति आवश्यकता के अनुसार शिक्षा प्राप्त कर सकें।

स्वामी जी कल्याणकारी राज्य के पक्ष में थे। जाति-पाँति का विरोध करते हुए स्वामी जी ने एक बार कहा था, मुझे इस बात का बहुत ही दुःख है कि आज विभिन्न जातियों व वर्गों के मध्य इतना विवाद है जोकि अवश्य बन्द होना चाहिए। यह विवाद ऊँची जातियों और नीची जातियों दोनों के लिए समान रूप से निरर्थक है। उन्हें आपसी विवादों का अन्त करना चाहिए और यह कार्य जितना शीघ्र हो सके उतना ही अच्छा है। इस कार्य में जितनी देर होगी, उतनी ही हानि होगी। इसलिए भारतवर्ष में ब्राह्मण का यह कर्त्तव्य है कि वह शेष मनुष्य समाज की मुक्ति के लिए कर्मशील बने। जब तक ऐसा करता रहेगा तभी तक वह ब्राह्मण है परन्तु जब वह केवल पैसा कमाने में ही लग जाता है तब वह ब्राह्मण नहीं रह जाता है।

स्वामी जी समस्त भारतवासियों को सन्देश दिया कि स्मरण रहे हमारा राष्ट्र झोंपड़ियों में बसता है। वर्तमान समय में तुम्हारा कर्त्तव्य है कि तुम देश के एक भाग से दूसरे भाग में जाओ और गाँव-गाँव जाकर लोगों को समझाओ कि अब आलस्य में बैठे रहने से काम नहीं चलेगा। उन्हें उनकी यथार्थ अवस्था का परिचय कराओ और कहो–भाइयों सब कोई उठो। जागो। अब और कितना सोओगे। जाओ और उन्हें

अपनी अवस्था सुधारने की सलाह दो और शास्त्रों की बातों को सरलतापूर्वक समझाते हुए उदात्त सत्त्वों का ज्ञान कराओ। उनके मस्तिष्क में यह भर दो कि ब्रह्मणों की भांति उनका भी धर्म पर समान अधिकार है। सभी को, चाण्डाल तक को भी। इन्हीं जाज्वल्यमान मन्त्रों का उपदेश दो। स्वामी जी कहते हैं कि सदियों से ऊँची जातियों वाले राजाओं और विदेशियों के असह्य अत्याचारों ने उनकी सारी शक्तियों को नष्ट कर दिया है और अब शक्ति प्राप्त करने का पहला उपाय है– उपनिषदों का आश्रय लेना और यह विश्वास करना कि मैं आत्मा हूँ। वेदान्त के इन सब महान तत्त्वों को अब जंगलों और गुफाओं से बाहर लाना होगा और न्यायालयों, प्रार्थना स्थलों, मन्दिरों एवं गरीबों के झोपड़ियों में प्रवेश कर अपना कार्य करना होगा। अब तो मछली पकड़ते हुए मछुए और विद्याभ्यास करते हुए विद्यार्थियों के साथ इन तत्त्वों को कार्य करना होगा। ये सन्देश प्रत्येक स्त्री, पुरुष और बालक के लिए हैं, वह चाहे जिस व्यवसाय के लगा हो, चाहे जहाँ निवास करता हो। ये सब मछुए आदि उपनिषदों के सिद्धान्तों के अनुसार कार्य कैसे कर सकते हैं। मार्ग भी बता दिया गया है। यदि मछुआ सोचे कि मैं आत्मा हूँ तो यह एक उत्तम मछुआ होगा। यदि विद्यार्थी यह चिन्तन करने लगे कि मैं आत्मा हूँ तो वह एक श्रेष्ठ विद्यार्थी होगा।

अस्पृश्यता का विरोध

अस्पृश्यता किसी भी देश के लिए एक अभिशाप है। स्वामी विवेकानन्द जी ने अपने एक भाषण में भारत के इस अभिशाप के सम्बन्ध में बड़े दुःख और शोक के साथ कहा था कि हम हिन्दू भी नहीं और वेदान्तिक भी नहीं। असल में हम है छुआ-छूत-पन्थी। रसोई घर हमारा मन्दिर है। पकाए जाने वाले बर्तन उपास्य देवता हैं और मत छुओ, मत छुओ, हमारा मन्त्र है। समाज के इस अन्ध कुसंस्कार को शीघ्र दूर करना होगा, और वह एकमात्र उपनिषदों के उदार मतों द्वारा ही यह संभव हो सकता है।

स्त्री जाति का उद्धार

प्राचीन युग में स्त्रियों की दशा बड़ी दयनीय थी। इन्हें हीन दृष्टि से देखा जाता था परन्तु उस समय की अपेक्षा आज इनकी स्थिति में काफी सुधार आ गया है। विवेकानन्द जी समस्त महिलाओं को बड़ी आदर की दृष्टि से देखते थे। वे प्रत्येक को माँ-बहन के रूप में पूजते थे। उस समय स्त्रियों की दशा कीड़ों से भी बदतर थी। उनका मानसिक स्तर भी बहुत नीचा माना जाता था। स्वामी विवेकानन्द ने उन्हें

गुलामी से छुटकारा दिलाया, पर्दे से बाहर किया, सार्वजनिक जीवन में भाग लेने की प्रेरणा दी तथा उनके शिक्षा ग्रहण करने पर बहुत जोर दिया। वे कहते हैं कि यह समझना बड़ा कठिन है कि इस देश में स्त्रियों और पुरुषों के बीच इतना भेदभाव क्यों है। प्राचीन वेदों व पुराणों में यह लिखा गया है कि प्रत्येक प्राणी के भीतर एक ही आत्मा विराजमान है। स्मृतियाँ आदि सीखकर और स्त्रियों पर कड़े नियमों का बन्धन डालकर पुरुषों ने उन्हें अपने चरणों की दासी बना रखा है। अवनति के युग में जब पुरोहितों ने अन्य जातियों को वेदाध्ययन के अयोग्य ठहराया उसी समय उन्होंने स्त्रियों को भी उनके अधिकारों से वंचित कर दिया था पर वैदिक और औपनिषदिक युग में तो मैत्रेयी और गार्गी आदि पुण्यस्मृति महिलाओं ने ऋषियों का स्थान ले लिया था। सहस्त्र वेदज्ञ ब्राह्मणों की सभा में गार्गी ने याज्ञवल्क्य को ब्रह्म के विषय में शास्त्रार्थ करने के लिए ललकारा था। स्वामी विवेकानन्द जी का मानना था कि विश्व के सम्पूर्ण विकासशील देशों ने महिलाओं को समुचित आदर व सम्मान देकर अपनी विशिष्टता तथा महानता का परिचय दिया है। जो राष्ट्र स्त्रियों का आदर नहीं करते वे कभी बड़े नहीं हो सकते, न ही पाए हैं उन्होंने समस्त महिलाओं को लौकिक तथा त्याग की शिक्षा देकर सीता बनाने का प्रयत्न किया ताकि अपनी रक्षा वे स्वयं कर सकें।

जनसमूह की शिक्षा का प्रसार

शिक्षा के अभाव में किसी भी देश का सर्वांगीण विकास सम्भव नहीं है। स्वामी विवेकानन्द का कहना था कि देश उसी अनुपात में उन्नति करता है जिस अनुपात में वहाँ जनसमूह में शिक्षा तथा विद्या का प्रसार होता है। भारतवर्ष की पतनावस्था का मुख्य कारण यह रहा है कि मुठ्ठी भर लोगों ने देश की सम्पूर्ण शिक्षा तथा बुद्धि पर एकाधिकार कर लिया। यदि हम फिर उन्नति करना चाहते हैं तो हम जनसाधारण में शिक्षा का प्रसार करके ही पहले जैसे हो सकते हैं। निम्न वर्ग के लोगों को अपने खोए हुए व्यक्तित्व का विकास करने के हेतु शिक्षा देना ही उनकी एकमात्र सेवा करना है। हम उनके सामने विचारों को रखें। विश्व में क्या हो रहा है उसके बारे में उन्हें अवगत कराया जाये। वे अपनी मुक्ति का कार्य स्वयं कर लेंगे। प्रत्येक राष्ट्र, प्रत्येक स्त्री तथा पुरुष को अपनी मुक्ति का कार्य स्वयं करना होगा। उनके सामने विचारों को रखो। बस उन्हें इतनी सहायता चाहिए और शेष सब उसके फलस्वरूप स्वयं हो जाएगा। हमारा कार्य है भिन्न-भिन्न रासायनिक पदार्थों को एक साथ रख देना तथा रवे बनाने का कार्य प्रकृति के नियम के द्वारा ही सम्पन्न हो जाएगा।

दलितों का उद्धार

स्वामी जी की दलितों के उद्धार में महान भूमिका थी दलितों तथा गरीबों को देखकर उनका कलेजा फट जाता था। वे इनके उद्धार के लिए हमेशा चिन्तन किया करते थे। उन्होंने उनको ऊँचा उठाने के लिए और सहायता देने के लिए अपने देशवासियों तथा अन्य मिशनरियों को प्रेरणा दी। भारतवासियों को सन्देश देते हुए इन्होंने कहा कि "आओ हममें से प्रत्येक व्यक्ति दिन और रात उन करोड़ों पददलित भारतीयों के लिए प्रार्थना करें जो गरीब, पुरोहितों के छल और नाना अत्याचारों द्वारा जकड़े हुए हैं। उन्हीं के लिए दिन रात प्रार्थना करो। मैं उच्च और धनिकों की अपेक्षा उनको उपदेश देने की चिन्ता करता हूँ।" स्वामी जी ने आगे चलकर कहा: "मैं दार्शनिक नहीं हूँ। तत्त्ववेत्ता नहीं हूँ। कोई सन्त भी नहीं हूँ। मैं दरिद्र हूँ और दरिद्रों को प्यार करता हूँ। दरिद्रता और अज्ञान के गर्त में सदा से डूबे हुए इन 20 करोड़ नर-नारियों के दुःखों को कौन अनुभव करता है। मैं उसी को महात्मा कहूँगा, जो इनके दुःखों का अनुभव करता है। किसके हृदय में उनके दुःखों के लिए टीस होती है? उन्हें न कहीं प्रकाश मिलता है न शिक्षा। उन्हें प्रकाश कौन देगा? कौन उनको शिक्षा देने के लिए उनके द्वार-द्वार भटकेगा। इन्हीं लोगों को तुम अपना ईश्वर समझो। निरन्तर इनका ध्यान करो। उनके लिए काम करो। उनके लिए निरन्तर प्रार्थना करो। ईश्वर तुम्हें मार्ग दिखलाएगा।"

हिन्दू धर्म की सार्वभौमिकता

सार्वभौमिकता हिन्दू धर्म की प्रमुख विशेषता है। स्वामी विवेकानन्द जी हिन्दू धर्म को विश्व धर्म कहते हैं क्योंकि इस धर्म में विभिन्न मतों, सम्प्रदायों और साधना पद्धतियों के लिए समान आदर का भाव है। उन्होंने कहा है कि हिन्दू धर्म की व्याख्या वेदान्त दर्शन की अत्युच्च आध्यात्मिक उड़ानों से लेकर आधुनिक विज्ञान के नीवनतम आविष्कार जिसकी केवल प्रतिध्वनि मात्र प्रतीत होते हैं–मूर्तिपूजा के निम्नस्तरीय विचारों एवं अनेकानेक पौराणिक दन्त-कथाओं तक और बौद्धों के अज्ञेयवाद तथा जैनों के निरीश्वरवाद, इनमें से प्रत्येक के लिए हिन्दू धर्म में स्थान है। स्वामी जी का मानना है कि हिन्दू को अपना धर्म वेदों से प्राप्त हुआ है। उनकी धारणा है कि वेद अनादि और अनन्त हैं। हिन्दू धर्म के दो भाग हैं–कर्मकाण्ड और ज्ञानकाण्ड। ज्ञानकाण्ड के अध्ययन में जाति भेद नहीं हैं।

स्वामी विवेकानन्द जी का मानना है कि हिन्दुओं की सारी साधना प्रणाली का लक्ष्य है सतत् अध्यवसाय द्वारा पूर्ण बन जाना ईश्वर को प्राप्त करना, उसके दर्शन करना तथा उस स्वर्गस्त पिता के समान पूर्ण हो जाना, हिन्दुओं को ध्येय है। 11 सितम्बर, 1893 ई. को विश्व हिन्दू धर्म महासभा में स्वामी विवेकानन्द जी ने हिन्दूधर्म की व्याख्या निम्न शब्दों में कीः "मैं एक ऐसे धर्म का अनुयायी होने में गर्व का अनुभव करता हूँ जिसने संसार को सहिष्णुता तथा सार्वभौमिकता, दोनों की शिक्षा दी है। हम लोग सब धर्मों के प्रति केवल सहिष्णुता में ही विश्वास नहीं करते वरन् समस्त धर्मों को सच्चा मानकर स्वीकार भी करते हैं।

हिन्दू धर्म की रक्षा

भारत सदियों से गुलामी की जंजीरों में जकड़ा रहा। इस देश पर कई विदेशियों ने शासन् किया और ऐसा अत्याचार किया। जिसे हमारा भारतीय इतिहास कभी नहीं भूल सकता। मुगलकाल में हिन्दुओं के ऊपर काफी अत्याचार किया गया, यहाँ तक कि तमाम हिन्दुओं को जबरदस्ती धर्म परिवर्तन कराकर मुसलमान बनाया गया। इसके बाद अंग्रेजी शासन आया जिसमें पादरियों ने हिन्दुओं को ईसाई बनाना प्रारम्भ कर दिया लेकिन उन्होंने जबरदस्ती नहीं की। उन्होंने अपने धर्म को चलाने के लिए पाश्चात्य शिक्षा और धर्म का सहारा लिया। वे शिक्षित लोगों को समझा-बुझाकर तथा आर्थिक सहायता देकर अपनी ओर आकर्षित करे थे। स्वामी विवेकानन्द ने वेदान्तिक शिक्षा का प्रचार करके रूढ़िवादी विचारों को समाप्त किया। उन्होंने सभी धार्मिक विश्वासों को तर्क की कसौटी पर तोला और हिन्दू धर्म को वैज्ञानिक और तर्कयुक्त सिद्धान्तों की बुनियाद पर खड़ा किया।

एक ईश्वर की पूजा

स्वामी विवेकानन्द एक आध्यात्मिक एवं वेदांतवादी विचारधारा के व्यक्ति थे और एक ही ईश्वर की अराधना करते थे। वे साकार अथवा निराकार के चक्कर में न पड़कर एक परम शक्ति को मानते थे। जो सबको नियंत्रित करती है। स्वामी जी ने इस संदर्भ में शिकागो में विश्व धर्म सम्मेलन के अवसर पर भाषण देते हुए यह कहा था कि "मैं पहले आपको यह बता देना चाहता हूँ कि भारतवर्ष में अनेको ईश्वरवाद नहीं हैं। यदि कोई व्यक्ति प्रत्येक मन्दिर में खड़ा होकर सुने तो यही पाएगा कि भक्तगण ईश्वर के सभी गुणों का अरोप उन मूर्तियों में करते हैं। यह अनेकेश्वरवाद नहीं है और न इसका नाम किसी देवता विशेष का प्राधान्यवाद ही हो

सकता है। गुलाब को अन्य चाहे कोई भी नाम क्यों न दे दिया जाए परन्तु वह सुगन्ध तो वैसी ही मधुर देता रहेगा।"

व्यक्तिवाद तथा समाजवाद का सम्बन्ध

स्वामी जी व्यक्तिवाद और समाजवाद दोनों तत्वों के पक्षधर थे। वे व्यक्ति और समाज के किसी अंग में भी मिथ्यावाद को सहन नहीं करते थे। अपने देशवासियों को ही नहीं वरन् संसार को भी वे समन्वय के इस रास्ते पर लाना चाहते थे। स्वामी जी कहते थे कि वेदान्त का धर्म मानवमात्र के लिए उपयोगी है। उनका यह भी मानना था कि प्रत्येक प्रकार की शिक्षा और अभ्यास का उद्देश्य मनुष्य निर्माण ही हो। जिस अभ्यास से मनुष्य की इच्छा शक्ति का प्रवाह और प्रकाश संयमित होकर फलदायी बन सके उसी का नाम है शिक्षा। स्वामी जी का मत है कि हमारे देश को जिस चीज की आवश्यकता है वह है– लोहे की मांस-पेशियाँ और फौलाद के स्नायु दुर्दमनीय प्रचण्ड इच्छा शक्ति, जो सृष्टि के गुप्त तथ्यों और रहस्यों को भेद सके और जिसे पाने के लिए समुद्र तल में ही क्यों न जाना पड़े या साक्षात् मृत्यु का ही सामना क्यों न करना पड़े। हम मनुष्य बनाने वाला धर्म ही चाहते हैं। हम मनुष्य बनाने वाला सिद्धान्त की चाहते हैं। हम सभी शास्त्रों में मनुष्य बनाने वाली शिक्षा भी चाहते हैं।

रामकृष्ण मिशन की स्थापना

रामकृष्ण परमहंस भारत के एक महान संत एवं विचारक थे। इन्होंने सभी धर्मों की एकता पर जोर दिया। उन्हें बचपन से ही विश्वास था कि ईश्वर के दर्शन हो सकते हैं अतः ईश्वर की प्राप्ति के लिए उन्होंने कठोर साधना और भक्ति का जीवन बिताया। स्वामी रामकृष्ण मानवता के पुजारी थे। साधना के फलस्वरूप वह इस निष्कर्ष पर पहुँचे कि संसार के सभी धर्म सच्चे हैं और उनमें कोई भिन्नता नहीं। वे ईश्वर तक पहुँचने के भिन्न-भिन्न साधन मात्रा हैं।

मानवीय मूल्यों के पोषक संत रामकृष्ण परमहंस का जन्म १८ फरवरी, १८३६ को बंगाल प्रांत स्थित ग्राम कामारपुकुर में हुआ था। इनके बचपन का नाम गदाधर था। इनकी बालसुलभ सरलता और मंत्रमुग्ध मुस्कान से हर कोई सम्मोहित हो जाता था।

सात वर्ष की अल्पायु में ही गदाधर के सिर से पिता का साया उठ गया। ऐसी विपरीत परिस्थिति में पूरे परिवार का भरण-पोषण कठिन होता चला गया। आर्थिक कठिनाइयां आईं। बालक गदाधर का साहस कम नहीं हुआ। इनके बडे भाई रामकुमार

चट्टोपाध्याय कलकत्ता(कोलकाता) में एक पाठशाला के संचालक थे। वे गदाधर को अपने साथ कोलकाता ले गए। रामकृष्ण का अन्तर्मन अत्यंत निश्छल, सहज और विनयशील था। संकीर्णताओं से वह बहुत दूर थे। अपने कार्यो में लगे रहते थे।

सतत् प्रयासों के बाद भी रामकृष्ण का मन अध्ययन-अध्यापन में नहीं लग पाया। कलकत्ता के पास दक्षिणेश्वर स्थित काली माता के मन्दिर में अग्रज रामकुमार ने पुरोहित का दायित्व सौंपा, रामकृष्ण इसमें नहीं रम पाए। कालान्तर में बड़े भाई भी चल बसे। अन्दर से मन ना करते हुए भी रामकृष्ण मंदिर की पूजा एवं अर्चना करने लगे। रामकृष्ण मां काली के आराधक हो गए। बीस वर्ष की अवस्था में अनवरत साधना करते-करते माता की कृपा से इन्हें परम दिव्य ज्ञान प्राप्त हुआ। इनके प्रिय शिष्य विवेकानन्द ने एक बार इनसे पूछा-महाशय! क्या आपने ईश्वर को देखा है? महान साधक रामकृष्ण ने उत्तर दिया-हां देखा है, जिस प्रकार तुम्हें देख रहा हूं, ठीक उसी प्रकार, बल्कि उससे कहीं अधिक स्पष्टता से। वे स्वयं की अनुभूति से ईश्वर के अस्तित्व का विश्वास दिलाते थे। आध्यात्मिक सत्य, ज्ञान के प्रखर तेज से भक्ति ज्ञान के रामकृष्ण पथ-प्रदर्शक थे। काली माता की भक्ति में अवगाहन करके वे भक्तों को मानवता का पाठ पढाते थे।

रामकृष्ण के शिष्य नाग महाशय ने गंगातट पर जब दो लोगों को रामकृष्ण को गाली देते सुना तो क्रोधित हुए किंतु प्रभु से प्रार्थना की कि उनके मन में श्रद्धा जगाकर रामकृष्ण का भक्त बना दें। सच्ची भक्ति के कारण दोनों शाम को रामकृष्ण के चरणों में गिरकर क्षमा मांगने लगे। रामकृष्ण ने उन्हें क्षमा कर दिया।

एक दिन परमहंस ने आंवला मांगा। आंवले का मौसम नहीं था। नाग महाशय ढूंढते-ढूंढते वन में एक वृक्ष के नीचे ताजा आंवला रखा पा गये, रामकृष्ण को दिया। रामकृष्ण बोले-मुझे पता था-तू ही लेकर आएगा। तेरा विश्वास सच्चा है।

रामकृष्ण परमहंस जीवन के अंतिम दिनों में समाधि की स्थिति में रहने लगे। अतः तन से शिथिल होने लगे। शिष्यों द्वारा स्वास्थ्य पर ध्यान देने की प्रार्थना पर अज्ञानता जानकर हंस देते थे। इनके शिष्य इन्हें ठाकुर नाम से पुकारते थे। रामकृष्ण के परमप्रिय शिष्य विवेकानन्द कुछ समय हिमालय के किसी एकान्त स्थान पर तपस्या करना चाहते थे। यही आज्ञा लेने जब वे गुरु के पास गये तो रामकृष्ण ने कहा-वत्स हमारे आसपास के क्षेत्र के लोग भूख से तडप रहे हैं। चारों ओर अज्ञान का अंधेरा छाया है। यहां लोग रोते-चिल्लाते रहें और तुम हिमालय की किसी गुफा में समाधि के आनन्द में निमग्न रहो क्या तुम्हारी आत्मा स्वीकारेगी। इससे विवेकानन्द दरिद्र नारायण की सेवा में लग गये। रामकृष्ण महान योगी, उच्चकोटि

के साधक व विचारक थे। सेवा पथ को ईश्वरीय, प्रशस्त मानकर अनेकता में एकता का दर्शन करते थे। सेवा से समाज की सुरक्षा चाहते थे। गले में सूजन को जब डाक्टरों ने कैंसर बताकर समाधि लेने और वार्तालाप से मना किया तब भी वे मुस्कराये। चिकित्सा कराने से रोकने पर भी विवेकानन्द इलाज कराते रहे। विवेकानन्द ने कहा काली मां से रोग मुक्ति के लिए आप कह दें। परमहंस ने कहा इस तन पर मां का अधिकार है, मैं क्या कहूं, जो वह करेगी मेरे लिए अच्छा ही करेगी। मानवता का उन्होंने मंत्र लुटाया।

स्वामी विवेकानन्द उन्नीसवीं शताब्दी के ऐसे हीरे थे जिसे युगपुरुष स्वामी रामकृष्ण परमहंस ने पूर्ण मनोयोग से तराशा था। परमहंस जी की इस कृपा के लिए विवेकानन्द जी ने कई बार अपना आभार प्रकट किया, परंतु "एक सच्चा शिष्य आभार प्रकट करके स्वयं को कृतार्थ नहीं कर सकता" यह आदर्श वाक्य उन्हें काफी कुछ करने के लिए प्रेरित कर रहा था। स्वामी विवेकानन्द जी को मालूम था कि यदि उन्हें अपनी जनता के आदर्श के सिद्धि मार्ग को दर्शाना है तो उनमें मात्र उत्साह जगाना ही काफी नहीं होगा बल्कि उन्हें आध्यात्मिक कला से जोड़ना भी होगा और चुने हुए कार्यकर्ताओं को नए मनुज के आदर्श रूप में प्रस्तुत करना होगा। इसके लिए पुरातन व्यवस्थाओं को नकारना होगा तथा नवीन व्यवस्था की स्थापना के लिए प्रण करना होगा।

अपनी योजना को कार्यरूप देने के लिए उन्हें अपने गुरूभाइयों को समझाना पड़ा। इसमें उन्हें काफी समस्या भी हुई। स्वामीजी तो विराट पक्षी के समान सम्पूर्ण विश्व में उड़कर विस्तीर्ण क्षितिजों को नाप चुके थे, जबकि उनके बन्धु घर में रहकर अपने व्रत नियमादि का ही पालन करते रहे। उन्हें अपने महान भ्राता से प्रेम था, किन्तु वे उन्हें पहचान नहीं पा रहे थे। उनके लिए पुराणपंथी पूर्वाग्रहों, स्वयं की धार्मिक विशिष्टता, स्वयं के मुक्त, शान्त, चिन्तन ध्यान को त्यागना कष्टकर था, वे सहज रूप से तर्क दे सकते थे कि उनकी आत्मनिष्ठ भक्ति ही धर्मानुकूल है, उन्होंने गुरू रामकृष्ण का संसार से अनासक्ति का दृष्टान्त भी प्रस्तुत किया लेकिन विवेकानन्द ने दावा किया कि वे ही रामकृष्ण के गूढ़ चिन्तन के सबसे सच्चे पात्र हैं। मद्रास एवं कलकत्ता के अपने प्रभावी व्याख्यानों में उन्होंने स्वामी रामकृष्ण परमहंस की असीम कृपा का बार-बार उल्लेख किया। उन्होंने कहा—मेरे गुरू, मेरे आदर्श, मेरे नायक, इस जन्म हेतु मेरे ईश्वर यही हैं।

विवेकानन्द जी ने कहा कि वह मात्र परमहंस की वाणी के वाहक हैं, उन्होंने किसी नवीन धर्म अथवा नए विचार का श्रेय न लेकर यह उद्घोषित किया कि वह

स्वयं के स्वामी के निष्ठावान सेवक हैं तथा उन्हीं की आज्ञा का ठीक प्रकार से पालन कर रहे हैंः

यदि मेरे विचार अथवा कार्य से कभी कुछ सिद्ध हुआ है, यदि मेरे सुख से सम्बोधित किसी शब्द से संसार में किसी का कोई भला हुआ है तो वह मेरा श्रेय नहीं, वह उन्हीं का है ..... जो कुछ अभाव रहा, वह मेरा है, और जो कुछ शक्तिप्रद, शुद्ध और पवित्र है, वह उनकी प्रेरणा, उनकी वाणी है ... और वह ही साक्षात है।

रामकृष्ण परमहंस के दो रूप थे। एक वह जिसके विशाल पंख नीड़वासी शिष्यों की रक्षा करते रहे और दूसरा वह जो उन्हीं पंखों पर स्वयं के महान् शिष्य को संसार का भ्रमण कराता रहा ..... दोनों में विरोध अवश्यम्भावी था लेकिन विजय किसकी होगी इसमें किसी प्रकार का संशय नहीं थाः यह पूर्व में ही निश्चित हो चुका था। इसका कारण उस युवा विजेता का असीम पराक्रम, उसकी प्रतिभा की श्रेष्ठता तथा भारत भर में उसकी जय जयकार ही नहीं बल्कि उसके प्रति उनके बन्धुओं एवं रामकृष्ण का प्रेम भी था। वह स्वयं के गुरू के अनन्य शिष्य थे। अतः विवेकानन्द के गुरू भाई भी स्वामी जी विचारों से बहुत संतुष्ट नहीं थे परंतु उनकी प्रतिभा के कारण सभी उनका सम्मान करने के लिए विवश थे। उन्होंने अपने गुरू भाइयों को इस हेतु सहमत किया कि वे अपने भ्रातृत्व समाज में यूरोपीय शिष्यों का स्वागत करें तथा सेवा एवं सामाजिक सहायता का व्रत धारण करें। उन्होंने घोषणा की कि वह एक ऐसे नवीन संन्यासी समाज बनाने के लिए आए हैं जो यदि आवश्यकता पड़े तो दूसरे की सेवा हेतु नरक में जाने को भी तत्पर हों। अकेली पूजा एवं जड़ ईश्वर की उपासना करें जो समस्त आत्माओं में व्याप्त है और साथ ही हर इन्सान के अभ्यन्तर में सोये हुए ब्रहा को जागृत करें।

विवेकानन्द जी के इस वक्तव्य का इतना प्रभाव पड़ा कि उम्र में बड़े लोग भी उनके शब्दों अक्षरशः मान लिए। मठ छोड़कर बहिर्गमन करने का आदर्श स्वामी रामकृष्णानन्द ने प्रस्तुत किया जो वहाँ बारह वर्षों से रह रहे थे और जिनके लिए यह कार्य सर्वाधिक कष्टकर था। वह मद्रास गए तथा वहाँ दक्षिण भारत में उन्होंने वेदान्त के प्रचार-प्रसार हेतु एक केन्द्र स्थापित किया। उसके उपरान्त सेवा भाव से ओतप्रोत अखंडानन्द (गंधार) मुर्शिदाबाद गए, जहाँ भीषण अकाल पड़ा हुआ था। वह वहाँ पीड़ितों की सेवा शूश्रषा में जुट गए परंतु स्वामी जी का मानना था कि इस आवश्यक कार्य को व्यवस्थित तरीके से किया जाना चाहिए।

भारत वापस आने पर प्रथम माहों में भारतीय जन समुदाय को जगाने में विवेकानन्द को अत्यंत मेहनत करनी पड़ी थी जिसके फलस्वरूप उनकी पुरानी बीमारी

भयावह रूप से पुनः उभर आई। उसी साल बसन्त ऋतु में उन्हें आराम करने के लिए उन्हें पहले कुछ हफ्तों के लिए दार्जलिंग तथा दुबारा अढ़ाई माहों हेतु (6 मई से जुलाई के अंत तक) अल्मोड़ा जाना पड़ा। इसी मध्य उन्होंने एक नए संगठन, रामकृष्ण मिशन की स्थापना हेतु यथेष्ट शक्ति संचित कर ली।

मिशन की स्थापनार्थ विचार-विमर्श हेतु 1 मई, 1897 को रामकृष्ण के समस्त संन्यासी एवं गृहस्थ शिष्यों को कलकत्ता में उनके लिए एक बन्धु बलराम के निवास पर आमन्त्रित किया गया जहाँ पर विवेकानन्द ने गुरूवत अभिभाषण देते हुए कहा कि बगैर संगठन के किसी भी प्रकार का स्थायी कार्य नहीं हो सकेगा। भारत के समान देश में हर सदस्य को समान अधिकार देने वाले एवं बहुमत के आधार पर निर्णय लिए जाने वाली लोकतान्त्रिक प्रणाली का संगठन शुरुआत में ही करना बुद्धिमानी नहीं होगी। जब सदस्यगण स्वयं के स्वार्थों एवं विशिष्ट पूर्वाग्रहों को जनता के हित में त्याग देंगे तभी उसका सही समय आएगा लेकिन अभी उन्हें एक मार्गदर्शक की आवश्यकता है। विवेकानन्द स्वयं सबके, सद्गुरू के एक विशिष्ट सेवक के रूप में रामकृष्ण के नाम एवं पताका के अधीन ही कार्य कर रहे थे। विवेकानन्द की प्रेरणा से सभा में निम्नलिखित प्रस्ताव पर सहमति हुयी।

1. रामकृष्ण मिशन नाम से एक संस्था की स्थापना की जाये।
2. इसका उद्देश्य श्री रामकृष्ण के मानवता के कल्याण हेतु विचारों को अपने आचरण द्वारा प्रतिपादित किया जाय तथा मनुष्य जाति को उसकी लौकिक, मानसिक एवं आध्यात्मिक उन्नति हेतु उनकी सहायता के आदर्शों का प्रचार-प्रसार किया जाए।
3. उसका यह कर्त्तव्य होगा कि वह रामकृष्ण द्वारा प्रारंभ किए गए, विभिन्न धर्मों को एक ही शाश्वत् धर्म के विविध रूप मानते हुए उनके अनुयायियों के मध्य भाईचारे की स्थापना करने के लक्ष्य को समुचित भाव से निर्देशित करे।

उपर्युक्त उद्देश्यों की पूर्ति के लिए निम्नवत कार्य प्रणालियाँ सुनिश्चित की गईं—

1. ऐसे जन साधारण एवं आध्यात्मिक उत्थान हेतु अनिवार्य ज्ञान, विज्ञान सिखाने की योग्यता रखने वाले व्यक्ति को प्रशिक्षित करना।
2. जन साधारण के विकास के लिए शिल्प एवं उद्योगों को विकसित तथा प्रोत्साहित करना।

3. रामकृष्ण परमहंस के जीवन में उद्घाटित वेदान्त एवं अन्य धार्मिक विचारों का जनसाधारण के मध्य प्रसार करना।
4. इसमें यह भी निर्णय लिया गया कि प्रथम भारतीय, जो देश में विभिन्न स्थानों पर मठ एवं आश्रमों की स्थापना करेगी, जहाँ संन्यासी और गृहस्थ दूसरों को शिक्षा देने हेतु अपना जीवन समर्पित करेंगे। द्वितीय विदेशों से सम्बन्धित जो मिशन के सदस्यों को भारत से बाहर आध्यात्मिक केन्द्र स्थापित करने के लिए भेजेगी और विदेशी तथा भारतीय केन्द्रों के मध्य घनिष्ठ संबंध, पारस्परिक सहयोग की भावना एवं सहानुभूति उत्पन्न होगी।
5. मिशन के लक्ष्य एवं आदर्श पूर्णतः आध्यात्मिक एवं मानवीय होंगे तथा राजनीति से पूरी तरह मुक्त होंगे।

विवेकानन्द द्वारा स्थापित संगठन के शुद्ध सामाजिक, मानवीय एवं सार्वभौम प्रचार का स्वरूप स्पष्ट है। अधिकांश धर्मों के समान वह आधुनिक जीवन में तर्क की आस्था के विरुद्ध न होकर विज्ञान के साथ आगे-आगे चलना चाहता थाः उसे आध्यात्मिक एवं भौतिक उन्नति में सहयोग देना एवं कलाओं और उद्योगों को प्रोत्साहित करना था। उसका वास्तविक लक्ष्य जनसाधारण का कल्याण था। स्वामीजी विभिन्न धर्मों के पारस्परिक वैचारिक समन्वय को ही धर्म का सार तत्व मानते थे। यह समग्र धर्म रामकृष्ण की छत्रछाया में पनपा एवं उनके विशाल हृदय ने सम्पूर्ण मानवता को अपने स्नेह में बाँध लिया।

मिशन की स्थापना के लिए प्रथम कार्य अध्यक्षों का निर्वाचन था। विवेकानन्द ने ब्रहानन्द एवं योगानन्द को कलकत्ता केन्द्र का अध्यक्ष एवं उपाध्यक्ष नियुक्त किया एवं उन्हें प्रत्येक रविवार को बलराम के निवास पर मिलने का आदेश दिया। विचार-विमर्श के लिए विवेकानन्द ने अविलम्ब जनसेवा एवं वेदान्त शिक्षा के दोहरे कार्य का शुभारंभ किया।

संन्यासी बन्धु विवेकानन्द की आज्ञा का पालन तो करते थे, किन्तु कभी कभी विचारों में भिन्नता के कारण उनके लिए विवेकानन्द के विचारों को समझना दुष्कर हो जाता था और इस संबंध में तीव्र वाद-विवाद भी छिड़ जाता था, जैसाकि प्रायः भ्राताओं के मध्य होता है तथापि दोनों पक्षों को एक दूसरे पर पूरा विश्वास था। रामकृष्ण मिशन ने श्री रामकृष्ण की जयन्ती को दरिद्रों की सेवा हेतु एक पुनीत पर्व के रूप में मनाने का निश्चय किया। इसका परिणाम यह हुआ कि भारतीय राष्ट्रों के सभी वर्गों के मध्य एकता एवं भाईचारे की भावना विकसित हुई। रामकृष्ण मिशन की स्थापना के तुरन्त पश्चात् विवेकानन्द को अपने कार्यों पर

रोक लगानी पड़ी तथा वह अपने उपचार हेतु अनेक सप्ताह अल्मोड़ा में रुके। तब वह यह लिख पाए कि आन्दोलन प्रारंभ हो गया है। यह कभी थमेगा नहीं। उन्होंने अपने पत्र में लिखा कि मेरे मन में केवल एक विचार प्रज्वलित था- भारतीय जनसमुदाय के उत्थान के संगठन को आरंभ कर सकूँ जिसमें मुझे कुछ सफलता भी प्राप्त हुई हैं ...... मेरी कामना है कि मैं बारम्बार जन्म लूँ, सहस्रों कष्टों को सहूँ जिससे मैं उस ईश्वर की आराध नाकर सकूँ जो अनन्य है एवं समस्त आत्माओं का सम्पूर्ण योग है।

भारतीय समाज की समस्याओं को लेकर वे काफी चिंतित थे। अस्पृश्यता अविवाहित कन्याओं एवं हिन्दू विधवाओं की समस्याओं का भी उन्होंने परिशीलन किया। उनके दृष्टिकोण में 'मुझे न छुओ' वाद अत्यधिक संकीर्ण मनोवृत्ति थी। उन्होंने इस प्रवृत्ति को जहाँ कहीं देखा वह उसके विरुद्ध लड़े। साथ ही साथ (दोनों कार्य एक दूसरे के पूरक थे।) उन्होंने हिन्दू मानस के पुनर्निर्माण हेतु संस्कृत के ज्ञान एवं पाश्चात्य विज्ञान से उसके समन्वय पर और भारतीय विश्वविद्यालयों के पुनरुद्धार पर बल दिया और मानवता के विकास एवं समाज कल्याण की कामना की।

लंदन एवं न्यूयार्क के एंग्लो सैक्सन शिष्यों ने बेलूर के मठ हेतु भूमि खरीदने के लिए पर्याप्त धन दिया। 1898 का वर्ष प्रमुखतः रामकृष्ण मठ की नवीन व्यवस्था एवं पात्रिकाओं की स्थापना में बीता तथा ये पत्रिकाएँ आगे चलकर मठ के बौद्धिक मुख्यपत्र एवं भारत की शिक्षा का माध्यम बनीं।

विवेकानन्द जी ने रामकृष्ण मिशन की स्थापना से लोगों की सहायता करने का कार्य किया। इसकी सफलता के लिए उन्होंने अपने प्रयासों में किसी तरह की कसर नहीं छोड़ी। सन् 1898 ई. में उनके द्वारा 'जाग्रत भारत' कविता तत्कालीन स्थिति का एक परिपत्र साबित हुई। स्वामी जी के आदर्शों के कारण भारतीय जनमानस सदैव उनके प्रति अपरिमित सम्मान प्रदर्शित करता रहेगा।

भारतीय सामाजिक आन्दोलन में योगदान

रामकृष्ण की मृत्यु के पश्चात नरेंद्रनाथ कई वर्षों तक भारत भ्रमण करते रहे। 1893 ई. में वह घूमते-घूमते कन्याकुमारी पहुँचे और वहाँ मन्दिर में बैठे-बैठे उन्हें यह ज्ञान हुआ कि भारत का उत्थान धार्मिक दर्शन प्रचार से न होकर साधारण गरीब भारतीय नागरिकों के जीवन स्तर तथा उनकी दरिद्रता को दूर करने से ही संभव है। 1893 ई. में अमरीका में विश्व धर्म सम्मेलन में भाग लेने के लिए जाते समय उन्होंने स्वामी विवेकानंद नाम ग्रहण किया। वह अमरीका, इंग्लैंड, यूरोप में तीन वर्ष रहे।

फरवरी, 1896 ई. में उन्होंने न्यूयार्क में वेदांत सोसायटी का गठन किया जिसका लक्ष्य वेदांत-प्रचार था। अमेरिका पहुँचने पर उनके बहुत से अनुयायी हो गए। वह चाहते थे कि कुछ भारतीय धर्म प्रचारक अमरीका में भारतीय दर्शन अर्थात वेदांत का प्रचार करें और उनके अमरीकी शिष्य भारत आकर विज्ञान और संगठन का महत्त्व सिखाएँ। 1897 ई. में वह भारत वापस आए। मई, 1897 ई. में रामकृष्ण मिशन की स्थापना हुई और 1 जनवरी, 1899 ई. को वेलूर में इस मिशन का मुख्य कार्यालय स्थापित हुआ। जून, 1899 ई. को वह दूसरी बार अमरीका गए वहाँ से 1901 ई. में वह वापस लौट आए।

स्वामी विवेकानंद ने अमरीका तथा यूरोप में पहली बार हिंदू धर्म की समन्वयवादी व्याख्या की। विश्व धर्म सम्मेलन में विवेकानंद ने सब धर्मों की सत्यता में विश्वास व्यक्त किया। उन्होंने अन्य धर्मों के प्रचारकों तथा अनुयायियों को बताया कि भारत ही ऐसा देश है जहाँ धार्मिक भेदभाव नहीं हुआ है जहाँ प्रत्येक धर्म के प्रचार की स्वतंत्रता रही है। धर्म परिवर्तन से कोई लाभ नहीं है क्योंकि प्रत्येक का लक्ष्य समान है। उन्होंने पश्चिमी देशों को यह बताया कि भारत में ईसाई धर्म प्रचारकों से इतना लाभ नहीं हो सकता जितना पश्चिमी औद्योगिक तकनीकी तथा आर्थिक ज्ञान से हो सकता है। भारत की विजय राजनीतिक ही हो सकती थी सांस्कृतिक नहीं हो सकती थी। स्वामी जी ने हिंदू धर्म की पश्चिमी देशों में व्याख्या की और यह बताया कि वेदों में ज्ञानयोग, कर्मयोग एवं भक्तियोग आदि मार्गों से ईश्वर तक पहुँचा जा सकता था। इन विभिन्न मार्गों में से किसी एक पर विश्व के विभिन्न धर्म आधारित थे। उन्होंने कर्म तथा पुनर्जन्म के सिद्धांतों का सही अर्थ समझाया। हिंदू धर्म के विस्तृत अर्थों की व्याख्या से पश्चिमी में बहुत से विद्वान उनके अनुयायी हो गए।

पश्चिमी देशों की यात्रा से लौटकर स्वामी जी ने भारतवासियों को पश्चिम के केवल उन गुणों को ग्रहण करने के लिए कहा जिनकी उन्हें आवश्यकता थी। पश्चिम की जीवन पद्धति में कुछ गुणों ने उन्हें प्रभावित किया। जनकल्याण की भावना और उसके लिए संगठित प्रयत्न अनुकरणीय लक्ष्य थे। भारत में साधारण जनता के लिए बड़ी उपेक्षा का दृष्टिकोण था। इसलिए उन्होंने संगठित प्रयत्नों को अति आवश्यक बताया। पश्चिमी भौतिक और आर्थिक प्रगति, अमरीकी स्त्रियों की स्वतंत्रता और सामाजिक प्रतिष्ठा ने विवेकानंद को प्रभावित किया था। समाज कल्याण एवं जनसेवा के लक्ष्यों की प्राप्ति के लिए स्वामी जी ने रामकृष्ण मिशन की स्थापना की। इस मिशन से ऐसे प्रचारकों को तैयार किया गया जो सारे देश में उस संदेश को फैला सकें।

विवेकानंद की आत्मा भारत में व्याप्त दुःख तथा दरिद्रता से पीड़ित थी। इसलिए भारत दरिद्र नारायण के लिए कार्य करने का मंच ऐसा था जहाँ विभिन्न जातियाँ, वर्ग तथा धर्म मिल सकते थे। यह सेवा ईसाइयों का सदावर्त नहीं था बल्कि लोगों को अपनी सेवा आप करने का लक्ष्य था। उनका मानना था कि गरीबों और बीमारों की सहायता करना न केवल स्वार्थपरता समाप्त करने में सहायक होगा बल्कि ईश्वर प्राप्ति के मार्ग में एक यज्ञ भी होगा। हिंदू धर्म द्वारा प्रस्तुत मानव सेवा का वृहत लक्ष्य कुछ भ्रांतियों अथवा अर्थों के कारण लुप्त हो गया था। इसलिए उन्होंने हिंदू साधुओं और संन्यासियों को उस संकीर्णता से निकलने के लिए कहा जिसमें वे निजी मोक्ष के लिए प्रयत्नशील रहते थे। सन्यास के साथ-साथ सेवाभाव उतना ही महत्त्वपूर्ण लक्ष्य होना चाहिए। विवेकानंद की सबसे बड़ी सफलता यह थी कि उन्होंने संन्यासियों के समक्ष व्यक्ति निष्ठा की अपेक्षा समाज सेवा के आदर्श प्रस्तुत किए।

उन्होंने अंधविश्वासी और छुआछूत में विश्वास करने वाले साधुओं और ब्राह्मणों की आलोचना की। वे थियोसोफिकल सोसायटी से भिन्न विचार रखते थे क्योंकि यह सोसायटी तंत्र, अंधविश्वासों और मिथ्या को प्रोत्साहन देती थी। विवेकानंद ने पश्चिमी देशों में हिंदुओं के आध्यात्मिक उपलब्धियों की चर्चा करके उस हीनता की भावना को बहुत सीमा तक समाप्त करने का सफल प्रयास किया जो ईसाई मिशनरियों के धर्म प्रचार से पैदा हो गई थी। उन्होंने वेदांत की मुख्य शिक्षा यह बताई कि प्रत्येक व्यक्ति अपने में ईश्वर की ज्योति देख सकता है। जिस प्रकार ईश्वर स्वतंत्र है उसी प्रकार प्रत्येक व्यक्ति भी सदा स्वतंत्र है। पश्चिमी राजनीतिक तथा अन्य संस्थाओं के पीछे जो भारतीय दौड़ रहे हैं उन्हें यह ध्यान रखना चाहिए कि उन देशों में व्यापक असंतोष तथा व्याकुलता है यद्यपि उनके यहाँ वे संस्थाएँ कई पीढ़ियों से चल रही हैं। इस प्रकार आत्मविश्वास तथा आत्मसम्मान की भावना जागृत कर देना उनकी महान देन है।

विवेकानंद ने भारतीयों को 'अभय' होने की शिक्षा दी। उन्होंने लोगों को शारीरिक बल, आंतरिक शक्ति के विकास करने का पाठ पढ़ाया। उन्होंने पश्चिमी सभ्यता में जिन दोषों का वर्णन एक उच्चतर दर्शन के प्रतिपादन में किया वह सामान्य भारतीय को प्रोत्साहन देने के लिए पर्याप्त था। देशभक्ति, समाज सेवा के जिन लक्ष्यों का प्रतिपादन किया गया वह भारत में एक नये देश प्रेम को प्रोत्साहन देने में सफल हुआ। आध्यात्मिक स्वतंत्रता का क्षेत्र अत्यंत व्यापक तथा विस्तृत था। आध्यात्मिक क्षेत्र में पश्चिमी देशों की आलोचना का स्वाभाविक प्रस्तुतीकरण उग्र राष्ट्रीयता के रूप में हुआ।

5

विवेकानन्द के सुविचार

उठो, जागो और तब तक रुको नहीं जब तक मंजिल प्राप्त न हो जाये।

जो सत्य है, उसे साहसपूर्वक निर्भीक होकर लोगों से कहो–उससे किसी को कष्ट होता है या नहीं, इस ओर ध्यान मत दो। दुर्बलता को कभी प्रश्रय मत दो। सत्य की ज्योति 'बुद्धिमान' मनुष्यों के लिए यदि अत्यधिक मात्रा में प्रखर प्रतीत होती हैं, और उन्हें बहा ले जाती है, तो ले जाने दो–वे जितना शीघ्र बह जाएँ उतना अच्छा ही है।

तुम अपनी अंतस्थ आत्मा को छोड़ किसी और के सामने सिर मत झुकाओ। जब तक तुम यह अनुभव नहीं करते कि तुम स्वयं देवों के देव हो, तब तक तुम मुक्त नहीं हो सकते।

ईश्वर ही ईश्वर की उपलब्धि कर सकता है। सभी जीवंत ईश्वर हैं–इस भाव से सब को देखो। मनुष्य का अध्ययन करो, मनुष्य ही जीवन्त काव्य है। जगत में जितने ईसा या बुद्ध हुए हैं, सभी हमारी ज्योति से ज्योतिष्मान हैं। इस ज्योति को छोड़ देने पर ये सब हमारे लिए और अधिक जीवित नहीं रह सकेंगे, मर जाएंगे। तुम अपनी आत्मा के ऊपर स्थिर रहो।

ज्ञान स्वयमेव वर्तमान है, मनुष्य केवल उसका आविष्कार करता है।

मानव-देह ही सर्वश्रेष्ठ देह है, एवं मनुष्य ही सर्वोच्च प्राणी है, क्योंकि इस मानव–देह तथा इस जन्म में ही हम इस सापेक्षिक जगत से संपूर्णतया बाहर हो सकते हैं–निश्चय ही मुक्ति की अवस्था प्राप्त कर सकते हैं, और यह मुक्ति ही हमारा चरम लक्ष्य है।

जो मनुष्य इसी जन्म में मुक्ति प्राप्त करना चाहता है, उसे एक ही जन्म में हजारों वर्ष का काम करना पड़ेगा। वह जिस युग में जन्मा है, उससे उसे बहुत आगे जाना पड़ेगा, किन्तु साधारण लोग किसी तरह रेंगते-रेंगते ही आगे बढ़ सकते हैं।

जो महापुरुष प्रचार-कार्य के लिए अपना जीवन समर्पित कर देते हैं, वे उन महापुरुषों की तुलना में अपेक्षाकृत अपूर्ण हैं, जो मौन रहकर पवित्र जीवनयापन करते हैं और श्रेष्ठ विचारों का चिन्तन करते हुए जगत की सहायता करते हैं। इन सभी महापुरुषों में एक के बाद दूसरे का आविर्भाव होता है–अंत में उनकी शक्ति का चरम फलस्वरूप ऐसा कोई शक्तिसम्पन्न पुरुष आविर्भूत होता है, जो जगत को शिक्षा प्रदान करता है।

मैं कहता हूं जितनी शक्ति है, पहले उतना ही कार्य कर। धन के अभाव से यदि कुछ नहीं दे सकता तो न सही, पर एक मीठी बात या एक-दो सदुपदेश तो दे ही सकता है। क्या इसमें भी तुझे धन की आवश्यकता है?

काम में लग जा–कितने दिनों के लिए है यह जीवन? संसार में जब आया है, तब एक स्मृति छोड़कर जा। वरना पेड़-पत्थर भी तो पैदा तथा नष्ट होते रहते हैं–उसी प्रकार जन्म लेने और मरने की इच्छा क्या मनुष्य की कभी होती है?

मस्तिष्क और मांसपेशियों का बल साथ ही बढ़ना चाहिए। बलवान शरीर के साथ तीव्र बुद्धि हो तो सारा जगत् पदावनत हो सकता है।

अब वृंदावन के वंशीधारी कृष्ण का ध्यान करने से कुछ नहीं होगा। इससे जीवन का उद्धार नहीं होगा। अब प्रयोजन है गीता के सिंहनादकारी श्रीकृष्ण की, धनुषधारी श्री रामचन्द्रजी की, महावीरजी की, कालीमाई की पूजा की, इसी से लोग महा-उद्यम से कर्म में लगेंगे और शक्तिशाली बनेंगे। मैंने बहुत अच्छी तरह विचार करके देखा है कि वर्तमान काल में जो धर्म की रट लगा रहे हैं, उनमें से बहुत से लोग पाशवी दुर्बलता से भरे हुए हैं या विकृत मस्तिष्क अथवा उन्नतग्रस्त हैं। बिना रजोगुण के तेरा अब इहलोक भी नहीं, परलोक भी नहीं। घोर तमोगुण से देश भर गया है। फल भी उसका वही रहा है...इस जीवन में दासत्व और पर-जीवन में नरक।

आत्म प्रकाश होने से देखोगे कि दर्शन विज्ञान सब तुम्हारे अधीन हो जाएंगे। सिंहगर्जन से आत्मा की महिमा की घोषणा करो, जीव को अभय देकर कहो, 'उत्तिष्ठत जाग्रत प्राप्त वरान्निबोधत।'

केवल अपनी मुक्ति कर लेने से क्या होगा? मुक्ति की कामना भी तो महा स्वार्थपरता है। छोड़ दे ध्यान... छोड़ दे मुक्ति की आकांक्षा–मैं जिस काम में लगा हूं उसी काम में लग जा।

आध्यात्मिक दृष्टि से विकसित हो चुकने पर धर्मसंघ में बना रहना अवांछनीय है। उससे बाहर निकलकर स्वाधीनता की मुक्त वायु में जीवन व्यतीत करो।

मुक्ति–लाभ के अतिरिक्त और कौन सी उच्चावस्था का लाभ किया जा सकता है ? देवदूत कभी कोई बुरे कार्य नहीं करते, इसलिए उन्हें कभी दंड भी प्राप्त नहीं होता, अतएव वे मुक्त भी नहीं हो सकते। सांसारिक धक्का ही हमें जगा देता है, वही इस जगत्स्वप्न को भंग करने में सहायता पहुँचाता है। इस प्रकार के लगातार आघात ही इस संसार से छुटकारा पाने की अर्थात् मुक्ति-लाभ करने की हमारी आकांक्षा को जाग्रत करते हैं।

हमारी नैतिक प्रकृति जितनी उन्नत होती है, उतना ही उच्च हमारा प्रत्यक्ष अनुभव होता है, और उतनी ही हमारी इच्छा शक्ति अधिक बलवती होती है।

मन का विकास करो और उसका संयम करो, उसके बाद जहाँ इच्छा हो, वहाँ इसका प्रयोग करो–उससे अति शीघ्र फल प्राप्ति होगी। यह है यथार्थ आत्मोन्नति का उपाय। एकाग्रता सीखो, और जिस ओर इच्छा हो, उसका प्रयोग करो। ऐसा करने पर तुम्हें कुछ खोना नहीं पड़ेगा। जो समस्त को प्राप्त करता है, वह अंश को भी प्राप्त कर सकता है।

पहले स्वयं संपूर्ण मुक्तावस्था प्राप्त कर लो, उसके बाद इच्छा करने पर फिर अपने को सीमाबद्ध कर सकते हो। प्रत्येक कार्य में अपनी समस्त शक्ति का प्रयोग करो।

सभी मरेंगे- साधु या असाधु, धनी या दरिद्र—सभी मरेंगे। चिर काल तक किसी का शरीर नहीं रहेगा। अतएव उठो, जागो और संपूर्ण रूप से निष्कपट हो जाओ। भारत में घोर कपट समा गया है। चाहिए चरित्र, चाहिए इस तरह की दृढ़ता और चरित्र का बल, जिससे मनुष्य आजीवन दृढ़व्रत बन सके।

संन्यास का अर्थ है, मृत्यु के प्रति प्रेम। सांसारिक लोग जीवन से प्रेम करते हैं, परन्तु संन्यासी के लिए प्रेम करने को मृत्यु है। लेकिन इसका मतलब यह नहीं है कि हम आत्महत्या कर लें। आत्महत्या करने वालों को तो कभी मृत्यु प्यारी नहीं होती है। संन्यासी का धर्म है समस्त संसार के हित के लिए निरंतर आत्मत्याग करते हुए धीरे-धीरे मृत्यु को प्राप्त हो जाना।

हे सखे, तुम क्यों रो रहे हो? सब शक्ति तो तुम्हीं में हैं। हे भगवन, अपना ऐश्वर्यमय स्वरूप को विकसित करो। ये तीनों लोक तुम्हारे पैरों के नीचे हैं। जड़ की कोई शक्ति नहीं प्रबल शक्ति आत्मा की हैं। हे विद्वान! डरो मत तुम्हारा नाश नहीं हैं, संसार-सागर से पार उतरने का उपाय हैं। जिस पथ के अवलम्बन से यती लोग संसार-सागर के पार उतरे हैं, वही श्रेष्ठ पथ मैं तुम्हें दिखाता हूँ!

बडे-बडे दिग्गज बह जायेंगे। छोटे-मोटे की तो बात ही क्या है! तुम लोग कमर कसकर कार्य में जुट जाओ, हुंकार मात्र से हम दुनिया को पलट देंगे। अभी तो केवल मात्र प्रारम्भ ही है। किसी के साथ विवाद न कर हिल-मिलकर अग्रसर हो—यह दुनिया भयानक है, किसी पर विश्वास नहीं है। डरने का कोई कारण नहीं है, माँ मेरे साथ हैं—इस बार ऐसे कार्य होंगे कि तुम चकित हो जाओगे। भय किस बात का? किसका भय? वज्र जैसा हृदय बनाकर कार्य में जुट जाओ।

किसी बात से तुम उत्साहहीन न होओ। जब तक ईश्वर की कृपा हमारे ऊपर है, कौन इस पृथ्वी पर हमारी उपेक्षा कर सकता है? यदि तुम अपनी अन्तिम साँस भी ले रहे हो तो भी न डरना। सिंह की शूरता और पुष्प की कोमलता के साथ काम करते रहो।

लोग तुम्हारी स्तुति करें या निन्दा, लक्ष्मी तुम्हारे ऊपर कृपालु हो या न हो, तुम्हारा देहान्त आज हो या एक युग मे, तुम न्यायपथ से कभी भ्रष्ट न हो।

वीरता से आगे बढो। एक दिन या एक साल में सिद्धि की आशा न रखो। उच्चतम आदर्श पर दृढ रहो। स्थिर रहो। स्वार्थपरता और ईर्ष्या से बचो। आज्ञा-पालन करो। सत्य, मनुष्य जाति और अपने देश के पक्ष पर सदा के लिए अटल रहो, और तुम संसार को हिला दोगे। याद रखो—व्यक्ति और उसका जीवन ही शक्ति का स्रोत है, इसके सिवाय अन्य कुछ भी नहीं।

मैं चाहता हूँ कि मेरे सब बच्चे, मैं जितना उन्नत बन सकता था, उससे सौगुना उन्न्त बनें। तुम लोगों में से प्रत्येक को महान शक्तिशाली बनना होगा–मैं कहता हूँ, अवश्य बनना होगा। आज्ञा-पालन, ध्येय के प्रति अनुराग तथा ध्येय को कार्यरूप में परिणत करने के लिए सदा प्रस्तुत रहना। इन तीनों के रहने पर कोई भी तुम्हे अपने मार्ग से विचलित नहीं कर सकता।

जिस तरह हो, इसके लिए हमें चाहे जितना कष्ट उठाना पड़े- चाहे कितना ही त्याग करना पडे यह भाव (भयानक ईष्या) हमारे भीतर न घुसने पाये–हम दस ही क्यों न हों–दो क्यों न रहें–परवाह नहीं परन्तु जितने हों, सम्पूर्ण शुद्धचरित्र हों।

शक्तिमान, उठो तथा सामर्थ्यशाली बनो। कर्म, निरन्तर कर्म, संघर्ष, निरन्तर संघर्ष! अलमिति। पवित्र और निःस्वार्थी बनने की कोशिश करो–सारा धर्म इसी में है।

शत्रु को पराजित करने के लिए ढाल तथा तलवार की आवश्यकता होती है। इसलिए अंग्रेजी और संस्कृत का अध्ययन मन लगाकर करो।

बच्चों, धर्म का रहस्य आचरण से जाना जा सकता है, व्यर्थ के मतवादों से नहीं। सच्चा बनना तथा सच्चा बर्ताव करना, इसमें ही समग्र धर्म निहित है। जो केवल प्रभु-प्रभु की रट लगाता है, वह नहीं, किन्तु जो उस परम पिता के इच्छानुसार कार्य करता है वही धार्मिक है। यदि कभी कभी तुमको संसार का थोडा-बहुत धक्का भी खाना पडे, तो उससे विचलित न होना, मुहूर्त भर में वह दूर हो जायगा तथा सारी स्थिति पुनः ठीक हो जायगी।

जब तक जीना, तब तक सीखना–अनुभव ही जगत में सर्वश्रेष्ठ शिक्षक है।

जिस प्रकार स्वर्ग में, उसी प्रकार इस नश्वर जगत में भी तुम्हारी इच्छा पूर्ण हो, क्योंकि अनन्त काल के लिए जगत में तुम्हारी ही महिमा घोषित हो रही है एवं सब कुछ तुम्हारा ही राज्य है।

पवित्रता, दृढता तथा उद्यम–ये तीनों गुण मैं एक साथ चाहता हूँ।

पवित्रता, धैर्य तथा प्रयत्न के द्वारा सारी बाधाएँ दूर हो जाती हैं। इसमें कोई सन्देह नहीं कि महान कार्य सभी धीरे धीरे होते हैं।

साहसी होकर काम करो। धीरज और स्थिरता से काम करना–यही एक मार्ग है। आगे बढो और याद रखो धीरज, साहस, पवित्रता और अनवरत कर्म। जब तक तुम पवित्र होकर अपने उद्देश्य पर डटे रहोगे, तब तक तुम कभी निष्फल नहीं होओगे–माँ तुम्हें कभी न छोड़ेगी और पूर्ण आशीर्वाद के तुम पात्र हो जाओगे।

बच्चों, जब तक तुम लोगों को भगवान तथा गुरु में, भक्ति तथा सत्य में विश्वास रहेगा, तब तक कोई भी तुम्हें नुकसान नहीं पहुँचा सकता। किन्तु इनमें से एक के भी नष्ट हो जाने पर परिणाम विपत्तिजनक है।

महाशक्ति का तुममें संचार होगा—कदापि भयभीत मत होना। पवित्र होओ, विश्वासी होओ, और आज्ञापालक होओ।

बिना पाखण्डी और कायर बने सबको प्रसन्न रखो। पवित्रता और शक्ति के साथ अपने आदर्श पर दृढ रहो और फिर तुम्हारे सामने कैसी भी बाधाएँ क्यों न हों, कुछ समय बाद संसार तुमको मानेगा ही।

धीरज रखो और मृत्युपर्यन्त विश्वासपात्र रहो। आपस में न लड़ो! रुपये-पैसे के व्यवहार में शुद्ध भाव रखो। हम अभी महान कार्य करेंगे। जब तक तुममें ईमानदारी, भक्ति और विश्वास है, तब तक प्रत्येक कार्य में तुम्हें सफलता मिलेगी।

जो पवित्र तथा साहसी है, वही जगत में सब कुछ कर सकता है। माया-मोह से प्रभु सदा तुम्हारी रक्षा करें। मैं तुम्हारे साथ काम करने के लिए सदैव प्रस्तुत हूँ एवं हम लोग यदि स्वयं अपने मित्र रहें तो प्रभु भी हमारे लिए सैकडों मित्र भेजेंगे, आत्मैव ह्यात्मनो बन्धुः।

ईर्ष्या तथा अंहकार को दूर कर दो—संगठित होकर दूसरों के लिए कार्य करना सीखो।

पूर्णतः निःस्वार्थ रहो, स्थिर रहो, और काम करो। एक बात और है। सबके सेवक बनो और दूसरों पर शासन करने का तनिक भी यत्न न करो, क्योंकि इससे ईष्या उत्पन्न होगी और इससे हर चीज बर्बाद हो जायेगी। आगे बढ़ो, तुमने बहुत अच्छा काम किया है। हम अपने भीतर से ही सहायता लेंगे अन्य सहायता के लिए हम प्रतीक्षा नहीं करते। मेरे बच्चे, आत्मविशवास रखो, सच्चे और सहनशील बनो।

यदि तुम स्वयं ही नेता के रूप में खड़े हो जाओगे, तो तुम्हे सहायता देने के लिए कोई भी आगे न बढेगा। यदि सफल होना चाहते हो, तो पहले अहं ही नाश कर डालो।

यदि कोई तुम्हारे समीप अन्य किसी साथी की निन्दा करना चाहे, तो तुम उस ओर बिल्कुल ध्यान न दो। इन बातों को सुनना भी महान पाप है, उससे भविष्य में विवाद का सूत्रपात होगा।

गम्भीरता के साथ शिशु सरलता को मिलाओ। सबके साथ मेल से रहो। अहंकार के सब भाव छोड़ दो और साम्प्रदायिक विचारों को मन में न लाओ। व्यर्थ विवाद महापाप है।

यदि उपनिषदों को प्रमाण माना जाए तो क्या बाइबिल, जेन्दावस्ता भी न माने जाएं।

अच्छा तेरी यह बात मैंने स्वीकार की, परंतु वेद के अतिरिक्त और कहीं भी सत्य नहीं है यह कहने का तेरा क्या अधिकार है?

हिंदुओं के बारह महीनों में कितने ही पर्व होते हैं और उनका उद्देश्य यही है कि धर्म में जितने बड़े-बड़े भाव हैं, उनको सर्वसाधारण में फैलाएं परंतु इसमें एक दोष भी है। साधारण लोग इनका यथार्थ भाव न जान उत्सवों में ही मग्न हो जाते हैं और उनकी पूर्ति होने पर कुछ लाभ न उठा ज्यों के त्यों बने रहते हैं। इस कारण से उत्सव-धर्म बाहरी वस्त्र के समान धर्म के यथार्थ भावों को ढके रहते हैं।

चांदी के चमकते रुपये और स्त्रियों के क्षणभंगुर सौंदर्य से मोहित होकर इस दुर्लभ मनुष्य-जन्म को कैसे खो रहे हो। महामाया का कैसा आश्चर्यजनक प्रभाव है। माता महामाया रक्षा करो। माता महामाया रक्षा करो!

किसी को उसकी योजनाओं में हतोत्साह नहीं करना चाहिए। आलोचना की प्रवृत्ति का पूर्णतः परित्याग कर दो। जब तक वे सही मार्ग पर अग्रसर हो रहे हैं: तब तक उनके कार्य में सहायता करो। और जब कभी तुमको उनके कार्य में कोई गलती नजर आये, तो नम्रतापूर्वक गलती के प्रति उनको सजग कर दो। एक दूसरे की आलोचना ही सब दोषों की जड़ है। किसी भी संगठन को विनष्ट करने में इसका बहुत बड़ा हाथ है।

किसी बात से तुम उत्साहहीन न होओ, जब तक ईश्वर की कृपा हमारे ऊपर है, कौन इस पृथ्वी पर हमारी उपेक्षा कर सकता है? यदि तुम अपनी अन्तिम साँस भी ले रहे हो तो भी न डरना। सिंह की शूरता और पुष्प की कोमलता के साथ काम करते रहो।

केवल बुद्धदेव के धर्म ने ही प्राचीन रीति और नीतियों का विध्वंस किया था। भारत से उसके निर्मूल हो जाने का यही कारण है।

सब प्रकार की दुर्बलता को ही पाप कहते हैं (WEAKNESS IS SIN) इससे हिंसा तथा द्वेष आदि का जन्म होता है, इसलिए दुर्बलता का दूसरा नाम पाप है।

आजकल देश की कैसी दुर्व्यवस्था हो गई है। शास्त्रपथ को छोड़कर केवल कुछ देशाचार, लोकाचार तथा स्त्री-आचार से सारा देश भरा हुआ है। इसी कारण मैं कहता हूं कि जैसा प्राचीन काल में था, वैसा ही कार्य शास्त्र के अनुसार करते जाओ। स्वयं श्रद्धावान् होकर अपने देश में भी श्रद्धा लाओ। अपने हृदय में

नचिकेता के समान श्रद्धा लाओ। नचिकेता के समान यमलोक में चले जाओ। आत्मतत्त्व जानने के लिए आत्मा के उद्धार के लिए, इस जन्म-मृत्यु की समस्या की यथार्थ मीमांसा के लिए यदि यम के द्वार पर भी जाकर सत्य का लाभ कर सको तो निर्भय हृदय से वहां जाना उचित है। भय ही मृत्यु है। भय से पार हो जाना चाहिए। आज ही से भयशून्य हो जाओ। अपने मोक्ष तथा परहित के निमित्त आत्मोत्सर्ग करने के लिए अग्रसर हो जाओ।

जो अन्य को भय के पार ले जाने में समर्थ हैं, वे ही यथार्थ गुरु हैं।

एक ही जीव में ब्रह्म का विकास हो तो सहस्त्रों मनुष्य उसी ज्योति से मार्ग को देखकर आगे बढ़ते हैं। जो पुरुष ब्रह्मज होते हैं, वे ही केवल लोक-गुरु बन सकते हैं। यह बात शास्त्रों और युक्ति से भी प्रमाणित होती है।

बच्चे, जब तक तुम्हारे हृदय में उत्साह एवं गुरु तथा ईश्वर में विश्वास–ये तीनों वस्तुएँ रहेंगी–तब तक तुम्हें कोई भी दबा नहीं सकता। मैं दिनोदिन अपने हृदय में शक्ति के विकास का अनुभव कर रहा हूँ। हे साहसी बालकों, कार्य करते रहो।

तुमने बहुत बहादुरी की है। शाबाश! हिचकने वाले पीछे रह जायेंगे और तुम कूद कर सबके आगे पहुँच जाओगे। जो अपना उद्धार में लगे हुए हैं, वे न तो अपना उद्धार ही कर सकेंगे और न दूसरों का। ऐसा शोर–गुल मचाओ की उसकी आवाज दुनिया के कोने कोने में फैल जाय। कुछ लोग ऐसे हैं, जो कि दूसरों की त्रुटियों को देखने के लिए तैयार बैठे हैं, किन्तु कार्य करने के समय उनका पता नहीं चलता है। जुट जाओ, अपनी शक्ति के अनुसार आगे बढ़ो। इसके बाद मैं भारत पहुँच कर सारे देश में उत्तेजना फूँक दूंगा। डर किस बात का है? नहीं है, नहीं है, कहने से साँप का विष भी नहीं रहता है। नहीं नहीं कहने से तो नहीं हो जाना पडेगा। खूब शाबाश! छान डालो–सारी दुनिया को छान डालो! अफसोस इस बात का है कि यदि मुझ जैसे दो–चार व्यक्ति भी तुम्हारे साथी होते

श्रेयांसि बहुविघ्नानि अच्छे कर्मों में कितने ही विघ्न आते हैं।–प्रलय मचाना ही होगा, इससे कम में किसी तरह नहीं चल सकता। कुछ परवाह नहीं। दुनिया भर में प्रलय मच जायेगा, वाह! गुरु की फतह! अरे भाई श्रेयांसि बहुविघ्नानि, उन्ही विघ्नों की रेल पेल में आदमी तैयार होता है। मिशनरी फिशनरी का काम थोड़े ही है जो यह धक्का सम्हाले! ....बड़े–बड़े बह गये, अब गड़रिये का काम है जो थाह ले? यह सब नहीं चलने का भैया, कोई चिन्ता न करना। सभी कामों में एक दल शत्रुता ठानता है: अपना काम करते जाओ किसी की बात का जवाब देने से क्या काम?

सत्यमेव जयते नानृतं, सत्येनैव पन्था विततो देवयानः (सत्य की ही विजय होती है, मिथ्या की नहीं, सत्य के ही बल से देवयानमार्ग की गति मिलती है।) ...धीरे–धीरे सब होगा।

मन और मुँह को एक करके भावों को जीवन में कार्यान्वित करना होगा। इसी को श्री रामकृष्ण कहा करते थे, "भाव के घर में किसी प्रकार की चोरी न होने पाये।" सब विषयों में व्यवहारिक बनना होगा। लोगों या समाज की बातों पर ध्यान न देकर वे एकाग्र मन से अपना कार्य करते रहेंगे क्या तुने नहीं सुना, कबीरदास के दोहे में है–"हाथी चले बाजार में, कुत्ता भोंके हजार, साधुन को दुर्भाव नहिं, जो निन्दे संसार" ऐसे ही चलना है। दुनिया के लोगों की बातों पर ध्यान नहीं देना होगा। उनकी भली बुरी बातों को सुनने से जीवन भर कोई किसी प्रकार का महत् कार्य नहीं कर सकता।

अन्त में प्रेम की ही विजय होती है। हैरान होने से काम नहीं चलेगा–ठहरो–धैर्य धारण करने पर सफलता अवश्यम्भावी है–तुमसे कहता हूँ देखना–कोई बाहरी अनुष्ठानपध्दति आवश्यक न हो–बहुत्व में एकत्व सार्वजनिन भाव में किसी तरह की बाधा न हो। यदि आवश्यक हो तो "सार्वजनीनता" के भाव की रक्षा के लिए सब कुछ छोड़ना होगा। मैं मरूँ चाहे बचूँ, देश जाऊँ या न जाऊँ, तुम लोग अच्छी तरह याद रखना कि, सार्वजनीनता- हम लोग केवल इसी भाव का प्रचार नहीं करते कि, "दूसरों के धर्म का द्वेष न करना": नहीं, हम सब लोग सब धर्मों को सत्य समझते हैं और उनका ग्रहण भी पूर्ण रूप से करते हैं हम इसका प्रचार भी करते हैं और इसे कार्य में परिणत कर दिखाते हैं सावधान रहना, दूसरे के अत्यन्त छोटे अधिकार में भी हस्तक्षेप न करना–इसी भँवर में बड़े-बड़े जहाज डूब जाते हैं पूरी भक्ति, परन्तु कट्टरता छोड़कर, दिखानी होगी, याद रखना उनकी कृपा से सब ठीक हो जायेगा।

नीतिपरायण तथा साहसी बनो, अन्तः करण पूर्णतया शुद्ध रहना चाहिए। पूर्ण नीतिपरायण तथा साहसी बनो–प्राणों के लिए भी कभी न डरो। कायर लोग ही पापाचरण करते हैं, वीर पुरुष कभी भी पापानुष्ठान नहीं करते–यहाँ तक कि कभी वे मन में भी पाप का विचार नहीं लाते। प्राणिमात्र से प्रेम करने का प्रयास करो। बच्चों, तुम्हारे लिए नीतिपरायणता तथा साहस को छोडकर और कोई दूसरा धर्म नहीं। इसके सिवाय और कोई धार्मिक मत-मतान्तर तुम्हारे लिए नहीं है। कायरता, पाप, असदाचरण तथा दुर्बलता तुममें एकदम नहीं रहनी चाहिए, बाकी आवश्यकीय वस्तुएँ अपने आप आकर उपस्थित होंगी।

यदि कोई सफाई कर्मी हमारे पास सफाई कर्मी के रूप में आता है, तो छुतही बीमारी की तरह हम उसके स्पर्श से दूर भागते हैं। परन्तु जब उसके सिर पर एक

कटोरा पानी डालकर कोई पादरी प्रार्थना के रूप में कुछ गुनगुना देता है और जब उसे पहनने को एक कोट मिल जाता है—वह कितना ही फटा—पुराना क्यों न हो—तब चाहे वह किसी कट्टर से कट्टर हिन्दू के कमरे के भीतर पहुँच जाय, उसके लिए कहीं रोक-टोक नहीं, ऐसा कोई नहीं, जो उससे सप्रेम हाथ मिलाकर बैठने के लिए उसे कुर्सी न दे! इससे अधिक विड़म्बना की बात क्या हो सकता है?

प्रायः देखने में आता है कि अच्छे से अच्छे लोगों पर कष्ट और कठिनाइयाँ आ पड़ती हैं। इसका समाधान न भी हो सके, फिर भी मुझे जीवन में ऐसा अनुभव हुआ है कि जगत में कोई ऐसी वस्तु नहीं, जो मूल रूप में भली न हो। ऊपरी लहरें चाहे जैसी हों, परन्तु वस्तु मात्र के अन्तरकाल में प्रेम एवं कल्याण का अनन्त भण्डार है। जब तक हम उस अन्तराल तक नहीं पहुँचते, तभी तक हमें कष्ट मिलता है। एक बार उस शान्ति-मण्डल में प्रवेश करने पर फिर चाहे आँधी और तूफान के जितने तुमुल झकोरे आयें, वह मकान, जो सदियों की पुरानि चट्टान पर बना है, हिल नहीं सकता।

मेरी केवल यह इच्छा है कि प्रतिवर्ष यथेष्ठ संख्या में हमारे नवयुवकों को चीन, जापान में आना चाहिए। जापानी लोगों के लिए आज भारतवर्ष उच्च और श्रेष्ठ वस्तुओं का स्वप्नराज्य है। और तुम लोग क्या कर रहे हो? ... जीवन भर केवल बेकार बातें किया करते हो, व्यर्थ बकवास करने वालों, तुम लोग क्या हो? आओ, इन लोगों को देखो और उसके बाद जाकर लज्जा से मुँह छिपा लो। सठियाई बुद्धिवालों, तुम्हारी तो देश से बाहर निकलते ही जाति चली जायगी! अपनी खोपडी में वर्षों के अन्धविश्वास का निरन्तर वृद्धिगत कूड़ा—कर्कट भरे बैठे, सैकडों वर्षों से केवल आहार की छुआछूत के विवाद में ही अपनी सारी शक्ति नष्ट करने वाले, युगों के सामाजिक अत्याचार से अपनी सारी मानवता का गला घोटने वाले, भला बताओ तो सही, तुम कौन हो? और तुम इस समय कर ही क्या रहे हो? ...किताबें हाथ में लिए तुम केवल समुद्र के किनारे फिर रहे हो। तीस रुपये की मुंशी-गीरी के लिए अथवा बहुत हुआ, तो एक वकील बनने के लिए जी—जान से तड़प रहे हो—यही तो भारतवर्ष के नवयुवकों की सबसे बडी महत्त्वाकांक्षा है। जिस पर इन विद्यार्थियों के भी झुण्ड के झुण्ड बच्चे पैदा हो जाते हैं, जो भूख से तडपते हुए उन्हें घेरकर रोटी दो, रोटी दो चिल्लाते रहते हैं। क्या समुद्र में इतना पानी भी न रहा कि तुम उसमें विश्वविद्यालय के डिप्लोमा, गाउन और पुस्तकों के समेत डूब मरो? आओ, मनुष्य बनो! उन पाखण्डी पुरोहितों को, जो सदैव उन्नति के मार्ग में बाधक होते हैं, ठोकरें मारकर निकाल दो, क्योंकि उनका सुधार कभी न होगा, उनके हृदय कभी विशाल न होंगे। उनकी उत्पत्ति

तो सैकडों वर्षों के अन्धविश्वासों और अत्याचारों के फलस्वरूप हुई है। पहले पुरोहिती पाखंड को जड़-मूल से निकाल फेंको। आओ, मनुष्य बनों। कूपमंडूकता छोडो और बाहर दृष्टि डालो। देखों, अन्य देश किस तरह आगे बढ़ रहे हैं। क्या तुम्हें मनुष्य से प्रेम है? यदि हाँ तो आओ, हम लोग उच्चता और उन्नति के मार्ग में प्रयत्नशील हों। पीछे मुड़कर मत देखोंः अत्यन्त निकट और प्रिय सम्बन्धी रोते हों, तो रोने दो, पीछे देखो ही मत। केवल आगे बढ़ते जाओ। भारतमाता कम से कम एक हजार युवकों का बलिदान चाहती है -- मस्तिष्क वाले युवकों का, पशुओं का नहीं। परमात्मा ने तुम्हारी इस निश्चेष्ट सभ्यता को तोड़ने के लिए ही अंग्रेजी राज्य को भारत में भेजा है।

एक महान रहस्य का मैंने पता लगा लिया है--वह यह कि केवल धर्म की बातें करने वालों से मुझे कुछ भय नहीं है। और जो सत्यदृष्ट महात्मा हैं, वे कभी किसी से बैर नहीं करते। वाचालों को वाचाल होने दो! वे इससे अधिक और कुछ नहीं जानते! उन्हें नाम, यश, धन, स्त्री से सन्तोष प्राप्त करने दो। और हम धर्मोपलब्धि, ब्रह्मलाभ एवं ब्रह्म होने के लिए ही दृढव्रत होंगे। हम आमरण एवं जन्म-जन्मान्त में सत्य का ही अनुसरण करेंगें। दूसरों के कहने पर हम तनिक भी ध्यान न दें और यदि आजन्म यत्न के बाद एक, केवल एक ही आत्मा संसार के बन्धनों को तोडकर मुक्त हो सके तो हमने अपना काम कर लिया।

वत्स, धीरज रखो, काम तुम्हारी आशा से बहुत ज्यादा बढ जाएगा। हर एक काम में सफलता प्राप्त करने से पहले सैंकडों कठिनाइयों का सामना करना पडता है। जो उद्यम करते रहेंगे, वे आज या कल सफलता को देखेंगे। परिश्रम करना है वत्स, कठिन परिश्रम ! काम कांचन के इस चक्कर में अपने आप को स्थिर रखना, और अपने आदर्शों पर जमे रहना, जब तक कि आत्मज्ञान और पूर्ण त्याग के साँचे में शिष्य न ढल जाय निश्चय ही कठिन काम है। जो प्रतीक्षा करता है, उसे सब चीजे मिलती हैं। अनन्तकाल तक तुम भाग्यवान बने रहो।

हर अच्छे, श्रेष्ठ और महान कार्य में तीन चरण होते हैं, प्रथम उसका उपहास उड़ाया जाता है, दूसरा चरण उसे समाप्त या नष्ट करने की हद तक विरोध किया जाता है और तीसरा चरण है, स्वीकृति और मान्यता, जो इन तीनों चरणों में बिना विचलित हुये अडिग रहता है, वह श्रेष्ठ बन जाता है और उसका कार्य सर्व स्वीकृत होकर अनुकरणीय बन जाता है।

पढ़ने के लिए जरूरी है एकाग्रता और एकाग्रता के लिए जरूरी है ध्यान। ध्यान के द्वारा ही हम इंद्रियों पर संयम रख सकते हैं। शम, दम और तितिक्षा अर्थात

मन को रोकना, इन्द्रियों को रोकने का बल, कष्ट सहने की शक्ति और चित्त की शुद्धि तथा एकाग्रता को बनाए रखने में ध्यान बहुत सहायक होता है।

मानव-देह ही सर्वश्रेष्ठ देह है, एवं मनुष्य ही सर्वोच्च प्राणी है, क्योंकि इस मानव-देह तथा इस जन्म में ही हम इस सापेक्षिक जगत् से संपूर्णतया बाहर हो सकते हैंनिश्चय ही मुक्ति की अवस्था प्राप्त कर सकते हैं, और यह मुक्ति ही हमारा चरम लक्ष्य है।

जो मनुष्य इसी जन्म में मुक्ति प्राप्त करना चाहता है, उसे एक ही जन्म में हजारों वर्ष का काम करना पड़ेगा। वह जिस युग में जन्मा है, उससे उसे बहुत आगे जाना पड़ेगा, किन्तु साधारण लोग किसी तरह रेंगते-रेंगते ही आगे बढ़ सकते हैं।

जो महापुरुष प्रचार-कार्य के लिए अपना जीवन समर्पित कर देते हैं, वे उन महापुरुषों की तुलना में अपेक्षाकृत अपूर्ण हैं, जो मौन रहकर पवित्र जीवनयापन करते हैं और श्रेष्ठ विचारों का चिन्तन करते हुए जगत् की सहायता करते हैं। इन सभी महापुरुषों में एक के बाद दूसरे का आविर्भाव होता हैअंत में उनकी शक्ति का चरम फलस्वरूप ऐसा कोई शक्तिसम्पन्न पुरुष आविर्भूत होता है, जो जगत् को शिक्षा प्रदान करता है।

आध्यात्मिक दृष्टि से विकसित हो चुकने पर धर्मसंघ में बना रहना अवांछनीय है। उससे बाहर निकलकर स्वाधीनता की मुक्त वायु में जीवन व्यतीत करो।

मुक्ति-लाभ के अतिरिक्त और कौन सी उच्चावस्था का लाभ किया जा सकता है? देवदूत कभी कोई बुरे कार्य नहीं करते, इसलिए उन्हें कभी दंड भी प्राप्त नहीं होता, अतएव वे मुक्त भी नहीं हो सकते। सांसारिक धक्का ही हमें जगा देता है, वही इस जगत्स्वप्न को भंग करने में सहायता पहुँचाता है। इस प्रकार के लगातार आघात ही इस संसार से छुटकारा पाने की अर्थात् मुक्ति-लाभ करने की हमारी आकांक्षा को जाग्रत करते हैं।

हमारी नैतिक प्रकृति जितनी उन्नत होती है, उतना ही उच्च हमारा प्रत्यक्ष अनुभव होता है, और उतनी ही हमारी इच्छा शक्ति अधिक बलवती होती है।

मन का विकास करो और उसका संयम करो, उसके बाद जहाँ इच्छा हो, वहाँ इसका प्रयोग करोउससे अति शीघ्र फल प्राप्ति होगी। यह है यथार्थ आत्मोन्नति का उपाय। एकाग्रता सीखो, और जिस ओर इच्छा हो, उसका प्रयोग करो। ऐसा करने पर तुम्हें कुछ खोना नहीं पड़ेगा। जो समस्त को प्राप्त करता है, वह अंश को भी प्राप्त कर सकता है।

पहले स्वयं संपूर्ण मुक्तावस्था प्राप्त कर लो, उसके बाद इच्छा करने पर फिर अपने को सीमाबद्ध कर सकते हो। प्रत्येक कार्य में अपनी समस्त शक्ति का प्रयोग करो।

सभी मरेंगे- साधु या असाधु, धनी या दरिद्र- सभी मरेंगे। चिर काल तक किसी का शरीर नहीं रहेगा। अतएव उठो, जागो और संपूर्ण रूप से निष्कपट हो जाओ। भारत में घोर कपट समा गया है। चाहिए चरित्र, चाहिए इस तरह की दृढ़ता और चरित्र का बल, जिससे मनुष्य आजीवन दृढ़व्रत बन सके।

संन्यास का अर्थ है, मृत्यु के प्रति प्रेम। सांसारिक लोग जीवन से प्रेम करते हैं, परन्तु संन्यासी के लिए प्रेम करने को मृत्यु है। लेकिन इसका मतलब यह नहीं है कि हम आत्महत्या कर लें। आत्महत्या करने वालों को तो कभी मृत्यु प्यारी नहीं होती है। संन्यासी का धर्म है समस्त संसार के हित के लिए निरंतर आत्मत्याग करते हुए धीरे-धीरे मृत्यु को प्राप्त हो जाना।

डमरू शृंग बजाना होगा, नगाड़े ब्रह्मरुद्रताल का दुन्दुभिनाद उठाना होगा, 'महावीर', 'महावीर' की ध्वनि तथा 'हर-हर बम-बम' शब्द से दिग्दिगंत कम्पित कर देना होगा। जिन सब गीतवाद्यों से मनुष्य के हृदय के कोमल भाव-समूह उद्दीप्त हो जाते हैं, उन सबको थोड़े दिनों के लिए अब बंद रखना होगा। खयाल-ठप्पा बंद करके ध्रुपद का गाना सुनने का अभ्यास लोगों को कराना होगा।

देश-देश में, गांव-गांव में–जहां भी जाएगा, देखेगा, खोलकर ताल ही बज रहे हैं! दुन्दुभी, नगाड़े क्या देश में तैयार नहीं होते? तुरही, भेरी क्या भारत में नहीं मिलती? वही सब गुरु गम्भीर ध्वनि लड़कों को सुना। बचपन से जनाने बाजे सुन-सुनकर, कीर्तन सुनकर यह देश स्त्रियों का देश बन गया है। इससे अधिक और क्या अधःपतन होगा।

खाते, सोते, पहनते, गाते-बजाते, भाग में, राग में, सदैव तीव्र उत्साह एवं साहस का ही परिचय देना होगा, तभी तो महाशक्ति की कृपा होगी!

'उत्तिष्ठत जाग्रत' इस अभय वाणी को सुनाने के लिए ही मेरा जन्म हुआ है। तुम लोग इस काम में मेरे सहायक बनो। जा गांव-गांव में, देश-देश में यह अभयवाणी चण्डाल से लेकर ब्राह्मण तक सभी को सुना आ। सभी को पकड़-पकड़कर जाकर कह दे–'तुम लोग अमित वीर्यवान हो–अमृत के अधिकारी हो।'

बौद्ध तथा वैष्णव धर्म अलग नहीं हैं। बौद्ध धर्म के उच्छेद के समय हिंदू धर्म ने उनके कुछ नियमों को अपने में मिलाकर अपना लिया था। वही धर्म इस समय भारतवर्ष में वैष्णव धर्म के नाम से विख्यात है।

देश जो घोर तमसाच्छन्न है, देख नहीं रहा है? अब देश के लोगों को मछली-मांस खिलाकर उद्यमशील बना डालना होगा, जगाना होगा, कार्यतत्पर बनाना होगा। नहीं तो धीरे-धीरे देश के लोग जड़ बन जाएंगे ...पेड़-पत्थर की तरह जड़ बन जाएंगे। इसलिए कह रहा था, मछली और मांस खूब खाना।

जो लोग नौकरी करते हैं, उनका स्थान पार्लियामेंट (राष्ट्रीय सभा) में बहुत पीछे होता है, पर जो लोग प्रयत्न करके विद्या-बुद्धि द्वारा स्वनामधन्य हो गए हैं, उनके बैठने के लिए सामने की सीटें रहती हैं। उन सब देशों में जाति-भेद का झंझट नहीं है, उद्यम व परिश्रम द्वारा जिन पर भाग्य-लक्ष्मी प्रसन्न है। वे ही देश के नेता और नियन्ता माने जाते हैं।

निम्न श्रेणी के व्यक्तियों द्वारा आजकल जो इतनी हड़तालें हो रही हैं वह इनकी इसी जागृति का प्रमाण है। अब हज़ार प्रयत्न करके भी उच्च जाति के लोग निम्न श्रेणियों को अधिक दबाकर नहीं रख सकेंगे। अब निम्न श्रेणियों के न्याय-संगत अधिकार की प्राप्ति में सहायता करने में ही उच्च श्रेणियों का भला है।

तुम्हें शरीर को दृढ़ बनाना सीखना होगा और यही दूसरों को भी सिखाना होगा। देखता नहीं, मैं अभी भी प्रतिदिन डम्बल करता हूं। रोज सवेरे-शाम घूमना, शरीरिक परिश्रम करना... शरीर और मन साथ-ही-साथ उन्नत होने चाहिए। सभी बातों में दूसरों पर निर्भर रहने से कैसे काम चलेगा।

मैंने दुनिया में घूमकर देखा है। इस देश की तरह इतने अधिक तमाम प्रकृति के लोग पृथ्वी पर और कहीं भी नहीं हैं। बाहर सात्त्विकता का ढोंग, पर अंदर बिल्कुल ईंट-पत्थर की तरह जड़ता–इनसे जगत् का क्या काम होगा? इस प्रकार अकर्मण्य, आलसी, घोर विषयी जाति दुनिया में और कितने दिन जीवित रह सकेगी?

खूब खाया कर। घास-पात खाकर पेट-रोग से पीड़ित बाबाजी लोगों के दल से देश भर गया है। वे सत्यगुण के लक्षण नहीं हैं। महा तमोगुण की छाया है...मृत्यु की छाया है। सत्यगुण के लक्षण हैं–मुखमंडल पर चमक, हृदय में अदम्य उत्साह, अतुल चपलता और तमोगुण के लक्षण हैं–आलस्य, जड़ता, मोह, निद्रा आदि।

तुम्हारे इतिहास, साहित्य, पुराण आदि सभी शास्त्र मनुष्य को केवल डराने का ही कार्य करते हैं। मनुष्य से केवल कह रहे हैं, 'तू नरक में जाएगा, तेरी रक्षा का कोई उपाय नहीं है।' इसीलिए भारत की नस-नस में इतनी अवसन्नता प्रविष्ट हो गई है।

तेरा काम है सिर्फ काम करते जाना, फिर सब कुछ अपने आप ही हो जाएगा। मेरे काम की पद्धति है गढ़कर खड़े रहना, जो है उसे तोड़ना नहीं। जगत का इतिहास

पढ़कर देख, एक-एक महापुरुष एक-एक समय में एक-एक देश के मानो केंद्र के रूप में खड़े हुए थे। उनके भाव से अभिभूत होकर सैकड़ों-हज़ारों लोग इस जगत् का कल्याण कर गए हैं।

या तो इस प्रकार के उद्योग-धन्धे करके संसार में यशस्वी, सम्पत्तिशाली बन या सब कुछ छोड़-छाड़कर हमारे पथ का अनुसरण करके लोगों को धर्म का उपदेश देकर उनका उपकार कर। तभी तू हमारी तरह शिक्षा पा सकेगा। लेन-देन रहने पर कोई किसी की ओर नहीं ताकता।

'नहीं-नहीं' की भावना मनुष्य को दुर्बल बना देती है। देखता नहीं, जो माता-पिता दिन-रात बच्चों से लिखने-पढ़ने पर जोर देते रहते हैं, कहते हैं, "इसका कुछ सुधार नहीं होगा, यह मूर्ख है, गधा है आदि-आदि।" उनके बच्चे अधिकांश वैसे ही बन जाते हैं। बच्चों को अच्छा कहने से और अच्छी बातों के लिए प्रोत्साहन देने से, समय आने पर वह स्वयं अच्छे बन जाते हैं।

आपस में एक-दूसरे से घृणा करते-करते ही तुम लोगों का अधःपतन हो गया है। अब केवल सबल होने तथा जीवन को संगठित करने का भाव फैलाकर लोगों को उठाना होगा।

'मैंने इतनी तपस्या करके यही सार समझा है कि जीव-जीव में वे अधिष्ठित हैं, इसके अतिरिक्त ईश्वर और कुछ भी नहीं है। जो जीवों के प्रति दया करता है। वही व्यक्ति ईश्वर की सेवा कर रहा है।"

'वीर भोग्य वसुन्धरा', अर्थात् वीर लोग ही वसुन्धरा का भोग करते हैं...यह वचन नितान्त सत्य है। वीर बनो, सर्वदा कहो 'अभी-अभी ...मैं भयशून्य हूं, मैं भयशून्य हूं।' सबको सुनाओ 'माभैः माभैः' भय न करो, भय न करो। भय ही मृत्यु है, भय ही पाप, भय ही नरक, भय ही अधर्म तथा भय ही व्यभिचार है।

उसी प्रकार सहानुभूति और सहायता प्राप्त करने पर मनुष्य तो दूर रहा, पशु-पक्षी भी अपने बन जाते हैं।

ये निम्न श्रेणी के लोग जब जाग उठेंगे और अपने ऊपर होने वाले तुम लोगों के अत्याचारों को समझ लेंगे, तब उनकी फूंक से ही तुम लोग उड़ जाओगे। उन्होंने तुम्हें सभ्य बनाया है, उस समय ये ही सब कुछ मिटा देंगे। सोच कर देखो न–रोमन सभ्यता गॉल जाति के पंजे में पड़कर कहां चली गई।

इसीलिए कहता हूं, इन सब निम्न जाति के लोगों को विद्या-दान, ज्ञान-दान देकर इन्हें नींद से जगाने के लिए सचेष्ट हो जाओ। जब ये लोग जागेंगे...और एक दिन ये अवश्य जागेंगे...तब ये भी तुम लोगों द्वारा किए गए उपकारों को भूलेंगे नहीं और तुम लोगों के प्रति कृतज्ञ रहेंगे।

जिसके हृदय में मुक्ताभिमान सर्वदा जागृत है, वह मुक्त हो जाता है और जो 'मैं बद्ध हूं' ऐसी भावना रखता है, समझ लो कि उसकी जन्म-जन्मान्तर तक बद्ध दशा ही रहेगी।

ढोल-करताल बजाकर उछल-कूद मचाने से देश पतन के गर्त में जा रहा है। एक तो यह पेट रोग के मरीजों का दल है—और उस पर इतनी उछल-कूद...भला कैसे सहन होगी?

'क्या सोच रहा है? शरीर धारण किया है तो नष्ट भी हो जाएगा। तू यदि लोगों में मेरे भाव को किंचित् भी प्रविष्ट करा दे तो समझूंगा कि मेरा शरीर धारण करना सार्थक हुआ है।'

'देश इन गरीब-दुःखियों के लिए कुछ नहीं सोचता है रे! जो लोग हमारे राष्ट्र की रीढ़ हैं... जिनके परिश्रम से अन्न पैदा हो रहा है... जिन सफाई कर्मीयों के एक दिन भी काम बंद कर देने पर शहर-भर में हाहाकार मच जाती है—हाय! हम क्यों न उनके साथ सहानुभूति करें, सुख-दुःख में उन्हें सान्त्वना दें! क्या देश में ऐसा कोई भी नहीं है रे।'

वायु के वायुत्व को, यम के यमत्व को अपने-अपने स्थान पर रख छोड़ा है। अपनी-अपनी सीमा से किसी को बाहर नहीं जाने देता।

खान-पान, चाल-चलन, भाव-भाषा सबमें तेजस्विता लानी होगी। चारों ओर प्राण का संचार करना होगा। नस-नस में रक्त का प्रवाह प्रेरित करना होगा, जिससे सब विषयों में एक प्राण का स्पंदन अनुभव हो। तभी इस घोर जीवन-संग्राम में देश के लोग बच सकेंगे। नहीं तो शीघ्र ही हमारा यह देश और यह जाति मृत्यु की छाया में लय हो जाएंगे।

यह देश गिर अवश्य गया, परंतु निश्चय ही फिर उठेगा और ऐसा उठेगा कि दुनिया देखकर दंग रह जाएगी। देखा नहीं है—नदी या समुद्र में लहरें जितनी नीचे उतरती हैं, उसके बाद उतनी ही ज़ोर से ऊपर उठती हैं।

'कृपा रूपी वायु तो सर्वदा चलती रहती है, तू पाल उठा क्यों नहीं देता रे?' बच्चा, क्या कोई किसी को कुछ दे सकता है? गुरु तो केवल यही बता देते हैं कि अपना कर्म अपने ही हाथ में है। बीज ही की शक्ति से वृक्ष होता है। जला एवं वायु तो उसके सहायक मात्र होते हैं।

इतना जान लेना—संसार में तू जीवित है या मर गया है—इससे तेरे स्वजनों को कोई विशेष हानि-लाभ नहीं है। तू यदि कुछ धन-सम्पत्ति छोड़कर जा सका तो देख लेना तेरी मृत्यु से पहले ही उस घर में डण्डेबाजी शुरू हो जाएगी। तेरी मृत्युशय्या

पर तुझे सांत्वना देने वाला कोई नहीं है—स्त्री-पुत्र तक नहीं। इसी का नाम संसार है।

'श्रद्धावान बन, वीर्यवान बन, आत्म-ज्ञान प्राप्त कर—और परहित के लिए जीवन उत्सर्ग कर दे। यही मेरी इच्छा और आशीर्वाद है।'

मेरा यह दृढ़ विश्वास था कि कपट से जगत् में कोई महान् कार्य नहीं होता, इसलिए उन अश्लील निंदाओं पर ध्यान न देकर मैं धीरे-धीरे अपना कार्य किए जाता था।

बच्चा, जानते तो हो कि इस संसार में निरी दुनियादारी है। जो यथार्थ में साहसी और ज्ञानी है, वह क्या ऐसी दुनियादारी से कभी घबराता है। जगत् चाहे जो कहे, क्या परवाह है। मैं अपना कर्तव्य पालन करता चला जाऊंगा। यही वीरों की बातें हैं।

यदि सब जीवों को आत्मवत् देखो तो आत्मदर्शन होने में क्या शेष रह गया? आत्मदर्शन का अर्थ जड़ के समान एक दीवार या लकड़ी के समान पड़ा रहना तो नहीं है।

तपस्या से शक्ति उत्पन्न होती है, यह सत्य है, किंतु दूसरों के निमित्त कर्म करना ही तपस्या है। कर्मयोगी कर्म को तपस्या का एक अंग कहते हैं। जैसे तपस्या से परहित की इच्छा बलवान होकर साधकों से कर्म कराती है, वैसे ही दूसरों के निमित्त कार्य करते-करते तपस्या का फल चित्तशुद्धि या परमात्मा का दर्शन प्राप्त होता है।

'बहुजन हिताय बहुजन सुखाय' के लिए ही संन्यासियों का जन्म होता है। संन्यास ग्रहण करके जो इस ऊंचे लक्ष्य से भ्रष्ट हो जाता है, उसका जीवन ही व्यर्थ है।

तपस्या जैसी कठिन है, निष्काम कर्म भी वैसा ही कठिन है। अतएव, औरों के मंगल के लिए जो लोग कार्य करते हैं, उनके विरुद्ध तुझे कुछ कहने का अधिकार नहीं है। यदि तुझे तपस्या अच्छी लगे तो किए जा, परंतु यदि किसी को कर्म ही अच्छा लगता है तो उसे रोकने का तुझे क्या अधिकार है? तू क्या यही अनुमान किए बैठा है कि कर्म तपस्या नहीं है?

इतिहास तो बतलाता है कि हमारे पूर्वजों ने अनेक देशों पर विजय प्राप्त की और वहां उपनिवेश स्थापित किए। तिब्बत, चीन, सुमात्रा, जापान तक धर्म-प्रचारकों को भेजा था। बिना रजोगुण का आश्रय लिये उन्नति का कोई उपाय नहीं।

यदि शरीर रहा तो कितने ही और आश्चर्य देखोगे। कुछ उत्साही और अनुरागी युवक मिलने से मैं देश को उलट-पलट कर दूंगा।

एक महान उद्देश्य लेंकर मर जा। मर तो जाएगा, पर अच्छा उद्देश्य लेकर मरना ठीक है। इस भाव का घर-घर में प्रचार कर, अपना और देश का कल्याण होगा। तुम्हीं लोग देश की आशा हो। तुम्हें कर्म-विहीन देखकर मुझे बड़ा कष्ट होता है। लग जा... काम में लग जा। विलम्ब न कर...मृत्यु तो दिनों-दिन निकट आ रही है। 'बाद में करूंगा' कहकर बैठा न रह...यदि बैठा रहेगा तो फिर तुझसे कुछ भी न हो सकेगा।

भूत-प्रेत की चिंता करने से लोग भूत-प्रेत ही बन जाते हैं और जो रात-दिन जानकर या न जानकर भी कहते हैं, 'मैं नित्य-गुरु-बुद्ध मुक्तात्मा हूं' वे ही ब्रह्मज होते हैं।

क्या तुम नहीं अनुभव करते कि दूसरों के ऊपर निर्भर रहना बुद्धिमानी नहीं है। बुद्धिमान व्यक्ति को अपने ही पैरों पर दृढता पूर्वक खड़ा होकर कार्य करना चहिए। धीरे धीरे सब कुछ ठीक हो जाएगा।

आओ हम नाम, यश और दूसरों पर शासन करने की इच्छा से रहित होकर काम करें। काम, क्रोध एंव लोभ–इस त्रिविध बन्धन से हम मुक्त हो जायें और फिर सत्य हमारे साथ रहेगा।

न टालो, न ढूँढों–भगवान अपनी इच्छानुसार जो कुछ भेजें, उसके लिए प्रतिक्षा करते रहो, यही मेरा मूलमंत्र है।

शक्ति और विश्वास के साथ लगे रहो। सत्यनिष्ठा, पवित्र और निर्मल रहो, तथा आपस में न लड़ो। हमारी जाति का रोग ईष्या ही है।

एक ही आदमी मेरा अनुसरण करे, किन्तु उसे मृत्युपर्यन्त सत्य और विश्वासी होना होगा। मैं सफलता और असफलता की चिन्ता नहीं करता। मैं अपने आन्दोलन को पवित्र रखूँगा, भले ही मेरे साथ कोई न हो। कपटी कार्यों से सामना पड़ने पर मेरा धैर्य समाप्त हो जाता है। यही संसार है कि जिन्हें तुम सबसे अधिक प्यार और सहायता करो, वे ही तुम्हे धोखा देंगे।

मेरा आदर्श अवश्य ही थोड़े से शब्दों में कहा जा सकता है–मनुष्य जाति को उसके दिव्य स्वरूप का उपदेश देना, तथा जीवन के प्रत्येक क्षेत्र में उसे अभिव्यक्त करने का उपाय बताना।

जब कभी मैं किसी व्यक्ति को उस उपदेशवाणी (श्री रामकृष्ण के वाणी) के बीच पूर्ण रूप से निमग्न पाता हूँ, जो भविष्य में संसार में शान्ति की वर्षा करने वाली है, तो मेरा हृदय आनन्द से उछलने लगता है। ऐसे समय मैं पागल नहीं हो जाता हूँ, यही आश्चर्य की बात है।

इस मानव शरीर की अपेक्षा और कोई बड़ा तीर्थ नहीं है। इस शरीर में जितना आत्मा का विकास हो सकता है, उतना और कहीं नहीं। श्री जगन्नाथ का जो रथ है, वह भी मानो इसी शरीर रूपी रथ का एक स्थूल रूप है। इसी शरीर रूपी रथ में हमें आत्मा का दर्शन करना होगा।

एक बार जब किसी ने यह कहा कि 'स्वामीजी, धर्म प्रचारक बनकर साधारण-जन के समान ऐसा हास्य कौतुक करना उचित नहीं है। आपमें ऐसी चपलता कुछ शोभा नहीं देती।' इसके उत्तर में मैं कहा करता था कि हम आनंद की संतान हैं, हम क्यों उदास और दुःखी बने रहें?

आजकल की पाश्चात्य सभ्यता लोगों में दिन-प्रतिदिन अभाव और 'हाय-हाय' को ही बढ़ा रही है। भारत की प्राचीन सभ्यता सर्वसाधारण को अत्यधिक उन्नति का मार्ग दिखाकर यद्यपि उनके इस जीवन के अभाव को पूर्ण रूप से नष्ट न कर सकी तो भी उसको कम करने में निःसंदेह समर्थ हुई थी।

सच्चे संन्यासी तो अपनी मुक्ति की भी उपेक्षा करते हैं–जगत् के मंगल के लिए उनका जन्म होता है।

बसन्त की तरह लोग का हित करते हुए–यहि मेरा धर्म है। "मुझे मुक्ति और भक्ति की चाह नहीं। लाखों नरकों में जाना मुझे स्वीकार है, बसन्तवल्लोकहितं चरन्तः–यही मेरा धर्म है।"

हर काम को तीन अवस्थाओं में से गुजरना होता है–उपहास, विरोध और स्वीकृति। जो मनुष्य अपने समय से आगे विचार करता है, लोग उसे निश्चय ही गलत समझते हैं। इसलिए विरोध और अत्याचार हम सहर्ष स्वीकार करते हैंः परन्तु मुझे दृढ और पवित्र होना चाहिए और भगवान में अपरिमित विश्वास रखना चाहिए, तब ये सब लुप्त हो जायेंगे।

यही दुनिया है! यदि तुम किसी का उपकार करो, तो लोग उसे कोई महत्त्व नहीं देंगे, किन्तु ज्यों ही तुम उस कार्य को बन्द कर दो, वे तुरन्त (ईश्वर न करे) तुम्हें बदमाश प्रमाणित करने में नहीं हिचकिचायेंगे। मेरे जैसे भावुक व्यक्ति अपने सगे-स्नेहियों द्वरा सदा ठगे जाते हैं।

न संख्या-शक्ति, न धन, न पाण्डित्य, न वाक चातुर्य, कुछ भी नहीं, बल्कि पवित्रता, शुद्ध जीवन, एक शब्द में अनुभूति, आत्म-साक्षात्कार को विजय मिलेगी! प्रत्येक देश में सिंह जैसी शक्तिमान दस-बारह आत्माएँ होने दो, जिन्होंने अपने बन्धन तोड़ डाले हैं, जिन्होंने अनन्त का स्पर्श कर लिया है, जिनका चित्र

ब्रह्मानुसन्धान में लीन है, जो न धन की चिन्ता करते हैं, न बल की, न नाम की और ये व्यक्ति ही संसार को हिला डालने के लिए पर्याप्त होंगे।

यही रहस्य है। योग प्रवर्तक पंतजलि कहते हैं, "जब मनुष्य समस्त अलौकिक दैवी शक्तियों के लोभ का त्याग करता है, तभी उसे धर्म मेघ नामक समाधि प्राप्त होती है। वह परमात्मा का दर्शन करता है, वह परमात्मा बन जाता है और दूसरों को तदरूप बनने में सहायता करता है। मुझे इसी का प्रचार करना है। जगत में अनेक मतवादों का प्रचार हो चुका है। लाखों पुस्तकें हैं, परन्तु हाय! कोई भी किंचित् अंश में प्रत्यक्ष आचरण नहीं करता।

जो सबका दास होता है, वही उनका सच्चा स्वामी होता है। जिसके प्रेम में ऊँच-नीच का विचार होता है, वह कभी नेता नहीं बन सकता। जिसके प्रेम का कोई अन्त नहीं है, जो ऊँच-नीच सोचने के लिए कभी नहीं रुकता, उसके चरणों में सारा संसार लोट जाता है।

अकेले रहो, अकेले रहो। जो अकेला रहता है, उसका किसी से विरोध नहीं होता, वह किसी की शान्ति भंग नहीं करता, न दूसरा कोई उसकी शान्ति भंग करता है।

मेरी दृढ़ धारणा है कि तुममें अन्धविश्वास नहीं है। तुममें वह शक्ति विद्यमान है, जो संसार को हिला सकती है, धीरे-धीरे और भी अन्य लोग आयेंगे। साहसी शब्द और उससे अधिक साहसी कर्मों की हमें आवश्यकता है। उठो! उठो! संसार दुःख से जल रहा है। क्या तुम सो सकते हो? हम बार-बार पुकारें, जब तक सोते हुए देवता न जाग उठें, जब तक अन्तर्यामी देव उस पुकार का उत्तर न दें। जीवन में और क्या है? इससे महान कर्म क्या है?

6

स्वामी विवेकानंद के प्रेरक प्रसंग

स्वामी विवेकानन्द के पूना प्रवास के दौरान एक विलक्षण घटना घटी, जिससे उनके विराट व्यक्तित्व का परिचय मिलता है। गाड़ी में स्वामीजी को द्वितीय श्रेणी से भ्रमण करते देखकर कुछ शिक्षित लोग अंग्रेजी भाषा में संन्यासियों की निंदा करने लगे। उन्होंने सोचा स्वामीजी को अंग्रेजी नहीं आती है। उनका सोचना था कि भारत के अधःपतन के लिए एकमात्र संन्यासी-संप्रदाय ही उत्तरदायी है। चर्चा जब पराकाष्ठा पर पहुंच गई तब स्वामीजी चुप नहीं रह सके।

वे बोले- युग-युग से संन्यासियों ने ही तो संसार की आध्यात्मिक भाव धारा को सतेज और अक्षुण्ण बना रखा है। बुद्ध क्या थे, शंकराचार्य क्या थे? उनकी आध्यात्मिक देन को क्या भारत अस्वीकार कर सकता है, स्वामीजी के मुख से धर्म का क्रम विकास, देश विदेश के धर्मों की प्रगति का इतिहास तथा अनेक गंभीर दार्शनिक बातें सुनकर सहयात्रियों को विवश होकर हथियार डाल देना पड़ा।

यह वही समय था जब स्वामीजी को शिकागो की विश्व धर्म परिषद सम्मेलन का पता चला था और यह सर्वविदित है कि उस धर्म सभा में स्वामीजी ने किसी भी धर्म की निंदा या समालोचना नहीं की अपितु उन्होंने कहा- ईसाई को हिन्दू या बौद्ध नहीं बनना होगा, और न हिन्दू अथवा बौद्ध को ईसाई ही। पर हां प्रत्येक धर्म को अपनी स्वतंत्रता और वैशिष्टय को बनाए रखकर दूसरे धर्मों का भाव ग्रहण करते हुए क्रमशः उन्नत होना होगा। उन्नति या विकास का यही एकमात्र नियम है।

स्वामी की शिकागो वक्तृता भारत वर्ष की मुक्ति का संक्षिप्त लेखा है। भगिनी निवेदिता लिखती हैं- शिकागो की धर्म महासभा में जब स्वामीजी ने अपना भाषण आरंभ किया तो उनका विषय था- हिन्दुओं के प्राचीन विचार, पर जब उनका भाषण समाप्त हुआ तो आधुनिक हिन्दू धर्म की सृष्टि हो चुकी थी।

***

भ्रमण एवं भाषणों से थके हुए स्वामी विवेकानंद अपने निवास स्थान पर लौटे। उन दिनों वे अमेरिका में एक महिला के यहां ठहरे हुए थे। वे अपने हाथों से भोजन बनाते थे। एक दिन वे भोजन की तैयारी कर रहे थे कि कुछ बच्चे पास आकर खड़े हो गए।

उनके पास सामान्यतया बच्चों का आना-जाना लगा ही रहता था। बच्चे भूखे थे। स्वामीजी ने अपनी सारी रोटियां एक-एक कर बच्चों में बांट दी। महिला वहीं बैठी सब देख रही थी। उसे बड़ा आश्चर्य हुआ। आखिर उससे रहा नहीं गया और उसने स्वामीजी से पूछ ही लिया- आपने सारी रोटियां उन बच्चों को दे डाली, अब आप क्या खाएंगे?

स्वामीजी के अधरों पर मुस्कान दौड़ गई। उन्होंने प्रसन्न होकर कहा- मां, रोटी तो पेट की ज्वाला शांत करने वाली वस्तु है। इस पेट में न सही, उस पेट में ही सही। देने का आनंद पाने के आनंद से बड़ा होता है।

***

स्वामी विवेकानन्द अमेरिका में भ्रमण कर रहे थे। एक जगह से गुजरते हुए उन्होंने पुल पर खड़े कुछ लड़कों को नदी में तैर रहे अंडे के छिलकों पर बन्दूक से निशाना लगाते देखा। किसी भी लड़के का एक भी निशाना सही नहीं लग रहा था। तब उन्होंने ने एक लड़के से बन्दूक ली और खुद निशाना लगाने लगे। उन्होंने पहला निशाना लगाया और वो बिलकुल सही लगा। फिर एक के बाद एक उन्होंने कुल 12 निशाने लगाये और सभी बिलकुल सटीक लगे। ये देख लड़के दंग रह गए और उनसे पूछा,

"भला आप ये कैसे कर लेते हैं ?"

स्वामी जी बोले ,

"तुम जो भी कर रहे हो अपना पूरा दिमाग उसी एक काम में लगाओ। अगर तुम निशाना लगा रहे हो तो तम्हारा पूरा ध्यान सिर्फ अपने लक्ष्य पर होना चाहिए। तब तुम कभी चूकोगे नहीं। अगर तुम अपना पाठ पढ़ रहे हो तो सिर्फ पाठ के बारे में सोचो। मेरे देश में बच्चों को ये करना सिखाया जाता है।"

***

एक बार बनारस में स्वामी जी दुर्गा जी के मंदिर से निकल रहे थे कि तभी वहां मौजूद बहुत सारे बंदरों ने उन्हें घेर लिया। वे उनके नजदीक आने लगे और डराने लगे। स्वामी जी भयभीत हो गए और खुद को बचाने के लिए दौड़ कर भागने लगे, पर बन्दर तो मानो पीछे ही पड़ गए और वे उन्हें दौड़ाने लगे। पास खड़े एक वृद्ध संन्यासी ये सब देख रहे थे। उन्होंने स्वामी जी को रोका और बोले,

"रुको ! उनका सामना करो !"

स्वामी जी तुरन्त पलटे और बंदरों के तरफ बढ़ने लगे। ऐसा करते ही सभी बन्दर भाग गए। इस घटना से स्वामी जी को एक गंभीर सीख मिली और कई सालों बाद उन्होंने एक संबोधन में कहा भी

"यदि तुम कभी किसी चीज से भयभीत हो तो उससे भागो मत, पलटो और सामना करो।"

***

स्वामी विवेकानन्द स्वामी प्रारंभ से ही एक मेधावी छात्र थे और सभी उनके व्यक्तित्व और वाणी से प्रभावित रहते थे। जब वो साथी छात्रों से कुछ बताते तो सब मंत्रमुग्ध हो उन्हें सुनते। एक दिन इंटरवल के दौरान वो कक्षा में कुछ मित्रों को कहानी सुना रहे थे, सभी उनकी बातें सुनने में इतने मग्न थे कि उन्हें पता ही नहीं चला कि कब मास्टर जी कक्षा में आये और पढ़ाना शुरू कर दिया।

मास्टर जी ने अभी पढ़ना शुरू ही किया था कि उन्हें कुछ फुसफुसाहट सुनाई दी।

"कौन बात कर रहा है ?" उन्होंने तेज आवाज में पूछा। सभी ने स्वामी जी और उनके साथ बैठे छात्रों की तरफ इशारा कर दिया।

मास्टर जी तुरंत क्रोधित हो गए। उन्होंने तुरंत उन छात्रों को बुलाया और पाठ से संबधित एक प्रश्न पूछने लगे। जब कोई भी उत्तर न दे सका तब अंत में मास्टर जी ने स्वामी जी से भी वही प्रश्न किया। पर स्वामी जी तो मानो सब कुछ पहले से ही जानते हों, उन्होंने आसानी से उत्तर दे दिया।

यह देख उन्हें यकीन हो गया कि स्वामी जी पाठ पर ध्यान दे रहे थे और बाकी छात्र बात-चीत में लगे हुए थे। फिर क्या था उन्होंने स्वामी जी को छोड़ सभी को बेंच पर खड़े होने की सजा दे दी। सभी छात्र एक -एक कर बेच पर खड़े होने लगे। स्वामी जे ने भी यही किया।

तब मास्टर जी बोले, "(नरेन्द्र) तुम बैठ जाओ।"

"नहीं सर, मुझे भी खड़ा होना होगा क्योंकि वो मैं ही था जो इन छात्रों से बात कर रहा था।" स्वामी जी ने आग्रह किया।

***

उसी अन्नपूर्णा के देश में तुम लोगों की ऐसी दुर्दशा! तुम घृणित कुत्तों से भी बदतर हो गए हो और फिर भी अपने वेद-वेदांतों की डींग हांकते हो! जो राष्ट्र आवश्यक अन्न-वस्त्रों का भी प्रबन्ध नहीं कर सकता और दूसरों के मुंह की ओर ताक कर ही जीवन व्यतीत कर रहा है, उस राष्ट्र का यह गर्व! धर्म-कर्मों को तिलांजालि देकर पहले जीवन-संग्राम में कूद पड़ो। भारत में कितनी चीजें पैदा होती हैं। विदेशी लोग उस कच्चे माल के द्वारा 'सोना' पैदा कर रहे हैं और तुम लोग बोझ ढोने वाले गधों की तरह उनके सामानों को उठाते-उठाते मरे जा रहे हो। भारत में जो चीजें उत्पन्न होती हैं, विदेशी उन्हीं को ले जाकर अपनी बुद्धि से अनेक प्रकार की चीजें बनाकर संपत्तिशाली बन गए और तुम लोग! अपनी बुद्धि संदूक में बंद करके घर का धन दूसरों को देकर 'हा अन्न, हा अन्न' करके भटक रहे हो।

त्यागी बने बिना कोई दूसरों के लिए सोलह आना प्राण देकर काम नहीं कर सकता। त्यागी सभी को समभाव से देखता है–सभी की सेवा में लगा रहता है। वेदांत में पढ़ा है–सभी को समभाव से देखना होगा तो फिर एक स्त्री और कुछ बच्चों को अपना समझकर अधिक क्यों मानेगा? तेरे दरवाजे पर स्वयं नारायण दरिद्र के भेष में आकर अनाहार से मृतप्राय होकर पड़े हैं। उन्हें कुछ न देकर केवल अपना और अपने स्त्री-पुत्रों का पेट भांति-भांति के व्यंजनों से भरना यह तो पशुओं का काम है।

* * *

एक बार मैं हिमालय में भ्रमण करते समय किसी पहाड़ी गांव में एक रात्रि के लिए ठहर गया था। सायंकाल होने पर गांव में ढोल का शब्द सुना तो घरवाले से पूछने पर मालूम हुआ कि गांव में किसी मनुष्य पर 'देवता चढ़ा' है। घरवाले के आग्रह से और अपना कौतुक निवारण करने के लिए मैं उसे देखने को गया। जाकर देखा कि बड़ी भीड़ लगी हुई है। उसने लम्बे घुँघुराले बाल वाले एक पहाड़ी को दिखाकर कहा कि इसी पर देवता चढ़ा है। मैंने देखा कि उसके पास ही एक कुल्हाड़ी को आग में लाल कर रहे थे। फिर देखा कि उस लाल कुल्हाड़ी से उस देवताविष्ट मनुष्य के शरीर को स्थान-स्थान पर जला रहे हैं तथा बालों पर भी उसे छुआ रहे हैं परंतु आश्चर्य यह था कि न तो उसका कोई अंग या बाल जलता था और न उसके चेहरे से कष्ट का कोई चिह्न प्रकट होता था। मैं तो देखते ही निर्वाक् रह गया। इसी समय गांव के मुखिया ने मेरे पास आकर हाथ जोड़कर कहा, "महाराज, आप कृपया

इसका भूत उतार दीजिए।" मैं तो यह बात सुनकर घबरा गया। पर क्या करता! सबके कहने पर मुझे उस देवताविष्ट मनुष्य के पास जाना पड़ा, परंतु जाकर उस गरम कुल्हाड़ी की परीक्षा करने की इच्छा हुई। उसमें हाथ लगाते ही मेरा हाथ झुलस गया। तब तो कुल्हाड़ी तनिक काली भी पड़ गई थी तो भी मारे जलन के मैं बेचैन हो गया। जो कुछ मेरी तर्कयुक्ति थी, वह सब लोप हो गई। क्या करूं? जलन से व्याकुल होकर भी उस मनुष्य के सिर पर अपना हाथ रखकर कुछ देर मैंने जप किया परंतु आश्चर्य यह कि ऐसा करने से दस-बारह मिनट में ही वह अच्छा हो गया। तब गांव वालों की मेरे प्रति भक्ति का क्या ठिकाना था। वे तो मुझे ही भगवान समझने लगे। परंतु मैं इस घटना को कुछ भी नहीं समझ सका। बाद में भी कुछ नहीं जान सका। अंत में और कुछ न कहकर घरवाले के साथ झोंपड़ी में लौट आया। तब रात के कोई बारह बजे होंगे। आते ही लेट गया, परंतु जलन के मारे और इस घटना का कोई भेद न निकाल सकने के कारण नींद नहीं आई। जलती हुई कुल्हाड़ी से मनुष्य का शरीर दग्ध क्यों नहीं हुआ, यह सोचकर चिंता करने लगा। 'There are more things in heaven and earth then dreamt of in your philosohy' पृथ्वी और स्वर्ग में ऐसी अनेक घटनाएं हैं, जिनका संधान दर्शन शास्त्रों ने स्वप्न में भी नहीं पाया।

***

पंचवटी के एक ओर श्री रामकृष्ण के गृहस्थ भक्त एकत्रित हैं। गिरीशचन्द्र घोष पंचवटी की उत्तर दिशा में गंगा की ओर मुंह किए बैठे हैं और उनको घेरे बहुत से भक्त श्री रामकृष्ण के गुणों के व्याख्यान और कथाप्रसंग में मग्न हुए बैठे हैं। इसी अवसर पर बहुत से लोगों के साथ-साथ स्वामीजी गिरीशचन्द्रजी के पास उपस्थित हुए और 'अरे! घोषजी यहां हैं!' यह कहकर उनको प्रणाम किया। गिरीश बाबू को पिछली बातों का स्मरण कराकर स्वामीजी बोले, "घोषजी, वह भी एक समय था और यह भी एक समय है।" गिरीश बाबू स्वामीजी से सहमत हो बोले–'हां बहुत ठीक, किंतु अभी तक मन चाहता है कि और भी देखूं।' दोनों में जो ऐसा वार्तालाप हुआ, उसका गूढ़ अर्थ ग्रहण करने में और कोई समर्थ न हुआ। कुछ देर वार्तालाप कर स्वामीजी पंचवटी की उत्तर-पूर्व दिशा में जो बिल्ववृक्ष था, वहां चले गए। स्वामीजी के चले जाने पर गिरीशबाबू ने उपस्थित भक्तमण्डली को सम्बोधित करते हुए कहा–'एक दिन हरमोहर मित्र ने संवाद-पत्र में पढ़कर मुझसे कहा था कि अमेरिका में स्वामीजी के नाम पर निंदा प्रकाशित की गई है। मैंने तब उनसे कहा था कि यदि मैं अपनी आंखों से नरेन्द्र को कोई बुरा काम करते देखूं तो यह अनुमान करूंगा कि मेरी आंखों में कोई विकार उत्पन्न हुआ है और उसको निकाल दूंगा। वे (नरेन्द्रादि)

सूर्योदय से पहले निकले हुए मक्खन के सदृश स्वच्छ और निर्मल हैं। क्या संसार-रूपी पानी में वे फिर घुल सकते हैं? जो उनमें दोष निकालेगा, वह नरक का भागी होगा।'

* * *

मद्रास में मैं जब मन्मथ बाबू के भवन में था, तब एक दिन रात में मैंने स्वप्न देखा कि हमारी माताजी का देहांत हो गया है। मन में बड़ा दुःख हुआ। मैं उस समय मठ को ही बहुत कम पत्र आदि भेजा करता था तो घर की तो बात ही दूर रही। स्वप्न की बात मन्मथ बाबू से कहने पर उन्होंने उसकी जांच करने के लिए कलकत्ता को तार भेजा, क्योंकि स्वप्न देखकर मन बहुत ही घबरा रहा था। इधर मद्रास के मित्रगण मेरे अमेरिका जाने का सब प्रबंध करके जल्दी मचा रहे थे परंतु माताजी की कुशलक्षेम का संवाद न मिलने तक मेरा मन जाने को नहीं चाहता था। मेरे मन की अवस्था देखकर मन्मथ बाबू मुझसे बोले–''देखो, नगर से कुछ दूर पर एक पिशाच-सिद्ध मनुष्य है। वह जीव के भूत-भविष्यत्, शुभ-अशुभ सब संवाद बतला सकता है।' मन्मथ बाबू की प्रार्थना से और अपने मानसिक उद्वेग को दूर करने के निमित्त मैं उसके पास जाने को राजी हुआ। मन्मथ बाबू, मैं, आलासिंगा तथा एक और सज्जन कुछ दूर तक रेल से गए। फिर पैदल चलकर वहां पहुंचे। वहां पहुंच कर क्या देखा कि शमसान के पास विकट आकार का एक मृतक-सा, सूखा, बहुत काले रंग का मनुष्य बैठा है। उसके अनुचरगण ने 'किडी-मिडी' कर मद्रासी भाषा में समझा दिया कि वही पिशाच-सिद्ध पुरुष है। प्रथम तो उसने हम लोगों पर कोई ध्यान नहीं दिया, फिर जब हम लोग लौटने को हुए, तब उसने हम लोगों से ठहरने के लिए विनय की। हमारे साथी आलासिंगा ने ही उसकी भाषा हमें तथा हमारी भाषा उसे समझाने का कार्य किया। उसने ही हम लोगों से ठहरने को कहा। फिर एक पेंसिल लेकर वह पिशाच-सिद्ध मनुष्य कुछ समय तक न जाने क्या लिखता रहा। फिर देखा कि वह मन को एकाग्र करके बिल्कुल स्थिर हो गया। उसके बाद मेरा नाम, गोत्र इत्यादि चौदह पीढ़ी तक की बातें बतलाईं और कहा कि श्री रामकृष्ण मेरे साथ सर्वदा फिर रहे हैं। माताजी का मंगल समाचार भी बतलाया और यह भी कहा कि धर्म-प्रचार के लिए मुझे शीघ्र ही बहुत दूर जाना पड़ेगा। इस प्रकार माताजी की कुशल-मंगल मिल जाने पर जब मैं मन्मथ बाबू के साथ शहर वापस लौटा तो यहां पहुंच कर कलकत्ता से तार के जवाब में भी माताजी का कुशल-मंगल मिल गया।

* * *

शिष्य ने ऊपर स्वामीजी के कमरे में जाकर देखा कि स्वामीजी मुक्तपद्मासन होकर पूर्व की ओर मुंह किये बैठे हैं, मानो गम्भीर ध्यान में मग्न हैं। मुंह पर हंसी

नहीं, सजल नेत्रों की दृष्टि बाहर की ओर नहीं, मानो भीतर ही कुछ देख रहे हैं। शिष्य को देखते ही बोले–''बच्चा आ गए, बैठो।'' बस, इतनी ही बात की। स्वामीजी के बाएं नेत्र को रक्तवर्ण देखकर शिष्य ने पूछा–'आपकी यह आंख लाल कैसे हो रही है?' 'कुछ नहीं' कहकर स्वामीजी फिर स्तब्ध हो गए। बहुत समय तक बैठे रहने पर भी जब स्वामीजी ने कुछ भी वार्तालाप नहीं किया, तब शिष्य व्याकुल होकर उनके चरण-कमलों को स्पर्श करके बोला, ''श्री अमरनाथजी में आपने जो कुछ प्रत्यक्ष किया है, क्या वह सब मुझे नहीं बतलाइएगा?' पाद-स्पर्श से स्वामीजी कुछ चौंक से उठे। दृष्टि भी कुछ बाहर की ओर खुली और बोले, 'जब से अमरनाथ जी का दर्शन किया है, चौबीस घंटे मानो श्री शिवजी मेरे मस्तक में बैठे रहते हैं। किसी प्रकार भी नहीं हटते।' शिष्य इन बातों को सुनकर अवाक् हो गया।

***

जब मैं अमेरिका में था, तब मुझमें अद्‌भुत शक्तियों का स्फुरण हुआ था। क्षण-मात्र में मैं मनुष्य की आंखों से उसके मन के सब भावों को जान जाता था। किसी के मन में कोई कैसी ही बात क्यों न हो, वह सब मेरे सामने 'हस्तामलकवत्' प्रत्यक्ष हो जाती थी। कभी किसी-किसी से कह भी दिया करता था। जिन-जिनसे मैं ऐसा कहा करता था, उनमें से अनेक मेरे चेले बन जाते थे–और यदि कोई किसी बुरे अभिप्राय से मुझसे मिलने आता था तो वह इस शक्ति का परिचय पाकर फिर कभी मेरे पास नहीं आता था।

जब मैंने शिकागो आदि शहरों में वक्तृता देना आरंभ किया, तब सप्ताह में बारह-बारह, तेरह-तेरह और कभी इससे भी अधिक वक्तृताएं देनी पड़ती थीं। शारीरिक और मानसिक परिश्रम बहुत अधिक होने के कारण मैं बहुत थक जाता था और अनुमान होता था कि मानो वक्तृताओं के सब विषय समाप्त होने वाले ही हैं। 'अब मैं क्या करूंगा, कल फिर क्या नई बातें करूंगा' बस ऐसी ही चिंता मन में आया करती थी।

गाड़ी को कौर्नवालिस स्ट्रीट के ब्रह्म समाज मंदिर से आगे बढ़ते देखकर स्वामीजी ने गाड़ी वाले से कहा, 'चोर बागान के रास्ते को ले चलो।'

गाड़ी जब उस रास्ते को मुड़ी तब स्वामीजी ने शिष्य से कहा, 'महाकाली पाठशाला की स्थापनाकर्त्री तपस्विनी माताजी ने अपनी पाठशाला देखने के लिए निमंत्रित किया है।' यह पाठशाला उस समय चोर बागान में राजेन्द्रनाथ मल्लिकजी के मकान के पूर्व की ओर किराये के मकान में थी। गाड़ी ठहरने पर दो-चार भद्रपुरुषों ने स्वामीजी को प्रणाम किया और उन्हें कोठे पर लिवा ले गए। तपस्विनी

माताजी ने भी खड़े होकर स्वामीजी का सत्कार किया। थोड़ी देर के बाद ही तपस्विनी माताजी स्वामीजी को पाठशाला की एक श्रेणी में ले गईं। कुमारियों ने खड़े होकर स्वामीजी की अभ्यर्थना की और माताजी के आदेश से शिवजी के ध्यान की स्वर सहित आवृत्ति करनी आरम्भ की। फिर किस प्रणाली से पाठशाला में पूजन की शिक्षा दी जाती है, वह भी माताजी के आदेश से कुमारियां दिखलाने लगीं। स्वामीजी भी हर्षित नेत्रों से यह सब देखकर एक दूसरी श्रेणी की छात्राओं को देखने के लिए गए।

वृद्धा माताजी ने अपने को स्वामीजी के साथ कुल श्रेणियों में घूमकर दिखाने के लिए असमर्थ जान पाठशाला के दो-तीन शिक्षकों को बुलाकर स्वामीजी को सब श्रेणियों को अच्छी प्रकार से दिखलाने के लिए कहा। सब श्रेणियों को देखकर स्वामीजी पुनः माताजी के पास लौट आए और उन्होंने एक छात्रा को बुलाकर रघुवंश के तृतीय अध्याय के प्रथम श्लोक की व्याख्या करने को कहा। उस कुमारी ने उस श्लोक की व्याख्या संस्कृत में ही करके स्वामीजी को सुनाई। स्वामीजी ने सुनकर संतोष प्रकट किया और स्त्री शिक्षा का प्रचार करने में इतना अध्यवसाय और यत्न का इतना साफल्य देखकर माताजी की बहुत प्रशंसा करने लगे। इस पर माताजी ने विनय से कहा, 'मैं छात्राओं की सेवा उन्हें देवी भगवती समझकर कर रही हूं। विद्यालय स्थापित करके यश लाभ करने का कोई विचार नहीं है।

***

कलकत्ता के बड़े बाज़ार में बहुत से पंडित लोग रहते हैं, जिनका प्रतिपालन मारवाड़ियों के अन्न से ही होता है। इन सब वेदज्ञ एवं दार्शनिक पंडितों ने स्वामीजी की भी कीर्ति सुनी थी। इनमें से कुछ प्रसिद्ध पंडित लोग स्वामीजी से शास्त्रार्थ करने के निमित्त एक दिन इस बाग में आ पहुंचे। शिष्य उस दिन वहां उपस्थित था। आए हुए पंडितों में से प्रत्येक धाराप्रवाह संस्कृत भाषा में वार्तालाप कर सकता था। उन्होंने आते ही मण्डली-वेष्ठित स्वामीजी का सत्कार कर संस्कृत भाषा में उनसे वार्तालाप आरम्भ किया। स्वामीजी ने भी संस्कृत भाषा में ही उत्तर दिया। उस दिन कौन से विषयों पर पंडितों का वाद-विवाद हुआ था, यह अब शिष्य को स्मरण नहीं है, परंतु यह जान पड़ता है कि लगभग सभी पण्डितों ने एक स्वर में चिल्लाकर संस्कृत में दर्शन-शास्त्रों के कूट प्रश्न किए थे और स्वामीजी ने शांति तथा गम्भीरता के साथ धीरे-धीरे उन सभी विषयों पर अपने सिद्धांतों को कहा। यह भी अनुमान होता है कि स्वामीजी की संस्कृत भाषा पण्डितों की भाषा से सुनने में अधिक मधुर तथा सरस थी। पण्डितों ने भी बाद में इस बात को स्वीकार किया।

उस दिन संस्कृत भाषा में स्वामीजी का ऐसा धाराप्रवाह वार्तालाप सुनकर उनके सब गुरुभाई भी मुग्ध हो गए थे, क्योंकि वे जानते थे कि छः वर्ष यूरोप और अमेरिका में रहने से स्वामीजी को संस्कृत भाषा की आलोचना करने का कोई अवसर नहीं मिला। शास्त्रदर्शी पण्डितों के साथ उस दिन स्वामीजी के ऐसे विचार सुनकर उन लोगों ने समझा कि स्वामीजी में अद्भुत शक्ति प्रकट हुई है। उसी सभा में रामकृष्णानंद, योगानंद, निर्मलानंद, तुरीयनंद और शिवानंद स्वामी आदि भी उपस्थित थे।

इस विचार में स्वामीजी ने सिद्धांत पक्ष को ग्रहण किया था और पण्डितों ने पूर्व पक्ष को लिया था। शिष्य को स्मरण है कि स्वामीजी ने एक स्थान पर 'अस्ति' शब्द के बदले 'स्वास्ति' का प्रयोग कर दिया था, इस पर पण्डित लोग हंस पड़े। पर स्वामीजी ने तत्क्षण कहा, 'पंडितानां दासोऽहं क्षन्तव्यमेतत्' अर्थात् मैं पंडितों का दास हूं। व्याकरण की इस त्रुटि को क्षमा कीजिए। स्वामीजी की ऐसी नम्रता से पण्डित लोग मुग्ध हो गए। बहुत वादानुवाद के पश्चात् पण्डितों ने सिद्धांत पक्ष की मीमांसा को ही यथेष्ट कहकर स्वीकार किया और स्वामीजी से प्रीति पूर्वक सम्भाषण करके वापस जाना निश्चित किया। उपस्थित लोगों में से दो-चार लोग पण्डितों के पीछे-पीछे गए और उनसे पूछा, ''महाराज, आपने स्वामीजी को कैसा समझा?'' उनमें से जो एक वृद्ध पंडित थे, उन्होंने उत्तर दिया, ''व्याकरण में गम्भीर बोध न होने पर भी स्वामीजी शास्त्रों के गूढ़ अर्थ समझने वाले हैं। मीमांसा करने में उनके समान दूसरा कोई नहीं है और अपनी प्रतिभा से वादखंडन में उन्होंने अद्भुत पांडित्य दिखाया।''

***

प्रभु की कृपा का परिचय इस जीवन में बहुत पाया। वे ही तो खड़े होकर इन सब कार्यों को करा रहे हैं। जब भूख से कातर होकर वृक्ष के पास पड़ा हुआ था, जब कोपीन बांधने को वस्त्र तक नहीं था, जब कौड़ीहीन होकर पृथ्वी का भ्रमण करने को कृत-संकल्प हुआ था, तब भी श्री गुरुदेव की कृपा से ही सब बातों में मैंने सहायता पाई। फिर जब इसी विवेकानन्द के दर्शन करने के निमित्त शिकागो के रास्तों में लठ चले थे, जिस सम्मान के शतांश का एकांश भी प्राप्त करने पर साधारण मनुष्य उन्मत्त हो जाते हैं, श्री गुरुदेव की कृपा से उस सम्मान को भी सहज पचा गया। प्रभु की इच्छा की सर्वत्र विजय है। अब इस देश में कुछ कार्य कर जाऊंगा। तुम संदेह छोड़ मेरे कार्य में सहायता करो। देखोगे कि उनकी इच्छा से सब पूर्ण हो जाएगा।

***

जिसे विश्वास नहीं है, उसे देखने पर भी कुछ नहीं होता। देखने पर सोचता है कि यह कहीं अपने मस्तिष्क का विकार या स्वप्नादि तो नहीं है? दुर्योधन ने भी विश्वरूप देखा था, अर्जुन ने भी विश्वरूप देखा था। अर्जुन को विश्वास हुआ, किंतु दुर्योधन ने उसे जादू समझा। यदि वे ही न समझाएं तो और किसी प्रकार से समझने का उपाय नहीं है। किसी-किसी को बिना कुछ देखे-सुने ही पूर्ण विश्वास हो जाता है और किसी को बारह वर्ष तक प्रत्यक्ष मानते रहकर नाना प्रकार की विभूतियां देखकर भी संदेह में पड़ा रहना होता है। सारांश यह है कि उनकी कृपा चाहिए, परंतु लगे रहने से ही उनकी कृपा होगी। जीव-सेवा से बढ़कर और कोई दूसरा धर्म नहीं है। सेवा-धर्म का यथार्थ अनुष्ठान करने से संसार का बंधन सुगमता से छिन्न हो जाता है—'मुक्ति कर फलायते।'

***

स्कूल में पढ़ते समय एक दिन रात में द्वार बंद कर ध्यान करते-करते मन भली-भांति तन्मय हो गया। कितनी देर ऐसे भाव से ध्यान किया था, यह कह नहीं सकता। ध्यान भंग हो गया, तब भी बैठा हूं। इतने में ही देखता हूं कि दक्षिण की दीवार को भेदकर एक ज्योतिर्मय मूर्ति निकल आई और मेरे सामने खड़ी हो गई। उसके मुख पर एक अद्भुत ज्योति थी, पर भाव मानो कोई भी नहीं था—प्रशांत संन्यासी मूर्ति! मस्तक मुण्डित था और हाथों में दण्ड-कमण्डल था। मेरे ऊपर टकटकी लगाकर कुछ समय तक देखती रही। मानो मुझसे कुछ कहेगी। मैं भी अवाक् होकर उसकी ओर देखने लगा। तत्पश्चात् मन कुछ ऐसा भयभीत हो गया कि मैं शीघ्र ही द्वार खोलकर बाहर निकल आया। फिर मैं सोचने लगा, क्यों मैं इस प्रकार मूर्ख के समान भाग आया, सम्भव था कि वह कुछ मुझसे कहती। परंतु फिर कभी उस मूर्ति के दर्शन नहीं हुए। कितने ही दिन सोचा कि यदि फिर उसके दर्शन मिलें तो उससे डरूंगा नहीं वरन् वार्तालाप करूंगा, किंतु फिर दर्शन हुआ ही नहीं।

***

स्वामी विवेकानंद जी से एक जिज्ञासु ने प्रश्न किया, मां की महिमा संसार में किस कारण से गाई जाती है? स्वामी जी मुस्कराए, उस व्यक्ति से बोले, पांच सेर वजन का एक पत्थर ले आओ। जब व्यक्ति पत्थर ले आया तो स्वामी जी ने उससे कहा, अब इस पत्थर को किसी कपड़े में लपेटकर अपने पेट पर बाँध लो और चौबीस घंटे बाद मेरे पास आओ तो मैं तुम्हारे प्रश्न का उत्तर दूंगा।

स्वामी जी के आदेशानुसार उस व्यक्ति ने पत्थर को अपने पेट पर बांध लिया और चला गया। पत्थर बंधे हुए दिनभर वो अपना काम करता रहा, किन्तु हर क्षण उसे परेशानी और थकान महसूस हुई। शाम होते-होते पत्थर का बोझ संभाले हुए चलना फिरना उसके लिए असह्य हो उठा। थका मांदा वह स्वामी जी के पास पंहुचा और बोला मैं इस पत्थर को अब और अधिक देर तक बांधे नहीं रख सकूंगा।

एक प्रश्न का उत्तर पाने के लिए मैं इतनी कड़ी सजा नहीं भुगत सकता स्वामी जी मुस्कुराते हुए बोले, पेट पर इस पत्थर का बोझ तुमसे कुछ घंटे भी नहीं उठाया गया। मां अपने गर्भ में पलने वाले शिशु को पूरे नौ माह तक ढ़ोती है और गृहस्थी का सारा काम करती है। संसार में मां के सिवा कोई इतना धैर्यवान और सहनशील नहीं है। इसलिए माँ से बढ़कर इस संसार में कोई और नहीं।

❑❑❑